पढ़ाएँ तो
ऐसे पढ़ाएँ

पढ़ाएँ तो ऐसे पढ़ाएँ

सुभाष जैन

ज्ञान गंगा, दिल्ली

प्रकाशक : ज्ञान गंगा, 2/42, अंसारी रोड, दरियागंज, नई दिल्ली–110002
सर्वाधिकार : सुरक्षित / संस्करण : 2024 / मूल्य : चार सौ रुपए
मुद्रक : आर–टेक ऑफसेट प्रिंटर्स, दिल्ली ISBN 978-93-82901-35-8

PARHAYEN TO AISE PARHAYEN
by Subhash Jain ₹ 400.00
Published by **GYAN GANGA**
2/42, Ansari Road, Daryaganj, New Delhi-110002

दो शब्द

प्रत्येक शिक्षक को मालूम होता है कि शिक्षण के पेशे में प्रशिक्षण हासिल कर लेना महज आरंभिक बिंदु होता है। जब शिक्षक को कक्षा में जाकर पढ़ाना पड़ता है तब उसकी दक्षता की असली परीक्षा होती है। कक्षा में जिन चुनौतियों से नए शिक्षक को होकर गुजरना पड़ता है, उन चुनौतियों की व्यावहारिक जानकारी प्रशिक्षण के दौरान शायद ही किसी को मिल पाती है। जो अनुभवी शिक्षक होते हैं वे दीर्घकालीन रणनीतियाँ तैयार कर अपने पेशे की चुनौतियों से निपटना जान जाते हैं और किसी भी समस्या को हल करने में अनुभव के आधार पर दक्षता हासिल कर लेते हैं।

वर्तमान युग के शिक्षकों की व्यस्तता पहले की तुलना में और भी ज्यादा बढ़ चुकी है। कॉपियाँ जाँचने, सरकारी कार्यक्रमों में भागीदारी करने, प्रबंधन के कार्यों में मदद करने के अलावा उनके ऊपर शिक्षा की उच्च गुणवत्ता बनाए रखने का दबाव भी बढ़ चुका है। ऐसी व्यस्तता के दौरान कम शिक्षकों को ही गहन अध्ययन और शोध करने के लिए वक्त मिल पाता है। कई शिक्षकों को तो अपने सहकर्मियों के साथ वैचारिक आदान-प्रदान करने का वक्त भी नहीं मिल पाता है।

आज के युग के ऐसे ही शिक्षकों को ध्यान में रखकर 'पढ़ाएँ तो ऐसे पढ़ाएँ' पुस्तक की रचना की गई है। यह पुस्तक सुनियोजित तरीके से लिखी गई है और इसमें सिलसिलेवार ढंग से प्रत्येक पहलू पर रोशनी डाली गई है। इस पुस्तक में आजमाए हुए कारगर सूत्रों और विचारों का समावेश किया गया है। ये विचार व्यावहारिक हैं जिन पर आसानी से अमल किया जा सकता है। यह पुस्तक सभी वर्ग नए-पुराने शिक्षकों के लिए उपयोगी साबित होगी। नए शिक्षकों के लिए यह पुस्तक मार्गदर्शिका का काम करेगी वहीं पुराने शिक्षक भी नए विचारों को अपनाकर

शिक्षण कला को प्रभावशाली बना पाने में सफल होंगे।

शिक्षकगण अपनी अध्यापन कला में निखार लाने के लिए हमेशा प्रयत्नशील रहते हैं, मगर जब उन्हें आवश्यक मार्गदर्शन की आवश्यकता होती है तब उन्हें वैसा मार्गदर्शन मिल नहीं पाता। इस पुस्तक को शिक्षकों के लिए हैंडबुक के रूप में तैयार किया गया है। इस पुस्तक में बताए गए सूत्रों पर अमल करते हुए शिक्षकगण अपनी दक्षता और सफलता में वृद्धि कर पाएँगे, हमें इस बात का पूरा विश्वास है।

—सुभाष जैन

अनुक्रम

मार्गदर्शक के रूप में शिक्षक

शिक्षक के लिए पहली बात यह है कि कक्षा और स्कूल में बच्चे खुश रहें। कक्षा का वातावरण मुक्त और सुखद होना चाहिए। शिक्षक को तनावरहित वातावरण में आराम से बच्चों के साथ कक्षा का कार्य करना चाहिए। हालाँकि अनुशासन बनाए रखना जरूरी होगा मगर बच्चे शिक्षक से इतना नहीं डरें कि वे दु:खी हो जाएँ। उन्हें कक्षा में ऐसा लगना चाहिए कि वे अपनी बात बेहिचक कह सकते हैं, अपने विचारों को व्यक्त कर सकते हैं और प्रश्न पूछ सकते हैं।

अगर शिक्षक छात्र की गलतियों को सहज रूप से बताता है तो वे बिना शर्मिंदगी उठाए गलतियों को सुधारते हैं। इस प्रकार घबराहट और भय के वातावरण की अपेक्षा, जहाँ उन्हें बोलने में डर लगे, बच्चे स्वतंत्र और विश्वास पूर्ण वातावरण में अधिक अच्छा सीखते हैं। इसके अलावा ऐसे वातावरण में वे तनावरहित होने के कारण दूसरों के प्रति आक्रामकता महसूस नहीं करते।

मुक्त और प्रमुदित वातावरण के व्यक्तित्व के स्वरूप विकास को आगे बढ़ाता है। अपने प्रति सौहार्दपूर्ण व्यवहार होने से वे दूसरों के साथ भी ऐसा ही व्यवहार करना सीखते हैं। दूसरी ओर, यदि बच्चों को डराकर रखा जाता है तो वे अपने विचारों की अभिव्यक्ति के बजाए चुप रहना पसंद करते हैं। वैसी स्थिति में उन्हें सोचने के लिए प्रोत्साहन भी नहीं मिलता। डाँट या दंड से बचने के लिए वे धोखा देना, दूसरों को दोष देना या अन्य कोई ऐसा ही अनुचित तरीका अपनाते हैं। डर और घबराहट के कारण उनके विकास में निखार आने के बजाए रुकावट पड़ती है।

प्रत्येक बच्चे को स्वीकार करना

दूसरी महत्त्वपूर्ण बात, जिसकी अपेक्षा शिक्षक से की जाती है, प्रत्येक बच्चे

को स्वीकार करना है। उसे देखना चाहिए कि प्रत्येक बच्चा एक व्यक्ति के रूप में मूल्यवान है और प्रत्येक बच्चा उसके लिए महत्व रखता है। ऐसे बच्चों को जो आज्ञाकारी, सुंदर और बुद्धिमान है, स्वीकार करना आसान होता है। किंतु कुछ बच्चों को पढ़ाना कठिन होता है। इसका कारण यह हो सकता है कि वे बहुत तेज न हों या उनमें कोई ऐसी आदत हो जिस पर शिक्षक को झुँझलाहट होती हो या कोई अन्य बात हो जिससे शिक्षक नाखुश हो।

किंतु इनमें से प्रत्येक को शिक्षक की अभिरुचि और स्वीकृति प्राप्त करने की आवश्यकता होती है। यदि शिक्षक द्वारा किसी बच्चे की उपेक्षा की जाती है तो उसकी कठिनाइयाँ और भी बढ़ जाती है। उदाहरण के लिए वह शिक्षक का ध्यान आकर्षित करने के लिए कक्षा में शरारत करता है या हतोत्साहित होकर गुमसुम रहने लगता है या कोई अन्य समस्यात्मक व्यवहार अपनाता है।

शिक्षक को यह बात समझनी चाहिए कि यदि बच्चा तेज या सुंदर नहीं है तो इसमें बच्चे का कसूर नहीं है और न ही इसमें उसका कसूर है कि उसे शिष्टाचार सीखने का अवसर नहीं मिला, इसके अतिरिक्त यदि बच्चे में कोई समस्यात्मक व्यवहार है तो इसका कारण कुछ दुखद अनुभव हो सकते हैं।

कभी-कभी शिक्षक किन्हीं बच्चों को अपने पूर्वग्रह के कारण स्वीकार नहीं कर पाता। हो सकता है कि वे किसी ऐसे समुदाय से आते हों जिसे वह पसंद नहीं करता या ऐसे घरों से जो आर्थिक और सांस्कृतिक दृष्टि से कमजोर और वंचित हों, जिसके कारण शिक्षक उनको तुच्छ समझता है।

बच्चों को समझना

शिक्षक को अपने संरक्षण में प्रत्येक बच्चे को समझना चाहिए। समझने से वह बच्चे को स्वीकार कर सकेगा, इससे शिक्षक बच्चे की अन्य समस्याओं में मदद कर सकेगा। इसलिए शिक्षक को अपनी देखरेख में सुपुर्द किए गए बच्चों को जानना चाहिए।

यदि किसी बच्चे की कोई समस्या है तो महत्त्वपूर्ण बात है उसके कारणों का पता लगाना। बच्चों की कई समस्याएँ होती हैं और एक ही समस्या के पीछे विभिन्न कारण हो सकते हैं। उदाहरण के लिए विवेक, अर्जुन और ऋतु कक्षा में ध्यान नहीं देते। जाँच करने पर पता लगा कि विवेक इसलिए ध्यान नहीं देता, क्योंकि वह बहुत बुद्धिमान है और कक्षा के काम से वह ऊब महसूस करता है, अर्जुन धीमी गति से सीखनेवाला है और वह समझ नहीं पाता कि कक्षा में क्या हो रहा है और ऋतु इसलिए ध्यान नहीं देती क्योंकि वह दुःखी रहती है।

कठिनाई इस बात से पैदा होती है कि कक्षा में चालीस-पचास बच्चे हो सकते

हैं और प्रत्येक बच्चे एक-दूसरे से भिन्न होते हैं। प्रत्येक को जानना आसान नहीं है। इसके लिए विशेष प्रयास करना होगा।

शिक्षक एक समय में सभी बच्चों का अध्ययन नहीं कर सकता। वह कुछ का चयन कर सकता है जिन पर वह कुछ दिनों तक विशेष ध्यान दे। वह ऐसे बच्चों से प्रारंभ कर सकता है जिनमें कोई समस्या दिखाई देती हो, किंतु प्रत्येक बच्चे को कभी-न-कभी शिक्षक का ध्यान मिलना चाहिए, क्योंकि कुछ बच्चों में ऐसी समस्याएँ भी हो सकती हैं जो बाहरी तौर पर प्रकट नहीं हो रही हों।

क्या अध्ययन करें

शिक्षक को बच्चे के व्यवहार और परिस्थितियों के विभिन्न पहलुओं का अध्ययन करना चाहिए। उसे देखना चाहिए कि बच्चा खुश या दुःखी है, कक्षा में ध्यान दे रहा है अथवा नहीं और क्या उसकी स्वास्थ्य की समस्या है। उसे पता लगाना चाहिए कि बच्चे के अन्य बच्चों के साथ किस प्रकार के संबंध हैं और उसके घर की परिस्थितियाँ कैसी हैं।

बच्चे का अध्ययन किस प्रकार करें

बच्चे के बारे में आवश्यक जानकारी प्राप्त करने के लिए शिक्षक को सभी स्रोतों का जहाँ तक संभव हो, उपयोग करना चाहिए। इसमें अवलोकन, स्कूल के अभिलेखों का अध्ययन, निदानात्मक परीक्षण, माता-पिता और शिक्षकों के साथ परामर्श और स्वयं बच्चे से बातचीत करना सम्मिलित है। कभी-कभी कक्षा के अन्य बच्चों से जानकारी प्राप्त करना उपयोगी होता है।

1. अवलोकन : शिक्षक को बच्चे का कक्षा में अवलोकन करना चाहिए और उसे ऐसे अवसर भी ढूँढ़ने चाहिए जब बच्चे का अवलोकन कक्षा के बाहर किया जा सके। उसे देखना चाहिए कि वह कैसे कार्य कर रहा है। क्या वह खुश दिखाई देता है या उदास? क्या वह कक्षा में ध्यान दे रहा है? उसका स्वास्थ्य कैसा है? कक्षा में और कक्षा के बाहर वह दूसरों से कैसा व्यवहार करता है और दूसरे उसके साथ कैसे पेश आते हैं?

शिक्षक बच्चे की कॉपी लेकर देख सकता है कि क्या वह लापरवाही से कार्य करता है या वह अपने कार्य में रुचि ले रहा है। कॉपियों को देखकर यह भी पता लगेगा कि क्या पढ़ाई संबंधी उसकी कोई विशेष समस्या है, जैसे किसी प्रकार की गलती, जिन्हें वह बार-बार कर रहा हो।

2. अभिलेखों का अध्ययन : अभिलेखों से शिक्षक को पता चल सकता है

कि क्या कभी वह लंबे समय के लिए अनुपस्थित रहा। यदि स्कूल में स्वास्थ्य के रिकॉर्ड रखे जाते हैं तो उनसे स्वास्थ्य के बारे में पता लगेगा। प्रदर्शन के रिकॉर्ड से न केवल पता लगेगा कि अभी बच्चा किस प्रकार का कार्य कर रहा है, बल्कि पूर्व में उसने कैसा कार्य किया है।

3. शिक्षकों से परामर्श : अन्य शिक्षकों से महत्त्वपूर्ण जानकारी प्राप्त हो सकती है। उनसे पता लग सकता है कि बच्चा कक्षा में, खेल के समय आदि परिस्थितियों में कैसा व्यवहार करता है उस शिक्षक से जो कक्षा को पिछले वर्ष पढ़ाता था। यह पता लगाया जा सकता है कि क्या बच्चे के व्यवहार में कोई परिवर्तन आया है।

4. बच्चों से बातचीत : अगर शिक्षक और बच्चे के बीच एक-दूसरे पर भरोसा और विश्वास का संबंध है तो सहानुभूतिपूर्वक बात करके शिक्षक पता लगा सकता है कि बच्चे की क्या कठिनाइयाँ हैं।

5. अन्य बच्चों से पूछताछ : कभी-कभी अन्य बच्चों से महत्त्वपूर्ण जानकारी प्राप्त हो सकती है। किंतु यह काम सावधानीपूर्वक करना होगा। बच्चों को किसी भी हालत में ऐसा नहीं लगना चाहिए कि शिक्षक को अमुक बच्चा सकारात्मक लग रहा है। बच्चों से जानकारी प्राप्त करने की एक विधि 'सोशियोमेट्री' है। इस विधि द्वारा शिक्षक इस बात का पता लगा सकता है कि कौन से बच्चे अन्य बच्चों द्वारा स्वीकार किए जाते हैं और किन बच्चों की उपेक्षा होती है।

अगर सोशियोमेट्री से उसे पता लगता है कि अमुक बच्चे को अन्य बच्चे पसंद नहीं कर रहे, तो शिक्षक बच्चों से पूछ सकता है कि वे उसे अपने साथ खेल में क्यों नहीं शामिल कर रहे। मगर ऐसा करने में इस बात की सावधानी बरतनी चाहिए कि बच्चों को ऐसा नहीं लगे कि किसी विशेष बच्चे के बारे में जानकारी प्राप्त करने का प्रयास किया जा रहा है, बल्कि वे समझें कि बच्चों के व्यवहार के बारे में शिक्षक जानना चाह रहा है।

6. माता-पिता से परामर्श : माता-पिता घर की परिस्थितियों और आपसी संबंधों के बारे में मूल्यवान जानकारी दे सकते हैं। शिक्षक को मैत्रीपूर्ण ढंग से उनसे संपर्क करना चाहिए। उसे यह स्पष्ट करना चाहिए कि वह कोई शिकायत नहीं कर रहा है और उसकी मंशा केवल बच्चे की मदद करने की है। कुछ माता-पिता ऐसे होंगे जिनकी शिक्षा बहुत कम या नहीं के बराबर हो, किंतु शिक्षक को उनके साथ समानता का व्यवहार करना चाहिए। शिक्षक को माता-पिता को इस बात से आश्वस्त करना चाहिए कि जो भी जानकारी वे देंगे, उसे गोपनीय रखा जाएगा और इस मामले में उसे अपना वचन बिना भूले निभाना चाहिए।

7. निदानात्मक परीक्षण : कभी-कभी जब बच्चों को पढ़ाई में कठिनाई हो

रही हो, उस समय निदानात्मक परीक्षण देने से मदद मिलती है। निदानात्मक परीक्षण यह पता लगाने के लिए बनाया जाता है कि पाठ्यक्रम में बच्चे को किस प्रकार की कठिनाइयाँ हो रही हैं। उदाहरण के लिए, यदि बच्चा भिन्न के जोड़ या घटाव नहीं कर पाता तो इसके पीछे कई कारण हो सकते हैं, जैसे उसे पहाड़े याद नहीं हुए हैं या वह भिन्न जोड़ने और घटाने की विधि को समझ नहीं पाया है।

शिक्षक प्रत्येक प्रक्रिया का अलग-अलग परीक्षण करने के लिए छोटे-छोटे प्रश्न बनाकर बच्चे को कहाँ समस्या हो रही है इसका पता लगा सकता है। इसी प्रकार वह अन्य विषयों में भी छात्रों की कठिनाइयों का पता लगा सकता है।

छात्र समूहों के साथ कार्य करना

सभी समस्याओं को व्यक्तिगत रूप से सुलझाना आवश्यक नहीं है। अकसर तीन या चार बच्चों की एक जैसी समस्या होती है और उनके समूह में शिक्षक उसका निराकरण कर सकता है। ऐसे कुछ समूहों का विवरण नीचे दिया जा रहा है—

प्रभावशाली

कुछ बच्चों में विशिष्ट क्षमता और प्रतिभा होती है। उनकी रुचियों और योग्यताओं से संबंधित कार्य और सामग्री उनको उपलब्ध करनी चाहिए। उन्हें अन्य छात्रों की मदद करने के लिए कहा जा सकता है। वे सहायक सामग्री तैयार करने में शिक्षक की मदद कर सकते हैं।

धीमी गति से सीखने वाले छात्र

कुछ बच्चों को कक्षा का कार्य अत्यंत कठिन लगता है। उनके लिए यह बहुत दुष्कर होता है कि जो कुछ शिक्षक पढ़ा रहा है, उसे बिना समझे और अपेक्षित कार्य न कर पाने पर भी वे कक्षा में बैठें रहें। जब कक्षा लिखित कार्य कर रही हो उस समय शिक्षक धीमी गति से सीखनेवाले छात्रों की ओर ध्यान दे सकता है और उनकी कठिनाइयों को समझाकर दूर कर सकता है।

शिक्षक उन्हें उनकी योग्यता के अनुरूप कार्य दे सकता है, जिससे उन्हें सफलता का अनुभव हो सके। धीरे-धीरे वे अधिक कठिन कार्य की ओर बढ़ सकते हैं। उनमें से कुछ ऐसे हो सकते हैं जिनको यह स्वीकार करना कठिन हो कि उनमें सीमित योग्यता है, किंतु सफलता का अनुभव और यह महसूस करना कि शिक्षक उनको भी उतना ही महत्त्वपूर्ण समझता है जितना तेज बच्चों को, उन्हें अपनी कमजोरियों का सामना करने में मदद करेगा।

पहली सीढ़ी के शिक्षार्थी

पहली सीढ़ी के शिक्षार्थियों को शिक्षक को विशेष प्रोत्साहन और मदद देनी चाहिए। उसे उनकी कठिनाइयों को दूर करने का प्रयास करना चाहिए। कभी-कभी शिक्षक को उनसे अलग से मिलना चाहिए जिससे वे सुनिश्चित कर सकें कि उन्हें कक्षा की पढ़ाई समझ में आ रही है।

वह यह व्यवस्था कर सकता है कि ये बच्चे अपना होम वर्क स्कूल में जाने के पहले पूरा कर लें, क्योंकि घर में न तो कोई उनकी मदद करनेवाला होगा और पढ़ने के लिए आवश्यक सुविधाओं का अभाव हो सकता है।

ऐसे छात्र जिन्हें मदद की आवश्यकता है

कुछ ऐसे छात्र होते हैं जो कक्षा में अन्य छात्रों के साथ-साथ नहीं चल पाते, क्योंकि विषय ज्ञान की बातें वे नहीं सीखे होते हैं। किसी बच्चे ने पढ़ना ठीक से नहीं सीखा, दूसरे ने अंकगणित का कोई कार्य नहीं सीखा जिसके कारण आगे की पढ़ाई उसके लिए कठिन हो गई है। शिक्षक को समस्याओं का पता लगाना होगा और समाधान के लिए समय की व्यवस्था करनी होगी।

बच्चों का एक दल पढ़ने का अभ्यास कर सकता है। एक-दूसरे दल में शिक्षक उनकी गणित की समस्याओं को समझा सकता है। तीसरे दल में वह छात्रों की भाषा की कठिनाइयों को दूर कर सकता है और इसी प्रकार अन्य दल भी बनाकर कार्य कर सकता है।

अल्पार्जक

ऐसे कई बच्चे होते हैं, जो जिस प्रकार का कार्य कर रहे हैं उससे अच्छा कर सकते हैं, इनमें तेज, औसत और धीमी गति से सीखनेवाले बच्चे हो सकते हैं, जो कुछ भी उनकी क्षमताएँ हैं वे उनका पूरा प्रयोग नहीं कर पाते। अकसर बच्चों में आत्मविश्वास की कमी रहती है। उन्हें अपने प्रयासों पर विशेष प्रोत्साहन की जरूरत रहती है।

बच्चों के अल्पार्जक होने के अन्य कारण भी हो सकते हैं। कुछ को मदद की जरूरत होती है। कुछ बच्चे चिंताग्रस्त हो सकते हैं जिसके कारण वे अपने ध्यान को एकाग्र नहीं कर पाते हैं। इसलिए प्रभावशाली ढंग से मदद करने के लिए पहले ऐसे प्रत्येक छात्र का अध्ययन करके उसे समझना होगा।

नए भरती होनेवाले छात्र

प्रत्येक वर्ष कुछ नए छात्र स्कूल में भरती होते हैं। अधिकतर ये छोटे बच्चे होते हैं जो प्रारंभ की कक्षाओं में भरती होते हैं। स्कूल की प्रत्येक बात उनके लिए नई होती है। उनमें से अधिकांश के लिए अपनी माँ से इतने समय के लिए अलग होने का पहला अनुभव होता है। शिक्षक को ऐसे बच्चों की मदद करनी चाहिए जिससे वे अपने आपको सुरक्षित महसूस कर सकें।

उसे यह समझना चाहिए कि स्कूल आना बच्चे के लिए एक प्रमुख घटना है। उसे बच्चों की भावनात्मक प्रतिक्रिया के प्रति सहनशील और जो बच्चे घर जाने के लिए रोते हैं उनके प्रति सहानुभूतिशील होना चाहिए।

छोटी कक्षाओं के अलावा अन्य कक्षाओं में भी नए बच्चे भरती हो सकते हैं। हो सकता है कि पिता के तबादले के कारण उन्हें नए स्कूल में प्रवेश लेना पड़ रहा हो। इन बच्चों को स्कूल का नियम बताना चाहिए। यह भी देखना चाहिए कि वे सभी विषयों में स्कूल के स्तर के अनुरूप हैं या नहीं अन्यथा इसके लिए उपचारी कार्यक्रम का प्रबंध करना चाहिए। जो छात्र एक राज्य से दूसरे राज्य में आए हैं, उन्हें भाषा सीखने में सहायता की आवश्यकता हो सकती है। कुछ के लिए सांस्कृतिक अनुकूलन की समस्या हो सकती है। कुछ को मित्र बनाने में कठिनाई हो सकती है। शिक्षक ऐसे बच्चों से सामूहिक या वैयक्तिक रूप से मिल सकता है और उनको आवश्यक सहायता दे सकता है।

एक समूह के रूप में कक्षा के साथ कार्य करना

अधिकतर शिक्षक एक समूह के रूप में कक्षा के साथ कार्य करता है। हालाँकि वह बच्चों पर वैयक्तिक रूप से ध्यान देता है, फिर भी समग्र रूप में कक्षा के रुख की ओर ध्यान देना चाहिए और शिक्षण के साथ-साथ कक्षा की आवश्यकताओं के अनुसार बच्चों का मार्गदर्शन करना चाहिए।

इसके लिए शिक्षक को देखना चाहिए कि क्या बच्चों का व्यवहार और कार्य ऐसा है जिसकी अपेक्षा उस आयु में की जा सकती है। इससे उसे पता चलता है कि वे कुछ बातों में अच्छे हैं, किंतु अन्य में कमजोर हैं। उदाहरण के लिए, उसे पता चलता है कि बच्चों की लिखावट में सुधार की आवश्यकता है।

इस प्रकार की कई संभावित कमजोरियाँ हैं जिनमें से सामान्यतया एक या दो किसी कक्षा में मिलेंगी। इनमें से कुछ कठिनाइयों का पता लगाने के लिए पूरी कक्षा को निदानात्मक परीक्षण दिया जा सकता है। इससे पता लगाया जा सकता है कि अधिकतर बच्चों की क्या कमजोरियाँ हैं और उन्हें क्या आता है।

हो सकता है कि शिक्षक कक्षा को व्यवहार में शिष्ट पाए या उन्हें उचित शिष्टाचार और बात करने का ढंग सीखने में मदद चाहिए। वे स्कूल के फर्नीचर का सजगतापूर्वक उपयोग करते हैं या तोड़फोड़ करते हैं। उन्हें यह भी सीखने की आवश्यकता हो सकती है कि वे किस प्रकार शालीनता में उठें-बैठें।

उसे देखना चाहिए कि कक्षा में कितने गुट हैं। गुट के नेता कौन हैं और कौन ऐसे बच्चे हैं जो किसी भी गुट में शामिल नहीं किए गए हैं। उन्हें देखना चाहिए कि विभिन्न गुटों के बीच प्रतियोगिता के कारण कोई समस्या तो उत्पन्न नहीं हो रही।

कक्षा पर ध्यान देने से शिक्षक को पता लगेगा कि किस प्रकार के मार्गदर्शन कार्यक्रम की सबसे अधिक आवश्यकता है। शैक्षिक कार्यक्रम में वह उपचार कार्य ऐसे प्रकरणों में ले सकता है जिनमें बच्चों के सीखने में कहीं-न-कहीं कसर रह गई है। अपने स्वयं के व्यवहार के उदाहरण के द्वारा और सौम्य निर्देशन द्वारा वह उन्हें अच्छे आचार-विचार सिखा सकता है। उसे देखना चाहिए कि छात्रों के बीच गुटबंदी को अधिक बढ़ावा न मिल सके। उसे यह भी देखना चाहिए कि बच्चा किसी-न-किसी गुट द्वारा स्वीकार किया जाता है या नहीं।

सकारात्मक मार्गदर्शन

मार्गदर्शन केवल समस्याओं के उपचार के लिए नहीं होता। बच्चों के सर्वांगीण और निरंतर स्वस्थ विकास से भी इसका संबंध है। शिक्षक को अधिक परिपक्वता प्राप्त करने में बच्चों की मदद करनी चाहिए। उसे विभिन्न समस्याओं पर उनसे विचार-विमर्श करने, चिंतन करने में उनकी मदद करनी चाहिए। वह उचित परामर्श देकर उन्हें दूसरों के प्रति संवेदनशील बना सकता है। जिम्मेदारी लेने और आत्मविश्वास विकसित करने के अवसर शिक्षक द्वारा प्रदान किए जाने चाहिए।

शिक्षक को बच्चों में दूसरों के प्रति सकारात्मक अभिवृत्तियों को विकसित करने में मदद करनी चाहिए। विशेष रूप से ऐसे बच्चे के प्रति जो शारीरिक रूप से अक्षम है, जो धीमी गति से सीखते हैं। ये बातें शिक्षक तभी सिखा सकता है, जब वह अपने स्वयं के व्यवहार में एक अच्छा उदाहरण प्रस्तुत कर सके।

□

छात्रों के अध्ययन की विधियाँ

शिक्षक द्वारा बच्चों को मिलनेवाली शिक्षा का अध्ययन वैज्ञानिक प्रणाली पर आधारित होना चाहिए। इसके मुख्य अवयव नीचे दिए गए हैं—

1. समस्या का बोध—शिक्षक को इस बात का आभास होना चाहिए कि अध्ययन में क्या-क्या समस्याएँ हैं या कोई विशिष्ट समस्या है, जिसके समाधान की आवश्यकता है।

2. समस्या की पहचान—उस समस्या का मुख्य बिंदुओं में विश्लेषण करें। समस्या समूह की हो सकती है या किसी छात्र विशेष की।

3. जानकारी, तथ्यों का संकलन—समस्या का स्वरूप जानने के बाद शिक्षक को विभिन्न स्रोतों से उसके बारे में जानकारी एकत्रित करनी चाहिए। यह जानकारी बच्चों की पारिवारिक पृष्ठभूमि, उसके सामाजिक परिवेश और खेल के साथियों की, उसके माता-पिता, भाई-बहन, मित्रों के स्वभाव और अभिवृत्तियों की, उसकी शैक्षिक उपलब्धि और विद्यालय में आचरण से संबंधित हो सकती है। यदि समस्या किसी समूह की है तो शिक्षक को देखना होगा कि समूह में किस प्रकार के आपसी संबंध हैं, समूह की रुचियाँ अभिप्रेरणाएँ क्या हैं और साथ-ही-साथ सदस्यों के बारे में वैयक्तिक जानकारी प्राप्त करनी होगी। जानकारी एकत्रित करने का उपयुक्त तरीका समस्या के स्वरूप पर निर्भर करेगा।

4. जानकारी को संगठित करना—विभिन्न स्रोतों से एकत्रित की हुई जानकारी को संगठित करना होगा, जिससे छात्र या समूह के बारे में एक अर्थपूर्ण प्रारूप प्रस्तुत हो सके। शिक्षक इसका उपयोग छात्र या समूह के हित में कर सकता है। इस प्रकार छात्र को अपनी समस्या समझने और हल करने में मदद की जा सकती है। समूह को रचनात्मक क्रियाकलापों की ओर निर्दिष्ट किया जा सकता है।

बाल अध्ययन की कुछ विधियाँ वयस्कों के अध्ययन में भी लागू की जा सकती है, क्योंकि बाल व्यवहार वयस्कों के व्यवहार से मूलभूत रूप से भिन्न नहीं है। छोटे बच्चे और वयस्कों के व्यवहार में अंतर मात्रा और विभिन्न पहलुओं को महत्त्व देने में है, किंतु कुछ विधियों का प्रयोग जो विद्यालय की परिस्थितियों में प्रयुक्त होती हैं, विद्यालय के बाहर उपयोग करना कठिन होगा।

छात्रों के अध्ययन करने की कई विधियाँ हैं। यहाँ विवेचन के लिए उनको चुना गया है, जिनका उपयोग विद्यालय में सरलता से किया जा सकता है—

1. नियमित अवलोकन
2. प्रयोग
3. साक्षात्कार
4. खेल साक्षात्कार
5. व्यक्ति अध्ययन विधि
6. जीवनी विधि
7. समाजमिति

इन विधियों का प्रारंभिक विवेचन नीचे दिया जा रहा है। इनका उपयोग करने से पहले शिक्षक को उनका गहन अध्ययन करना चाहिए। इसमें प्रशिक्षित व्यक्ति के मार्गदर्शन की आवश्यकता पड़ सकती है।

नियमित अवलोकन

नियमित अवलोकन के लिए सावधानी और पूर्व निर्मित योजना की आवश्यकता होती है। यह छात्र और उसके आचरण का केवल आकस्मिक और निश्चेष्ट अवबोधन नहीं है। अवलोकन को वस्तुनिष्ठ बनाने और निजी पूर्वग्रह से मुक्त रहने के लिए सक्रिय प्रयास करना होगा। यह विधि छात्र के व्यवहार का अध्ययन करने के लिए अभिलिखित करने का एक व्यवस्थित ढंग है।

हम सब बच्चों के संपर्क में आते हैं और उनका अवलोकन अनौपचारिक तथा आकस्मिक ढंग से करते हैं। हम देखते हैं कि बच्चों का एक समूह मैत्रीपूर्ण वातावरण में खेल रहा है। एकाएक पिंकी रुष्ट हो जाती है और लड़ने लगती है। प्रेक्षक प्रथम दृष्ट्या कहेगा कि पिंकी लड़ती है। यह कथन गलत हो सकता है और इसे स्वीकार करना आवश्यक नहीं है, क्योंकि यह एक थोथे अवलोकन पर आधारित है। पिंकी को विभिन्न परिस्थितियों में अवलोकन करने के बाद ही ऐसा निश्चयात्मक कथन तर्कसंगत होगा कि 'पिंकी झगड़ालू है'। इन अवलोकनों के बाद यह भी

निष्कर्ष निकल सकता है कि पिंकी कभी-कभार ही लड़ती है। इसलिए एक-दो अवलोकन के आधार पर कोई निर्णय करना न तो वांछनीय है, न ही उचित।

बच्चों का यह अवलोकन वैज्ञानिक, सुविचारित, सुनियोजित और विधिवत् होना चाहिए। जिस शिक्षक से अपेक्षा की जाती है कि वह बालक का अवलोकन करेगा, उसके मन में यह स्पष्ट होना चाहिए कि अवलोकन का आशय क्या है, अर्थात् वह किसी बच्चे या बच्चों के समूह का अवलोकन क्यों करना चाहता है? कौन से कारक या व्यवहार के विभिन्न रूपों का वह अवलोकन करेगा। इसी प्रकार अभिलेख का प्रारूप उसके स्वयं के विचारों और इच्छाओं पर आधारित न होकर ऐसा हो, जिसमें घटनाएँ जैसी घटित होती हैं वैसी ही लिपिबद्ध की जा सकें। शिक्षक को पहले से केवल अध्ययन की जानेवाली बातों को ही निश्चित नहीं करना है, बल्कि नियमित ढंग से बालक का एक समयवधि के दौरान अवलोकन करना है। किसी निष्कर्ष पर पहुँचने के पहले बहुत से अवलोकन करने होंगे। शिक्षक को इस बात की सुविधा है कि वह विभिन्न परिस्थितियों में, जैसे कक्षा में, खेल के मैदान पर और पाठ्येतर कार्यक्रमों में बच्चों का अवलोकन कर सकता है। परंतु बच्चों को इस बात का अहसास नहीं होना चाहिए कि कोई उसका अवलोकन कर रहा है।

शिक्षक को अपने पूर्वग्रहों के प्रति सचेत रहना चाहिए। कभी-कभी शिक्षक का पूर्वग्रह किसी छात्र के पक्ष में या किसी के विरुद्ध या किसी विशेष प्रकार के व्यवहार के प्रति हो सकता है। इसका प्रभाव उसके अवलोकन पर नहीं पड़ना चाहिए। बच्चा जो कुछ कर रहा है, उसे तटस्थ रहकर देखना चाहिए।

अवलोकन के आलेखन से पहले एक प्रारूप तैयार कर लेना आवश्यक है। प्रारूप से शिक्षक यह देख सकेगा कि क्या सभी महत्त्वपूर्ण पक्षों का अवलोकन कर लिया गया है और अमुक व्यवहार कितनी बार घटित हुआ। इससे अवलोकनों को वस्तुनिष्ठ बनाने में भी मदद मिलेगी। अवलोकन का प्रारूप उसके उद्देश्य और उन सभी मुख्य बिंदुओं को ध्यान में रखते हुए तैयार करना चाहिए, जिनके बारे में जानकारी चाहिए। इस कार्य में अन्य अध्यापकों, परामर्शदाताओं, मनोवैज्ञानिक और निर्देशन एजेंसी से सहायता ली जा सकती है।

छात्रों का यह अवलोकन उनको समझने और सँभालने में शिक्षक की मदद करेगा। वह बच्चे के बेहतर निष्पादन, तालमेल और स्वस्थ मानसिकता के विकास में निर्देशन दे सकेगा और आवश्यक मदद कर सकेगा।

अवलोकन से सामान्य व्यवहार की प्रवृत्ति के बारे में हमारा ज्ञान बढ़ता है।

उदाहरण के लिए, अवलोकन द्वारा हमें पता लगता है कि दो या तीन वर्ष की आयु के बच्चे अपने आप खेलना पसंद करते हैं, किंतु साथ-ही-साथ यह भी चाहते हैं कि उनके पास अन्य बच्चे खेल रहे हों।

जैसे-जैसे वे बड़े होते हैं, वे एक-दूसरे के साथ खेलते हैं। प्राथमिक शाला के बच्चे सामूहिक और स्पर्धात्मक खेल पसंद करते हैं।

प्रयोग

अवलोकन के दौरान हम बच्चों को सहज परिस्थितियों में देखते हैं। प्रयोग में हम उन्हें पूर्व निर्धारित परिस्थितियों में देखते हैं। प्रायोगिक विधि नियंत्रित परिस्थितियों में नियमित ढंग से अवलोकन ही है।

मनोविज्ञान जाननेवाला शिक्षक सामान्य प्रयोग कर सकता है। इसके लिए वह कक्षा को दो दलों में विभक्त करता है, दोनों दलों में कुशाग्र, औसत और धीमी गति से सीखनेवाले छात्रों की संख्या करीब-करीब बराबर रहनी चाहिए।

शिक्षक दोनों दलों को पढ़ाने की अलग-अलग विधियाँ अपना सकता है। जैसे एक दल को विज्ञान वर्णनात्मक ढंग से पढ़ाया जाए, जबकि दूसरे दल को वर्णन के साथ-साथ अवलोकन और सक्रिय विधियों द्वारा पढ़ाया जाए। दोनों दलों की उपलब्धि की तुलना करके शिक्षक पता लगा सकता है कि एक विधि दूसरी से कितनी अधिक लाभप्रद है और क्या दोनों विधियों से प्राप्त परिणामों में सार्थक अंतर है। यदि यह परिणाम निकलता है कि सामान्य वर्णन के मुकाबले अवलोकन और सक्रिय विधि के अपनाने से दल की उपलब्धि अधिक होती है तो शिक्षक अपनी विज्ञान शिक्षण विधि में परिवर्तन ला सकता है।

अमुक शिक्षक यह जानना चाहता है कि सामाजिक अध्ययन के छात्रों को यातायात प्रशिक्षण केंद्र पर भ्रमण के लिए ले जाया जाए तो इसका प्रभाव क्या होगा? इस प्रयोग में शिक्षक को यह सावधानी बरतनी होगी कि भ्रमण के द्वारा जो ज्ञान बच्चे प्रदर्शित करते हैं, वह वर्तमान अनुभव को छोड़कर पूर्व के अध्ययन या अनुभव पर आधारित तो नहीं है।

प्रयोग के लिए शिक्षक को कक्षा को दलों में विभक्त करना पड़ता है। दोनों दलों में छात्रों की योग्यता और सामाजिक-आर्थिक पृष्ठभूमि करीब-करीब समान होनी चाहिए। एक दल को प्रायोगिक दल कहेंगे (जो केंद्र को देखने जाएगा), जबकि दूसरे दल को नियंत्रित दल (जो केंद्र नहीं जाएगा) कहेंगे। यह पता लगाने के लिए कि केंद्र जाने पर छात्रों ने क्या सीखा, शिक्षक को यह पता लगाना होगा

कि केंद्र जाने से पहले छात्रों को कितना ज्ञान था। इसके लिए शिक्षक को एक पूर्व परीक्षण (केंद्र जाने के पहले दिया गया परीक्षण) देना होगा और केंद्र देखने के बाद उत्तर परीक्षण (केंद्र देखने के बाद का परीक्षण) देना होगा। अब शिक्षक प्रायोगिक समूह और नियंत्रित समूह की उपलब्धि की तुलना कर सकता है। इसी प्रकार के प्रयोग अवधान, स्मृति आदि पर किए जा सकते हैं।

प्रायोगिक विधि में यह लाभ है कि एक कारक को छोड़कर सभी कारकों पर नियंत्रित किया जा सकता है। जैसे—उपर्युक्त प्रयोग में आयु, बुद्धि और सामाजिक-आर्थिक स्तर को नियंत्रित किया गया, यानी जहाँ तक संभव हो सका, ये दोनों दलों में समान थे। प्रत्येक प्रयोग में केवल एक कारक में अंतर या परिवर्तन किया गया। एक में यह कारक शिक्षण विधि थी और दूसरे में केंद्र का भ्रमण था। इस प्रकार यदि दोनों दलों की उपलब्धि में सार्थक अंतर आता है तो हम कह सकते हैं कि इसके पीछे वह कारक है, जो दोनों दलों में भिन्न था। इस प्रकार प्रायोगिक विधि से अन्य विधियों की तुलना में अधिक सही परिणाम प्राप्त होते हैं, किंतु इसकी सीमाएँ हैं। इसे सभी परिस्थितियों में लागू नहीं किया जा सकता। इसका उपयोग तभी किया ज़ा सकता है, जब कुछ निश्चित कारकों को नियंत्रित किया जा सके।

आत्म-प्रतिवेदन

छात्रों के बारे में जानकारी उनसे सीधे प्राप्त की जा सकती है। बड़े बच्चे अपने बारे में लिखित जानकारी दे सकते हैं, इस प्रविधि में शिक्षक का अधिक समय नहीं लगेगा। बच्चों से कुछ प्रश्नों के उत्तर लिखवाकर जानकारी प्राप्त की जा सकती है या उनसे किसी रूप में स्वतंत्र लेखन प्राप्त किया जा सकता है। पहली विधि का उदाहरण है व्यक्तिगत जानकारी प्रपत्र (पर्सनल डाटा बैंक), और दूसरी विधि का उदाहरण है आत्मकथा। इनकी विवेचना नीचे की जा रही है। बच्चे सही और नि:संकोच जानकारी तभी देंगे जब शिक्षक उनके साथ अच्छे संबंध स्थापित करेगा और उन्हें विश्वास होगा कि जानकारी का उपयोग उनके हित में होगा। फिर भी बच्चों को बताना चाहिए कि उन्हें इस बात की छूट है कि जो बात वे नहीं बताना चाहें, उसे न बताएँ और वही बताएँ जो बताना चाहते हैं। आत्म-प्रतिवेदन से जो जानकारी प्राप्त होती है, उसकी जाँच अन्य स्रोतों से प्राप्त जानकारी से करनी चाहिए, क्योंकि एक अच्छी छवि प्रस्तुत करने के लिए कुछ बच्चे तथ्यों को तोड़-मरोड़कर प्रस्तुत कर सकते हैं।

व्यक्तिगत जानकारी प्रपत्र

व्यक्तिगत जानकारी प्रपत्र ऐसा प्रपत्र है, जिसमें वैयक्तिक जानकारी संबंधी प्रश्न होते हैं। यह जानकारी बच्चे के परिवार से संबंधित हो सकती है, जैसे पिताजी का व्यवसाय, भाइयों और बहनों की संख्या और उनमें स्वयं का उम्र स्थान, जैसे सबसे बड़ा, बीच का या सबसे छोटा, अन्य व्यक्ति, जो घर में रहते हैं इत्यादि। यह भी पूछा जा सकता है कि बच्चे की रुचियाँ क्या हैं या स्कूल में उसे किन कठिनाइयों का सामना करना पड़ रहा है। बड़े बच्चों के लिए भावी उद्देश्यों के बारे में जानना महत्त्वपूर्ण है। कौन से प्रश्न रखे जाएँ, यह प्रपत्र के उद्देश्य पर निर्भर करता है। प्रपत्र बहुत लंबा नहीं होना चाहिए, उनमें उसी जानकारी के बारे में पूछना चाहिए जिसका बाद में उपयोग किया जा सके।

आत्मकथा विधि

बच्चों से आत्मकथा लिखने को कहा जा सकता है। आत्मकथा संबंधी तथ्य बच्चे के जीवन, उसकी भावनाओं और अभिप्रवृत्तियों के बारे में उपयोगी जानकारी प्रदान कर सकते हैं। बच्चों को कहा जा सकता है कि वे अपने और अपने जीवन के बारे में स्वतंत्र रूप से जैसा वे चाहें लिखें या इसके लिए उन्हें एक रूपरेखा भी दी जा सकती है। वारटर्स का सुझाव है कि बच्चों का ध्यान दो प्रकार की सामग्री की ओर खींचना उपयोगी रहता है, एक तो वस्तुनिष्ठ सामग्री, जो घर, स्कूल और समुदाय के अनुभवों पर आधारित हो और दूसरी व्यक्तिनिष्ठ सामग्री, जो उसकी संतुष्टियों, आकांक्षाओं, मूल्यों आदि से संबंधित हो।

आत्मकथा के तथ्यों का चयन करने के लिए कौशल और सावधानी दोनों ही आवश्यक हैं। यह सामग्री केवल तथ्यात्मक जानकारी ही नहीं प्रस्तुत करती है, बल्कि बच्चे की मानसिक स्थिति के बारे में भी संकेत देती है कि क्या वह खुश है, निराशावादी या आशावादी है, क्या उसमें दूसरों पर दोषारोपण की प्रवृत्ति है, क्या वह उत्तरदायित्व वहन कर सकता है इत्यादि। किंतु हर आत्मकथा की सामग्री में यह जानकारी प्राप्त नहीं होती और एक-दो वाक्यों के आधार पर निष्कर्षों पर पहुँचना ठीक नहीं होगा। जो तसवीर आत्मकथा से उभरती है, उसकी पुष्टि बच्चे के अवलोकन और अन्य स्रोतों से प्राप्त जानकारी के आधार पर करनी चाहिए।

साक्षात्कार

साक्षात्कार एक प्रत्यक्ष प्रक्रिया है, जिसमें भेंटकर्ता समालाप्य व्यक्ति

(इंटरव्यूयी) से किसी आशय से बातचीत करता है। साक्षात्कार से ऐसी जानकारी मिल सकती है, जो अवलोकन, प्रयोग और अन्य विधियों से प्राप्त नहीं होती। साक्षात्कार के दौरान भेंटकर्ता जिस बच्चे से मिल रहा है, उसकी अभिप्रेरणाओं, अभिवृत्तियों और रुचियों के बारे में पता लगाने का प्रयास करता है। साक्षात्कार एक बच्चे के साथ या बच्चों के समूह के साथ आयोजित किया जा सकता है। अधिकतर भेंट वैयक्तिक स्तर पर होती है और उससे उपयोगी सामग्री प्राप्त होती है। एक खुशमिजाज और सहृदय शिक्षक बच्चों में लोकप्रिय होगा और उनका विश्वास प्राप्त कर सकेगा। वह बच्चों के साथ निकट का संबंध स्थापित कर सकेगा, जो सफल साक्षात्कार के लिए आवश्यक है। इसके अतिरिक्त कुछ अन्य शर्तें, जैसे एकांत, शोरगुल से दूर एक आरामदायक कमरा, बैठने की उचित व्यवस्था और अन्य सुविधाएँ भेंट करने के लिए आवश्यक हैं। बच्चे को यह महसूस होना चाहिए कि वह अपनी बात कहने के लिए स्वतंत्र है। संवेगात्मक वातावरण और बाह्य परिवेश शांत होना चाहिए। बच्चे को यह विश्वास होना चाहिए कि जब वह अपनी बात कर रहा है तो बाहर के अन्य लोग न तो उसे देख रहे हैं, न उसकी बात सुन रहे हैं।

उद्‌देश्य को ध्यान में रखते हुए साक्षात्कार को नियोजित करना होता है। पियार्ज ने बच्चों के चिंतन का अध्ययन करने के लिए साक्षात्कार का प्रयोग किया है। उसके अध्ययन का निम्नलिखित उदाहरण यह दरशाता है कि साक्षात्कार का प्रयोग बच्चों की सामान्य एवं नैतिक अवधारणाओं का पता लगाने के लिए किया जा सकता है।

एक बच्चे के बारे में कहा जाता है कि एक बच्चा अन्य बच्चों को, जिनके साथ वह खेलता है, सदैव नुकसान पहुँचाता है। किसी को वह चाँटा लगाता है और किसी को पत्थर मारता है, एक दूसरा बच्चा है जो कभी किसी को नहीं सताता। एक दिन खेलते हुए गलती से उससे एक बच्चे को चोट लग जाती है, इस घटना का संदर्भ देकर बच्चे से पूछा जाता है, 'क्या दोनों बच्चों ने समान रूप से नुकसान पहुँचाया? किसने अधिक हानि की?' यह देखा गया है कि छोटे बच्चे दूसरे लड़के को अधिक दोषी ठहराते हैं, क्योंकि उसने दूसरे बच्चे को चोट पहुँचाई, यद्यपि वह अनजाने में पहुँचाई गई। जब बच्चे बड़े होते हैं तब ही वे जान-बूझकर किए गए कार्य और अनजाने में हुए कार्य के अंतर को समझ पाते हैं। पर यह याद रखना चाहिए कि किसी निष्कर्ष पर पहुँचने से पहले काफी संख्या में बच्चों से साक्षात्कार करना होगा।

कभी-कभी शिक्षक द्वारा किसी विशेष प्रयोजन को लेकर अवलोकन के बाद बच्चे का साक्षात्कार किया जा सकता है। साक्षात्कार के बाद कुछ बिंदु स्पष्ट हो सकते हैं। उदाहरण के लिए, शिक्षक यह जानना चाह सकता है कि अमुक परिस्थिति में बच्चे ने विशेष प्रकार का व्यवहार क्यों किया था? बच्चे ने अशिष्ट और अशोभनीय व्यवहार क्यों किया? साक्षात्कार से कारण का पता लग सकता है और यह भी पता लग सकता है कि बच्चे को कौन सी बात परेशान कर रही है।

खेल-साक्षात्कार

दूसरों के प्रति बच्चे की भावनाएँ और अभिवृत्तियाँ जानने के लिए खेल-साक्षात्कार उपयोगी है। इसका उपयोग छोटे बच्चों के अध्ययन में, विशेषकर जब वे गुड़ियों से खेल रहे हों, किया जा सकता है। शिक्षक देखता है कि बच्चा गुड़ियों से किस प्रकार का आचरण करवाता है, विशेषकर उन गुड्डे-गुड़ियों के प्रति, जो माता-पिता, भाई-बहन इत्यादि का प्रतिनिधित्व करते हैं। शिक्षक बच्चे से पूछ सकता है कि गुड्डे या गुड़ियों की क्या इच्छाएँ हैं, क्योंकि वह समझता है कि ये गुड्डे से संबंधित हैं। उसे ऐसा नहीं लगता कि कोई उसकी आंतरिक इच्छाओं का पता लगाने की कोशिश कर रहा है, क्योंकि जो कुछ भी पूछा जा रहा है, वह गुड्डे के बारे में है। इसलिए जिन व्यक्तियों का गुड्डे प्रतिनिधित्व कर रहे हैं, उनके बारे में प्रश्नों का उत्तर वह निःसंकोच और स्पष्ट देता है। इस प्रकार बच्चे का अपने माता-पिता, भाई-बहन, मित्रों और अन्य व्यक्तियों से संबंध तथा मनमुटाव आदि के बारे में पता चलता है। इस प्रकार शिक्षक को बच्चे के संपर्क में आनेवाले लोगों के प्रति अंतर्संबंधों, भावनाओं, अभिवृत्तियों आदि का पता चल सकता है। शिक्षक के लिए खेल-साक्षात्कार एक प्रकार का निदानात्मक उपकरण है, विशेष रूप से जहाँ बच्चों के मनोभाव, संवेग और अभिवृत्तियों का संबंध है।

समाजमिति विधि

समूह के निदान में यानी सदस्यों के परस्पर मनोभावों का पता लगाने में समाजमिति विधि उपयोगी है। इस विधि का उपयोग सरलता से कक्षा में किया जा सकता है। शिक्षक प्रत्येक बच्चे से उसकी पसंदगी पूछ सकता है, वह कक्षा में किस सहपाठी के पास बैठना पसंद करेगा या किसके साथ मिलकर कोई कार्य करना पसंद करेगा। प्रत्येक बच्चे से पहली और दूसरी पसंद पूछी जा सकती है। इससे शिक्षक पता लगा सकेगा कि कक्षा में कौन से बच्चे लोकप्रिय हैं, यानी

अधिक बच्चों द्वारा चुने जाते हैं, और कौन बच्चे ऐसे हैं, जिन्हें किसी ने नहीं चुना। वह यह भी पता लगा सकता है कि क्या कक्षा में गुटबाजी है।

शिक्षक को बच्चों की पसंदगी पर ध्यान देना चाहिए। जहाँ तक हो सके, कक्षा में बैठने की व्यवस्था या सामूहिक कार्य का आयोजन बच्चों द्वारा दी गई पसंदगी के आधार पर करना चाहिए। यदि बच्चों के समूह उनकी इच्छाओं के आधार पर बनाए जाते हैं तो उनके कार्य में अधिक प्रगति होती है।

बच्चों की अनुक्रियाओं का विश्लेषण यह बता सकता है कि उनकी अभिवृत्तियाँ और मूल्य क्या हैं? शिक्षक यह देख सकता है कि क्या एक ही जाति, समुदाय या सामाजिक-आर्थिक स्तर के बच्चे एक-दूसरे को चुनते हैं या चुनाव समान रुचियों या किसी अन्य कारक पर आधारित हैं। शिक्षक यह भी पता लगा सकता है कि कौन से बच्चे लोकप्रिय या एकाकी हैं। क्या लोकप्रियता उच्च शैक्षिक उपलब्धि के साथ-साथ चलती है? या खेल में अच्छे होने के साथ? या क्या इसका आधार सामाजिक-आर्थिक स्तर है? किंतु ऐसे निष्कर्ष निकालने में सतर्कता बरतने की आवश्यकता है। जो निष्कर्ष प्राप्त होते हैं उनका मिलान साक्षात्कार आदि अन्य विधियों से प्राप्त सामग्री से करना चाहिए। उदाहरण के लिए हो सकता है कि शिक्षक को पता चले कि एक बच्चा जो लोकप्रिय है, खेल में और पढ़ाई में अच्छा है और इससे वह सोचने लगे कि ये ही बच्चे की लोकप्रियता का आधार है। किंतु भेंट करने पर पता लगे कि अन्य बच्चे उसे उसके हँसमुख और अच्छे स्वभाव के कारण पसंद करते हैं।

समाजमिति से बच्चों के समूहों के बारे में बहुत उपयोगी जानकारी प्राप्त होती है। इससे ऐसे क्षेत्रों का भी पता लगता है जिनमें आगे शोध की आवश्यकता है, जैसे उन कारकों का अध्ययन जिनसे बच्चे लोकप्रिय होते हैं या नापसंद किए जाते हैं।

केस स्टडी

केस स्टडी किसी इकाई के विविध पक्षों के गहन अध्ययन का प्रतिवेदन है। यह इकाई एक छात्र, स्कूल या एक विशेष समूह हो सकता है।

केस स्टडी के लिए जानकारी अधिकतर एक कालावधि के बीच, विभिन्न स्रोतों से एकत्रित की जाती है। जानकारी को मिलाकर, समस्या का स्वरूप और अध्ययन के उद्देश्य को ध्यान में रखकर चयन किया जाता है।

एक बच्चे की केस स्टडी के लिए उसके घर की पृष्ठभूमि, शैक्षिक उपलब्धि,

स्वास्थ्य, हाजिरी, विभिन्न कार्यक्रमों में सहभागिता, उसके सबल और दुर्बल पक्ष, उसके सामाजिक संबंध और तालमेल, उसकी समस्याओं, अभिलाषाओं और योजनाओं आदि के बारे में जानकारी एकत्रित करनी होगी। शिक्षक को अधिक-से-अधिक स्रोतों से यथासंभव जानकारी करनी चाहिए। ये स्रोत हैं स्कूल के अभिलेख तथा बच्चे से उनके माता-पिता और अन्य शिक्षकों से साक्षात्कार। वह समाजमिति और आत्मकथा से उपलब्ध सामग्री का भी प्रयोग कर सकता है। उसे कालावधि में बच्चे का नियमित अवलोकन करना चाहिए। विभिन्न स्रोतों से प्राप्त सामग्री का संश्लेषण करके बच्चे की समस्याओं के कारणों का अंतरिम चयन किया जा सकता है।

एक बच्चे की केस स्टडी की विशेषता यह है कि एक व्यक्ति के रूप में बच्चे पर ध्यान केंद्रित किया जाता है। इससे शिक्षक को बच्चे की पृष्ठभूमि, उपलब्ध सुविधाओं और आगत कठिनाइयों के परिप्रेक्ष्य में देखने का अवसर मिलता है। इस प्रकार इस विधि से शिक्षक को बच्चे को भली-भाँति समझने में सहायता मिलती है। केस स्टडी की कमी यह है कि एक तो इसमें बहुत समय लगता है और दूसरा एक प्रकरण को आधार पर सामान्यीकरण करना संभव नहीं है। वास्तव में केस स्टडी विधि की एक देन यह है कि इससे शिक्षाशास्त्रियों और मनोवैज्ञानिकों को महसूस हुआ कि विभिन्न बच्चों की सतही स्तर पर समान दिखनेवाली समस्याएँ अलग-अलग कारणों से उत्पन्न हो सकती हैं और इसलिए बच्चों के प्रति अलग-अलग तरह से व्यवहार करना चाहिए।

हालाँकि एक केस स्टडी से कोई सामान्यीकरण नहीं किया जा सकता, किंतु यदि कुछ अध्ययन किए जाएँ तो सीमित सामान्यीकरण संभव है। जैसे, कुछ ऐसे बच्चों का अध्ययन किया जाए जो पढ़ाई में संतोषजनक प्रगति नहीं कर रहे तो यह बात सामने आ सकती है कि अधिकांश ऐसे बच्चे उन घरों से आते हैं जहाँ पढ़ाई को महत्त्व नहीं दिया जाता और इन बच्चों को घर की ओर से कोई प्रोत्साहन नहीं मिलता।

बच्चों के अध्ययन करने की अन्य विधियाँ हैं जिन्हें इस विवेचना में शामिल नहीं किया गया। इसमें से सबसे महत्त्वपूर्ण मनोवैज्ञानिक परीक्षण, रुचि और व्यक्तित्त्व की तालिकाएँ हैं जिनके उपयोग के लिए विशेष प्रशिक्षण चाहिए। ऐसी आशा की जाती है कि प्रत्येक शिक्षक एक या दो उपयुक्त विधियों का प्रगाढ़ अध्ययन करेगा और बच्चों के अध्ययन से उनका प्रयोग करेगा। इससे वह अपनी देखरेख में बच्चों को अधिक अच्छी तरह समझ सकेगा और उनकी सहायता कर सकेगा।

□

विभिन्न घरों और सामाजिक पृष्ठभूमि से आनेवाले छात्र

छात्र की स्कूल और सामान्य रूप से शिक्षा के प्रति अभिवृत्ति, साथ-ही-साथ शिक्षकों, सहपाठियों और पड़ोसियों के प्रति व्यवहार इस पर्यावरण से बहुत कुछ प्रभावित होता है, जो उसके घर, पड़ोस और समुदाय में व्याप्त है। छात्र विभिन्न घर और परिवार की पृष्ठभूमि से आते हैं। इस पृष्ठभूमि का उनके भावनात्मक और सामाजिक तालमेल पर सार्थक रूप से प्रभाव पड़ता है। घरों में कई प्रकार की विभिन्नताएँ होती हैं। कुछ घर ऐसे होते हैं जिनमें बच्चों को सभी प्रकार की सुविधाएँ और कहीं-कहीं ऐशो-आराम की चीजें भी उपलब्ध होती हैं, अन्य ऐसे जहाँ सारा परिवार एक कमरे या झुग्गी में रहता है और बच्चों की मूल आवश्यकताओं की भी पूर्ति नहीं होती।

किन्हीं घरों में बच्चों को अच्छी किताबें उपलब्ध होती हैं और माता-पिता उनके साथ विभिन्न विषयों पर विचार विनिमय करते हैं, अन्य घरों में, जहाँ तक कि समृद्ध घरों में भी कुछ ऐसे होते हैं जहाँ बहुत कम बौद्धिक चर्चा होती है और बच्चों को पढ़ने के लिए प्रोत्साहित नहीं किया जाता। आर्थिक दृष्टि से वंचित घरों में बच्चों के पास कोई भी किताब नहीं होती और माता-पिता कम पढ़े-लिखे होने के कारण बौद्धिक उद्दीपन प्रदान नहीं कर पाते। माता-पिता बच्चों से कितना स्नेह करते हैं इसमें भी अंतर होता है। ऐसे घर होते हैं जहाँ खुशी का पर्यावरण है और ऐसे भी घर हैं जहाँ मनमुटाव है। माता-पिता के अलग हो जाने से या इनमें से एक की मृत्यु हो जाने से भग्न परिवार भी हैं। इन सभी कारकों का प्रभाव बच्चे की सीखने की तत्परता पर पड़ता है।

घरों के मनोवैज्ञानिक कारक

(क) माता-पिता और बच्चे के बीच संबंध : माता-पिता और बच्चे के बीच संबंध का प्रभाव बच्चे के स्वभाव पर पड़ता है। जो माता-पिता बच्चे के स्कूल के कार्य में काफी रुचि लेते हैं, उनका स्कूल के निष्पाद पर अनुकूल प्रभाव पड़ता है। माता-पिता और बच्चों में एक आत्मीय और स्नेहपूण संबंध, माता-पिता के बच्चों के साथ समय व्यतीत करने में, उनको कहानी पढ़कर सुनाने में, उनके साथ खेलने में, उनके साथ योजनाओं पर चर्चा करने में, उनका गृह कार्य देखने और करने में मदद करने में, स्कूल में मिलने आने में और बच्चे की कुशलता में रुचि लेने में व्यक्त होते हैं। इन सब का बच्चे की सीखने की प्रक्रिया पर सकारात्मक प्रभाव पड़ता है और एक स्वस्थ व्यक्तित्व के निर्माण में मदद मिलती है। अध्ययनों के आधार पर हम कह सकते हैं, वे सामाजिक दृष्टि से अच्छा व्यवहार प्रदर्शित करते हैं और सहयोगशील, मैत्रीपूर्ण व्यवहार करनेवाले, वफादार, ईमानदार, निष्कपट, भावनात्मक रूप से स्थिर और प्रसन्नचित्त पाए जाते हैं।

दूसरी ओर, वे बच्चे हैं जो घर में उपेक्षित रहते हैं और जिनके माता-पिता उनमें या उनके स्कूल के कार्य में रुचि नहीं लेते। वे स्कूल में अकसर दुःखी रहते हैं, और स्कूल के कायदे-कानून के प्रति विद्रोह करते पाए जाते हैं। वे हो सकता है वे कक्षा में दिवा-स्वप्न देखते रहें या माता-पिता के प्रति नाराजगी व्यक्त करके इसे शिक्षक की ओर अंतरित करें और उनके प्रति अशिष्टता का व्यवहार करें तथा उनके साथ सहयोग से मना कर दें।

(ख) घर का बौद्धिक वातावरण : माता-पिता बच्चे के स्कूल के कार्य में कितनी रुचि लेते हैं और कितना प्रोत्साहित करते हैं, घर का बौद्धिक वातावरण कैसा है, ये सब शैक्षिक निष्पादन में महत्त्वपूर्ण कारक हैं। माता-पिता का शैक्षिक स्तर, ज्ञान और सांस्कृतिक कार्यक्रमों को वे कितना महत्त्व देते हैं, साथ-ही-साथ उनके मूल्य, उनकी अपनी स्वयं की ओर अपने बच्चों के लिए अभिलाषाएँ—ये सब घर के बौद्धिक वातावरण से निर्धारित होती हैं। अधिकतर उच्च और मध्यवर्गीय माता-पिता अपने बच्चों को स्कूल का कार्य करने के लिए प्रोत्साहित करेंगे, क्योंकि वे जानते हैं कि बच्चे के भावी सुखी जीवन के लिए यह आवश्यक है और यदि बच्चा सफल नहीं होता तो उनके सामाजिक स्तर को क्षति पहुँचेगी। ऐसे कारक बच्चों में पढ़ाई के प्रति सकारात्मक अभिवृत्तियाँ निर्मित करते हैं। कभी-कभी ऐसा होता है कि शिक्षक या माता-पिता बच्चे पर उसकी योग्यता से अधिक-से-अधिक निष्पादन के लिए दबाव डालते हैं या उसकी घर या पड़ोस के अन्य बच्चों से प्रतिकूल तुलना करते हैं। इसका बच्चे के शैक्षिक निष्पादन पर अच्छा प्रभाव नहीं पड़ता।

(ग) घर में पारस्परिक संबंध : माता-पिता के बीच संबंधों का भी बच्चों पर प्रभाव पड़ता है। जब माता-पिता मिलकर रह नहीं पाते और उनके बीच में बराबर मनमुटाव चलता है, बच्चा चिंताग्रस्त हो जाता है और पढ़ाई में मन नहीं लगा पाता। वह अधिकतर कक्षा में अन्यमनस्क रहता है और अपना ध्यान केंद्रित नहीं कर पाता। माता-पिता की बीमारी भी घर में चिंता और असुरक्षा के वातावरण का संचार करती है, जिसका बच्चे के मानसिक स्वास्थ्य पर और स्कूल के कार्य पर प्रतिकूल प्रभाव पड़ता है। ऐसे बच्चे बहुत प्रभावशाली शिक्षण के प्रति अनुक्रिया नहीं कर पाते, क्योंकि उनकी आवश्यकताओं की पूर्ति नहीं होती और इसके कारण व्यवहार में कम या अधिक गड़बड़ी उत्पन्न हो सकती है।

बच्चे के अपने भाई-बहन से संबंधों का प्रभाव उसके सहपाठियों और अन्य लोगों के संबंध पर भी पड़ता है। घर में स्नेहपूर्ण संबंध बच्चे के घर और घर के बाहर भी मैत्रीपूर्ण, मिलनसार और दूसरों की सहायता करनेवाला बनाते हैं, जबकि स्नेह का अभाव उसे लड़ाता और पलायनवादी बनाता है।

इसका आशय हुआ कि यद्यपि शिक्षक बच्चे की परिस्थिति से समायोजन करने में मदद कर सकता है, वह कहाँ तक इसमें सफल होगा यह घर की परिस्थितियों पर निर्भर करेगा। उसे केवल घर की परिस्थितियों की जानकारी होनी चाहिए, बल्कि माता-पिता और परिवार के अन्य सदस्यों का सहयोग भी प्राप्त होना चाहिए। जिससे बच्चे के प्रति स्कूल और घर के व्यवहार में संगति आ सके।

माता-पिता का सामाजिक-आर्थिक स्तर

(क) बौद्धिक प्रेरणा के लिए अवसर और प्रोत्साहन : भारत में ज्यादातर माता-पिता का सामाजिक-आर्थिक स्तर और साथ-साथ उनके व्यावसायिक समूह की सदस्यता, सामान्य रूप से जीवन के प्रति और विशेषकर शिक्षा के प्रति उनके दृष्टिकोण को निर्धारित करता है। ये अभिवृत्तियाँ बच्चों तक पहुँचती हैं और उनके कक्षा के व्यवहार, उनकी काम करने की आदतें, उनकी रुचियों, उनकी अभिलाषाएँ और अपने लिए जो लक्ष्य वे निर्धारित करते हैं, उनमें प्रतिबिंबित होती हैं। उदाहरण के लिए, मध्यम और उच्च वर्ग के परिवारों में शैक्षिक सफलता को मूल्यवान माना जाता है और न केवल माता-पिता और शिक्षक बल्कि सहपाठियों द्वारा भी इसे पुरस्कृत किया जाता है। ऐसे घरों से आनेवाले बच्चों को पढ़ाई के लिए अच्छा प्रयास करने की और उच्च सफलता प्राप्त करने की प्रेरणा दी जाती है। यह देखा गया है कि माता-पिता जो उच्च व्यवसायों में लगे होते हैं, जैसे डॉक्टर, शिक्षक, इंजीनियर आदि, वे इस बारे में कि उनके बच्चों को स्कूलों में क्या पढ़ाया गया और शिक्षक ने किस

प्रकार पढ़ाया और निर्देशन दिया, अधिक रुचि लेते हैं। घर में उनके बच्चों को पर्याप्त पठन सामग्री मिलती रहती है। उनकी स्वयं की सांस्कृतिक रुचियों के कारण वे अपने बच्चों को ऐसे अवसर प्रदान करते हैं जिनसे उनका अपने चारों ओर की दुनिया का ज्ञान और जागरूकता बढ़ती है और विचार तथा तर्क करने की प्रेरणा मिलती है।

शिक्षित माता-पिता शिक्षा संबंधी और सामयिक घटनाओं पर बच्चे की उपस्थिति में आपस में चर्चा करते हैं, कहानियाँ और साहित्य जो उन्हें रोचक लगता है पढ़कर सुनाते हैं, उन्हें संग्रहालय, कलादीर्घा, चिड़ियाघर, मेले, प्रदर्शनियाँ, बगीचे, फूलों की प्रदर्शनी आदि दिखाने ले जाते हैं और विभिन्न अनुभवों को मुहैया कराते हैं। इनके अलावा, भाषा का वे एक अच्छा नमूना प्रस्तुत करते हैं। वे बच्चे की स्कूल की गतिविधियों की रिपोर्ट में रुचि लेते हैं और उनके प्रयासों के लिए प्रशंसा करते हैं। स्कूल में सफलता पर अकसर वे उनको मिठाई देकर या जेब खर्च बढ़ाकर पुरस्कृत करते हैं। ये पुरस्कार बच्चों को और अधिक श्रम करने के लिए प्रेरित करते हैं। यह देखकर कि शैक्षिक कुशलताओं के आधार पर उसके माता-पिता का सफल डॉक्टर या इंजीनियर बनना संभव हो सकता, बच्चा स्कूल की शिक्षा से भविष्य में प्राप्त होनेवाली उपलब्धि को समझ पाता है। इनका प्रभाव उसके शिक्षा संबंधी लक्ष्य, जो उसने अपने लिए निर्धारित किए हैं, जिन विषयों को चुना है और जो उसके जीवन की आकांक्षाएँ हैं, उन पर पड़ता है।

दौलत अपने आप में सदैव लाभप्रद नहीं है। धनी माता-पिता के बच्चे लाड़-प्यार, अत्यधिक देख-रेख और हर कार्य में मदद के कारण अपनी पढ़ाई में स्वयं परिश्रम करने की आदत विकसित नहीं कर पाते। उनकी रुचि केवल मौज-मस्ती करने और शरारत करने में रहती है। व्यापारी वर्ग के बच्चे, जिनसे आगे चलकर अपने पारिवारिक व्यवसाय में लगने की अपेक्षा की जाती है, अपने भावी व्यवसाय से असंबद्ध विषयों में उत्तम कार्य करने के लिए प्रेरित नहीं होते। जो बच्चे निम्न सामाजिक-आर्थिक परिवारों से और गरीब घरों से आते हैं, उनमें अकसर देखा गया है कि संतुलित आहार, उपयुक्त कपड़े और उपयुक्त निवास की उनकी मूल आवश्यकताएँ पूरी नहीं होतीं। ऐसे अल्प-पोषित बच्चे कक्षा के अनुभवों से पूरा लाभ नहीं उठा पाते। इसके अलावा इन्हें स्कूल के समय के पहले या बाद में घर में या घर के बाहर काम करना पड़ता है। इसलिए यह आश्चर्य की बात नहीं कि ये पढ़ाई में असफल होते हैं। इनमें अधिकांश बच्चे भीड़-भाड़वाले घरों में या एक कमरे के मकान या गंदी बस्तियों में रहते हैं, जहाँ किसी प्रकार के बौद्धिक प्रेरकों का सर्वथा अभाव रहता है। इस प्रकार के पर्यावरण का उनकी शैक्षिक प्रगति पर प्रतिकूल प्रभाव पड़ता है। इन बच्चों के लिए शांत जगह में पढ़ाई की कोई व्यवस्था नहीं

होती, क्योंकि अधिकतर माता-पिता और अन्य वयस्क शिक्षित नहीं होते या उन्हें बहुत कम शिक्षा मिली होती है, उनके परिवार में गृह कार्य पूरा कराने में मदद करने के लिए कोई व्यक्ति सक्षम नहीं होता। शैक्षिक प्रगति की ओर प्रेरित करने के लिए बच्चों को कोई प्रोत्साहन नहीं मिलता। बल्कि पढ़ाई की आवश्यकताओं और घर पर पढ़ाई करने के लिए साधन सुविधाओं के बारें में माता-पिता ठीक से समझ नहीं पाते। बीच-बीच में विभिन्न कार्यों और आदेशों को पूरा करने के कारण बच्चे की पढ़ाई में बार-बार विघ्न पड़ता है और वह कार्य पर पूरी तरह से ध्यान केंद्रित नहीं कर पाता।

बच्चे के स्कूल के कार्य में कोई रुचि नहीं ली जाती और स्कूल में सफलता माता-पिता या हमजोलियों द्वारा पुरस्कृत नहीं की जाती। शैक्षिक रुचियों को तिरस्कार की दृष्टि से देख जाता है और बच्चों को शिक्षा संबंधी उच्च लक्ष्यों के बनाने में हतोत्साहित किया जाता है, क्योंकि माता-पिता जानते हैं कि उनको प्राप्त करने के लिए पर्याप्त लंबे समय तक वे बच्चों को स्कूल में नहीं रख पाएँगे। ये बच्चे सफेदपोश नौकरियों के लिए शायद ही कभी आकांक्षा करते हों और इसलिए कठिन परिश्रम करने के लिए उनमें प्रेरणा नहीं होती है। इनमें से बहुत से बच्चे, मध्य या उच्च वर्ग की अपेक्षा काफी अधिक उम्र में स्कूल में भरती होते हैं। अन्य बच्चों से आयु में बड़े होने के कारण उनकी रुचियाँ अलग होती हैं और कक्षा के समूह से मेल नहीं खातीं।

इस प्रकार परिवार की आर्थिक स्थिति का, उसकी अन्य शिक्षकों और सहपाठियों के साथ पारस्परिक क्रिया, उसके अनुभवों की पृष्ठभूमि, स्कूल के कार्य के प्रति तत्परता और घर में पढ़ाई की साधन-सुविधाओं पर प्रभाव पड़ता है। इसके अलावा स्कूल के पाठ्यक्रम का मध्यवर्ग की ओर झुकाव होता है और यह गरीब घरों या ग्रामीण परिवेश से आनेवाले छात्रों के लिए बहुत अर्थयुक्त नहीं होता। उनके जीवन से यह पाठ्यक्रम बहुत दूर हो सकता है।

(ख) पड़ोस : सामाजिक श्रेणी की पृष्ठभूमि बच्चों में अनेक प्रकार के अंतरों का कारण है। बहुत सीमा तक सामाजिक श्रेणी पर निर्भर करेगा कि परिवार किस मोहल्ले या पड़ोस में रहेगा, किस प्रकार के विश्वासों, अंध-विश्वासों और पूर्वग्रहों के संपर्क में आएगा, कौन सी परंपराओं और रीति-रिवाजों को अपनाएगा, किस प्रकार के नैतिक और सामाजिक मूल्यों को निर्मित करेगा, किस प्रकार के मनोरंजन के साधन उसे उपलब्ध होंगे और किन में वह भाग ले सकेगा।

बच्चा किन साथियों के साथ खेलेगा और किस स्कूल में पढ़ेगा—यह भी आज समाज की श्रेणी पर निर्भर करेगा। इन सबका बच्चे के व्यक्तित्व पर प्रभाव पड़ता है और जीवन की विभिन्न परिस्थितियों के प्रति उनकी अनुक्रियाओं में और स्कूल,

कक्षा व खेल के मैदान पर उनके व्यवहार में प्रतिबिंबित होता है।

(ग) माता-पिता के नियंत्रण का स्वरूप : एक जटिल पद्धति द्वारा, जिसमें किसी व्यवहार को दंडित और किसी को पुरस्कृत किया जाता है, माता-पिता अपनी सामाजिक श्रेणी द्वारा स्वीकृत अनुक्रियाएँ, मूल्य और विश्वास सिखाते हैं। इस सामाजिक श्रेणीगत प्रशिक्षण का परिसर भोजन करने के कायदे से लेकर, बच्चे के खेल के साथियों का चुनाव और उसके शैक्षिक तथा पेशेवर लक्ष्यों तक पहुँचता है।

यह बच्चे के जीवन के अनेक पहलुओं को निर्धारित करता है, जैसे उसके मनोरंजन का समय और स्थान, घर के कार्य जिन्हें करने की अपेक्षा उससे की जाती है, घर में जिन कमरों और वस्तुओं का उपयोग वह कर सकता है, किस प्रकार के कपड़े उसे पहनने हैं, कितनी पढ़ाई उसे करनी चाहिए। कितना पैसा उसे दिया जा सकता है और उस पर उसका क्या नियंत्रण होगा और यहाँ तक कि उसकी उचित और अनुचित के प्रति धारणाएँ।

(घ) जाति और धर्म : जाति और धर्म और उनके साथ संलग्न विश्वास, मूल्य एवं पूर्वग्रह भी दूसरों के प्रति उसकी अनुक्रियाओं को निर्धारित करते हैं और उसकी आत्मधारणा पर भी इनका प्रभाव पड़ता है। हो सकता है कि अनुसूचित जाति का बालक अपने सहपाठियों के सामने, जो तथाकथित 'ऊँची जाति' के हैं, हीन भावना का अनुभव करे और उनके साथ सामाजिक-सांस्कृतिक और शैक्षिक क्रियाकलापों में सम्मिलित होने में संकोच करे।

इसके कारण वह प्रश्न पूछने या प्रश्नों का उत्तर देने में अनिच्छा महसूस करता है। इसके अलावा, यदि शिक्षक किसी अन्य जाति या धार्मिक संप्रदाय का है, तो संभव है कि छात्रों से जिस प्रकार के व्यवहार की वह अपेक्षा करता है, उसे न पाकर, उनकी अलग बोली, उच्चारण, शिष्टाचार में कमियों, मूल्यों, उद्देश्यों, अभिवृत्तियों और व्यवहार के अन्य सूक्ष्म अंतर उसे बुरे और असहनीय लगें।

परिवार के धार्मिक विश्वासों का बच्चे के अंत:करण 'सुपर इगो' विकसित करने में महत्त्वपूर्ण योगदान होता है। बच्चे के नैतिक मूल्य और इनका मापदंड, आदर्श, पापशंका आदि का आधार माता-पिता, शिक्षकों और समुदाय के अन्य सदस्यों के धार्मिक आचरण में होता है। धार्मिक विश्वास चरित्र को सुगठित करके और अभिवृत्तियों और आदतों को विकसित करके बच्चे के व्यक्तित्व को भी प्रभावित करते हैं।

□

प्रतिकूल परिस्थितियों से प्रभावित छात्र

प्रत्येक शिक्षक एक ऐसी कक्षा की कामना करता है जिसमें बच्चे खुश, सक्रिय, जिज्ञासु, सतर्क, शिक्षा प्राप्त करने के लिए उत्सुक, कल्पनाशील, सृजनशील, अपने विचारों को भली प्रकार प्रकट करने में सक्षम, अपने कार्य में नियमित और वयस्कों तथा अन्य बच्चों के साथ मिलनसार हों। एक शिक्षक के नाते आप जल्द ही स्पष्ट अनुभव करेंगे कि हालाँकि बच्चे अनेक बातों में समान होते हैं, फिर भी उनमें एक-दूसरे से अंतर होता है। उनकी अनुक्रियाओं में अंतर दिखाई देता है और एक ही बच्चा अलग-अलग समय पर भिन्न प्रकार से अनुक्रिया करता है।

उदाहरण के लिए कुछ बच्चों का निकट से अवलोकन कीजिए। सुजीत शारीरिक रूप से कमजोर है, कक्षा में बिलकुल सतर्क नहीं रहता और न ही सक्रिय है। सात साल की रूपा अपनी कक्षा में अच्छी थी, किंतु हाल में क्षुब्ध दिखाई देने लगी है। वह बैठी टक-टकी लगाए देखती रहती है और अकसर विचारों में खोई दिखाई देती है। अशोक और प्रीति दोनों ही पढ़ाई में कमजोर हैं। इन बच्चों के साथ क्या गड़बड़ है? क्या ये मंदबुद्धि हैं? नहीं, इनमें से प्रत्येक के व्यवहार का कारण भिन्न है। सुजीत की समस्या है भूख। उसे खाने के लिए पर्याप्त भोजन नहीं मिलता। वह कक्षा में कैसे ध्यान दे सकता है, जबकि वह अधिकतर भूखा रहता है। रूपा के पिता ने अधिक पीना शुरू कर दिया है। वे अकसर घर में उग्र हो जाते हैं और घर छोड़ने की धमकी देते हैं। अशोक के माता-पिता उसकी पढ़ाई में सहायता नहीं कर पाते, क्योंकि वे स्वयं अशिक्षित हैं। प्रीति अमीर परिवार से आती है पर उसके माता-पिता के पास उसके लिए समय नहीं है। वह अपनी आया के ही साथ घर पर रहती है।

वर्षों से शिक्षाशास्त्री ऊपर दी गई समस्याओं तथा ऐसे बच्चों की कई अन्य

समस्याओं के प्रति, जो शिक्षण के प्रति सकारात्मक रूप से अनुक्रिया नहीं करते, चिंतित रहे हैं। इन बच्चों में अधिकतर, शैक्षिक उपलब्धि सामान्य से नीचे, सामाजिक संबंध अपर्याप्त तथा असामाजिक गतिविधियों के प्रति झुकाव होता है। इनका अधिक संख्या में स्कूल छोड़ देना भी एक अन्य परेशानी पैदा करनेवाला कारक है।

बहुत समय तक आनुवंशिकता को ही बच्चों की अधिकतर समस्याओं का प्रमुख कारण माना गया था। विभिन्न शोधकर्ताओं के क्रमबद्ध शोध ने हमें बहुत से ऐसे घटकों की ओर, जो बच्चों के स्वस्थ शारीरिक वर्धन और विकास के लिए अनिवार्य हैं तथा बच्चे के जीवन में इनमें से एक की भी कमी उसके व्यक्तित्व पर प्रतिकूल प्रभाव डालती है। बच्चों के जीवन में इन घटकों में से किसी एक की भी कमी प्रतिकूल परिस्थिति कहलाती है।

प्रतिकूल परिस्थिति के कारण

हमारे देश में गरीबी और अशिक्षा, दो प्रमुख समस्याएँ हैं और ये कई अन्य समस्याओं का मुख्य कारण हैं। कई समस्याएँ चक्रीय और अन्योन्याश्रित प्रकृति की होती हैं, और इसलिए अधिकतर लोग इनसे छुटकारा नहीं पा पाते। उदाहरण के लिए, गरीबी के कारण माता-पिता अपने बच्चों को स्कूल नहीं भेज पाते तथा उचित शिक्षा के अभाव में इन बच्चों को बड़े होने पर सम्मानजनक रोजगार मिलना कठिन हो जाता है।

भौतिक आवश्यकताओं से वंचित होना

गरीबी के कारण बहुत से लोग गंदी बस्तियों में या शहरों में पटरियों पर रहते हैं जहाँ मूलभूत सुविधाओं का अभाव होता है और उन्हें गंदगी और बीमारी में रहना पड़ता है। आराम से परिवार के रहने के लिए झुग्गियाँ बहुत छोटी पड़ती हैं। ये एक-दूसरे के इतने पास होती हैं कि बच्चों को खेलने के लिए खुली जगह का अभाव रहता है। यहाँ अधिकतर बच्चों के लिए दो बार का पूरा भोजन मिलना एक प्रकार की विलासिता है। माता और पिता दोनों सुबह काम के लिए निकल पड़ते हैं, शाम को देर से लौटते हैं और बच्चों को अपनी परवाह स्वयं करने के लिए छोड़ देते हैं।

यदि माता-पिता की कोई निश्चित नौकरी है और वे बस्ती में स्थायी रूप से रहते हैं तो उनके बच्चे, पास के किसी स्कूल में पढ़ सकते हैं, किंतु यदि माता-पिता इमारत या सड़क निर्माण कार्य में लगे हुए हैं, तब उन्हें रहने के लिए एक

जगह छोड़कर दूसरी जगह जाना पड़ता है और इसके कारण बच्चों का नियमित स्कूल जाना कठिन हो जाता है।

गंदी बस्तियाँ अकसर ऐसे स्थल हैं जहाँ असामाजिक कार्य होते रहते हैं और बच्चे छोटी आयु में अवांछनीय आदतें सीखने लगते हैं।

छोटे बच्चे माता-पिता की आय की पूर्ति के लिए अकसर काम पर जाते हैं। बचपन वह समय है जब इन्हें खेलना और स्कूल में पढ़ना चाहिए। इसके स्थान पर इन पर छोटी आयु से ही दायित्व लाद दिए जाते हैं। गाँवों में भी जीवन यहाँ से भिन्न नहीं होता है। गरीबी, आहार की कमी, दूषित पेयजल, चिकित्सा और शिक्षा की सुविधाओं का अभाव—ये सब ग्रामीण परिवारों के लिए निरंतर चलनेवाली समस्याएँ हैं।

उपयुक्त चिकित्सा सुविधाओं के उपलब्ध न होने के कारण कम आय वाले परिवारों के बच्चों में अवयवों की कमजोरियाँ जैसे दृष्टि दोष, श्रवण दोष और अन्य बीमारियाँ अधिक पाई जाती हैं, जो उनकी शक्ति को सोख लेती हैं।

औसत भारतीय बच्चे की जन्म से ही शुरुआत विषम होती है। उसकी माँ जो बचपन से ही अल्प पोषित है, बार-बार गर्भवती होने के कारण और भी कमजोर हो जाती है और अजन्मे शिशु को अच्छा आहार प्रदान नहीं कर पाती। इसका परिणाम यह होता है कि नवजात शिशु जन्म के समय कमजोर होता है और बाद में भी आहार की कमी और बार-बार बीमार पड़ने के कारण कमजोर रहता है। हमारे देश में बहुत से बच्चे ऐसे हैं जो प्रोटीन और कैलोरी की कमी से ग्रसित रहते हैं। कैलोरी की कमी से तात्पर्य है कि शरीर को भोजन से जितनी ऊर्जा की आवश्यकता है, उसकी पूर्ति नहीं होती। इन कमियों से केवल शारीरिक वृद्धि ठीक से ही नहीं होती बल्कि इन बच्चों का शारीरिक गठन भी ठीक नहीं होता। इनके हृदय का आकार तो सामान्य या करीब-करीब सामान्य के बराबर होता है, धड़ की वृद्धि धीमी हो जाती है और पैर अपेक्षाकृत छोटे रह जाते हैं।

शोध अध्ययनों से पता चला है कि कुपोषण मस्तिष्क के विकास और बौद्धिक क्रियाशीलता की गति को मंद करता है। जो बच्चे कुपोषण से अत्यंत ग्रस्त रहे उनकी वृद्धि का स्तर अपने स्वस्थ भाई-बहन की अपेक्षा नीचे पाया गया। वे बच्चे साइकोमोटर क्रियाशीलता, भाषा, स्मृति, तर्क और समस्या समाधान क्षमता में भी पिछड़े पाए गए हैं।

कुपोषण के दूरगामी परिणाम बच्चों के व्यवहार में देखे जा सकते हैं। अल्प-पोषित बच्चे चिड़चिड़े, सुस्त और अपने आस-पास के परिवेश के प्रति उदासीन

पाए गए हैं। इनमें एकाग्रता की कमी होती है। वे कौतूहल या छानबीन करने की इच्छा नहीं दरशाते। उनमें भोजन के लिए चिंतित होने की प्रवृत्ति होती है, क्योंकि वे दूसरे वक्त के खाने के लिए चिंतित रहते हैं, कक्षा की पढ़ाई की ओर उनका ध्यान और रुचि कम हो जाती है।

पोषण आवश्यकताओं के अलावा, पर्याप्त नींद, आराम, व्यायाम, उपयुक्त निवास की व्यवस्था, कपड़े और चिकित्सा—ये सब व्यक्ति में स्वस्थ मनोदशा विकसित करने में सहायक होते हैं। इनसे वंचित होने पर बच्चा अपने में स्फूर्ति का अनुभव नहीं करेगा और स्कूल की सुविधाओं का पूरा लाभ नहीं उठा पाएगा।

बौद्धिक आवश्यकताओं की पूर्ति न होना

जिन कारकों का ऊपर वर्णन किया गया है केवल उन्हीं के द्वारा स्कूल की सफलता प्राप्त नहीं होगी। शारीरिक आवश्यकताओं से वंचित रहने के अलावा सांस्कृतिक रूप से वंचित होने के भी प्रतिकूल प्रभाव होते हैं। घर के पर्यावरण का बच्चे के स्कूल के निष्पादन पर काफी प्रभाव पड़ता है। सामान्यतया, घरों में जहाँ अच्छी भाषा बोली जाती है, माता-पिता बच्चों के कार्य में रुचि लेते हैं, प्रोत्साहित करते हैं एवं पुरस्कार देते हैं और बच्चे के आचरण के प्रति सतर्क रहते हैं, वहाँ बच्चे को बौद्धिक विकास के लिए प्रेरणा मिलती है तथा और बौद्धिक आवश्यकताओं की पूर्ति होती है। बच्चों के प्रत्यक्ष ज्ञानात्मक विकास में मदद मिलती है। यदि घर में उन्हें विभिन्न प्रकार के अनुभव प्रदान किए जाएँ।

बच्चों को उन घरों में मानसिक विकास में लाभ होता है जहाँ भाषा का उपयोग समझने, अपने पर्यावरण में तुलना और विभेदीकरण करने में एवं चिंतन को प्रेरित करने में किया जाता है और जहाँ माता-पिता बच्चों को दूरवर्ती पुरस्कारों व लक्ष्यों को प्राप्त करने के लिए प्रोत्साहित करते हैं।

इन कारकों में बहुत से सांस्कृतिक दृष्टि से वंचित घर में या तो होते ही नहीं या बहुत कम मात्रा में होते हैं। ऐसे परिवार अधिकतर अधिक सदस्योंवाले, गरीबी से ग्रस्त और मूलभूत आवश्यकताओं की पूर्ति के लिए संघर्ष करते हुए होते हैं। उनकी शिक्षा का स्तर निम्न होता है और उनमें अपनी बात कहने की योग्यता कम होती है। वे किसी प्रकार भी बच्चों के लिए प्रेरणादायक परिवेश मुहैया कराने में सक्षम नहीं होते।

वंचित घरों के बच्चे सुनने और देखने के विभेदीकरण में कमजोर होते हैं। मध्यम वर्ग के बच्चों की अपेक्षा उनका शब्द-भंडार सीमित होता है। अमूर्त भाषा

में भी वे पिछड़े होते हैं यानी अमूर्त विचारों को व्यक्त करने के लिए उनके पास शब्द नहीं होते। व्याकरण की दृष्टि से भी उनकी भाषा अशुद्ध होती है। स्कूल के प्रथम वर्ष से ही ऐसे कार्यों की अधिकता होती है जो भाषान्मुख होते हैं। इनके लिए वंचित बच्चों में तत्परता की कमी होती है।

सांस्कृतिक दृष्टि से वंचित बच्चों को अमूर्त धारणाओं को विकसित करने में और सामान्यीकरण करने में विशेष कठिनाई होती है।

इस प्रकार हम देखते हैं कि सांस्कृतिक रूप से पिछड़े हुए बच्चों में एकाग्रता का आधार कमजोर होता है। उनके अनुभव इतने सीमित होते हैं कि स्कूल शिक्षा के जटिल कार्यों के लिए उनकी तैयारी बहुत कमजोर होती है। स्कूल में प्रवेश लेने के बाद वे अपने सहपाठियों से शैक्षिक प्रदर्शन में पिछड़ने लगते हैं। समय के साथ यह दूरी बढ़ती जाती है। बार-बार असफल होने से हताशा होती है जिससे स्कूल की शिक्षा के प्रति आकर्षण समाप्त हो जाता है। अब ये बच्चे चाहते हैं कि किसी प्रकार स्कूल की चारदीवारी से छुटकारा मिले।

भावनात्मक आवश्यकताओं की पूर्ति न होना

मानव के व्यक्तित्व के स्वस्थ विकास के लिए माता-पिता के साथ निरंतर निकट के स्नेहपूर्ण संबंध होने चाहिए। यह मान लिया जाता है कि सभी बच्चों को माता-पिता प्यार करते हैं। दुर्भाग्य से ऐसा नहीं है। ऐसे अनेक बच्चे हैं जिनका पैदा होना माता-पिता नहीं चाहते थे। हो सकता है कि उनके पहले से ही ज्यादा बच्चे हों या माता-पिता के आपसी संबंध अच्छे नहीं हों और ऐसी हालत में वे अपनी जिम्मेदारी बढ़ाना नहीं चाहते हों।

कुछ बच्चे विभिन्न कारणों से इतने भाग्यशाली नहीं होते कि अपने माता-पिता के साथ रहें। उन्हें किसी संस्था में पाला जाता है। सामान्यतया संस्था में शिशु की शारीरिक देखरेख होती है, यानी उसे साफ रखना, समय पर भोजन देना और बीमारी का इलाज कराना इत्यादि पर ध्यान दिया जाता है। पहले यह समझा जाता था कि यह बच्चे के विकास के लिए पर्याप्त है, किंतु बाद में किए गए अध्ययन इसकी पुष्टि नहीं करते। कुल मिलाकर संस्था में पाले गए शिशु विकास के प्रत्येक पहलू में पिछड़े होते हैं। इसका कारण स्नेह का अभाव है जो संस्था में शिशुओं को अकसर प्राप्त नहीं होता।

जीवन के प्रारंभिक वर्षों में माता-पिता के प्यार से वंचित रह जाना बच्चे के व्यक्तित्व पर दूरगामी और कभी-कभी स्थायी प्रभाव छोड़ जाता है। प्रारंभ में

भावनात्मक आवश्यकताओं की पूर्ति न होने पर बौद्धिक विकास स्थायी रूप से दुर्बल हो जाता है और सामाजिक परिपक्वता व सामाजिक योग्यता में कमी आती है। इन बच्चों में कुसमायोजन और विकृतियाँ अधिक होती हैं। ऐसे बच्चों में अपराध कार्य करने का अनुपात भी अधिक होता है। ये बच्चे बहुत छोटी आयु से ही भाषा विकास में पिछड़ जाते हैं।

□

छात्रों की व्यक्तिगत विभिन्नताएँ

हमारे दिन-प्रतिदिन के अवलोकन हमें बताते हैं कि दो व्यक्ति बिलकुल एक समान नहीं होते। कुछ बच्चे लंबे होते हैं, कुछ छोटे, कुछ मोटे, कुछ दुबले, कुछ शारीरिक दृष्टि से स्वस्थ और बलवान व कुछ कमजोर, कुछ सतर्क और तुरंत अनुक्रिया करनेवाले, कुछ मंद और सुस्त। इसी प्रकार, स्फूर्तिवान और ढीले-ढाले, बेढंगे, साहसिक और भीरू, स्नेही तथा मिलनसार और एकाकी तथा गैर-मिलनसार होते हैं। प्रत्येक बच्चे को एक अलग व्यक्ति के रूप में देखा जाना चाहिए और उसकी क्षमताओं के अधिकतम विकास के लिए उसको निर्देशन देकर मदद की जानी चाहिए। ऐसी दशा में ही वह स्कूल और पर्यावरण के अन्य अनुभवों से पूरा लाभ उठा सकेगा और अपने जीवन के लक्ष्य की तैयारी कर सकेगा।

बच्चों में विभिन्नताएँ कम, मामूली या अत्यधिक हो सकती हैं। एक ही आयु समूह के अधिकांश बच्चे कम या मामूली अंतर, जिनका विस्तार सीमित होता है, प्रदर्शित करते हैं। इने-गिने बच्चे ऐसे निकल आएँगे जो अपने आयु समूह के अधिकांश बच्चों से धनात्मक या ऋणात्मक दिशा में सार्थक रूप से भिन्न होंगे। हो सकता है कि एक बच्चा उत्कृष्ट बुद्धि का हो और दूसरा अत्यंत मंद बुद्धि का। कुछ बच्चे कुछ बातों में आपस में समान होते हैं, किंतु कुछ अन्य बातों में उनमें अंतर होता है। स्कूल के पाठ्यक्रम और कक्षा के क्रियाकलाप आयोजित करने में, शिक्षण विधियों को अनुकूल बनाने में और दायित्व देने में इन अंतरों पर पर्याप्त ध्यान देना चाहिए। जो बच्चे अपने आयु समूह से अत्यधिक भिन्न हैं उनके लिए विशेष शैक्षिक प्रबंध करना पड़ेगा। जिनमें थोड़ा अंतर होता है उनके लिए शिक्षण विधि, कार्य विधि और शिक्षक-छात्र पारस्परिक क्रिया में कुछ परिवर्तन करने आवश्यक होंगे।

यह भी देखा गया है कि विभिन्नताएँ व्यक्ति के बीच ही नहीं होतीं बल्कि एक

ही व्यक्ति में भी होती हैं। कोई व्यक्ति सभी योग्यताओं में समान रूप से अच्छा या कमजोर नहीं होता। उदारहण के लिए, एक छात्र गणित में बहुत तेज हो सकता है, किंतु भाषा में बहुत कमजोर। एक अन्य छात्र शास्त्रीय विषयों में उत्कृष्ट हो सकता है किंतु खेल के मैदान पर वह बहुत घटिया खिलाड़ी साबित हो। कुछ अभिनय, नृत्य और संगीत में बहुत अच्छे हो सकते हैं, किंतु दस्तकारी की ओर उनका कोई झुकाव न हो। दूसरी ओर, कुछ हाथ के कार्य में बहुत अच्छे हो सकते हैं, किंतु उन समस्याओं को हल करने में, जिनमें अमूर्त प्रतीकों की आवश्यकता होती है, वे बहुत कमजोर पाए गए।

किस प्रकार छात्र विभिन्न परिस्थितियों और विभिन्न व्यक्तियों के साथ अनुक्रिया करता है, इसमें भी अंतर मिलता है। कुछ लोग बच्चे से अच्छे से अच्छा कार्य करवा लेते हैं, अन्य उसका तिरस्कार करके या सही ढंग से व्यवहार न करके उसके दुर्बल पक्षों को ही उद्घाटित करते हैं। वह अपने मित्रों और सहपाठियों का बहुत खयाल रखनेवाला और शिक्षकों का आदर करनेवाला हो सकता है, किंतु माता-पिता के प्रति उसका व्यवहार अशिष्ट हो और भाई-बहन पर वह अपनी धौंस जमाता हो।

शिक्षकों को इन सभी विभिन्नताओं पर पर्याप्त ध्यान देना चाहिए, क्योंकि वे बच्चे के व्यवहार का अभिन्न अंग हैं।

हमें यह भी समझना चाहिए कि वैयक्तिक विभिन्नताएँ एक-दूसरे से जुड़ी रहती हैं। केवल अध्ययन की सुविधा के लिए हम व्यक्तित्व के विभिन्न पहलुओं का श्रेणियों के अंतर्गत विभाजन करते हैं। वास्तव में बच्चा या व्यक्ति एक समग्र प्राणी के रूप में क्रिया करता है। यदि हमें उसके विकास का पथ प्रदर्शन करना है और उसे शिक्षित करना है, तो हमें उसके अनोखे व्यक्तित्व को समझना होगा।

शिक्षण के संदर्भ में वैयाक्तिक विभिन्नताएँ

हम सब इस बात से सहमत हैं कि व्यक्तित्व के विभिन्न पहलुओं और आचरण में अंतर होता है। यह अंतर विभिन्न सीमा तक और विभिन्न प्रकार का होता है। अब हम देखेंगे कि इन विभिन्नताओं के ज्ञान का शिक्षण के संदर्भ में क्या प्रासंगिकता है।

एक नई शिक्षिका सत्र के आरंभ में पहली कक्षा में जाती है। वह क्या पढ़ाने जा रही है, कैसे पढ़ाएगी, किस गति से आगे बढ़ेगी, आदि के बारे में उसके मन में उत्साहपूर्ण योजनाएँ चल रही हैं। उन योजनाओं में उसने बच्चों में व्यक्तिगत विभिन्नताओं के लिए कोई स्थान नहीं रखा। उसने मान लिया है कि क्योंकि बच्चे एक ही कक्षा में हैं, वे लिखने-पढ़ने और अंक में एक ही स्तर पर होंगे। ऐसे स्पष्ट

अंतरों की ओर वह ध्यान नहीं देती जैसे बच्चों की आयु, योग्यता स्तर, अनुभव की पृष्ठभूमि, पूर्व ज्ञान, पारिवारिक पालन-पोषण और वर्तमान परिस्थितियाँ। इस समझ के आने में अधिक समय नहीं लगेगा कि उसके अधिक-से-अधिक प्रयासों के बावजूद सभी बच्चों को कठिनाई के समान स्तर और सीखने की समान गति पर नहीं लाया जा सकता।

यह सोचकर कि कुछ बच्चे कक्षा में ध्यान नहीं दे रहे और परिश्रम नहीं कर रहे, वह दंड देना और डाँटना या पढ़ने के लिए पुरस्कार देना प्रारंभ करती है। उसे पता चलता है कि इन तरीकों से कुछ ही बच्चों में उन्नति दिखाई देती है। फिर वह भिन्न-भिन्न बच्चों को पृथक् विधियों द्वारा पढ़ाने का प्रयास करती है। कमला को तभी समझ आता है जब प्रत्यक्ष उदाहरण दिए जाएँ और प्रायोगिक प्रदर्शन किए जाएँ। दूसरी ओर, सरला और विमला, जो थोड़ी बड़ी हैं, जल्दी समझ जाती हैं और केवल मौखिक निर्देश एवं व्याख्या से अपना कार्य संतोषप्रद ढंग से कर लेती हैं। शिक्षिका का ध्यान रणवीर की ओर जाता है, जो इतना दबा और डरा हुआ कि वह कोई नया कार्य नहीं करता। स्कूल के कार्य के प्रति उसमें ऊब और अनिच्छा है, स्कूल जाने के लिए उसे मनाना पड़ता है और कक्षा के कार्य को पूरा करने के लिए उसे निरंतर प्रोत्साहन और मदद की आवश्यकता पड़ती है। इसके विपरीत अनिर्वाण और पंकज स्कूल जाने के लिए उत्सुक रहते हैं, नए कार्य को करने में उनमें उत्साह है और अपने-आप छानबीन और प्रयोग करने में उन्हें आनंद आता है।

एक सतर्क शिक्षक जिन बच्चों को पढ़ाता है उनमें इस प्रकार की और अन्य विभिन्नताओं को देखता है। इस बात को समझकर कि विभिन्नताएँ कक्षा के वातावरण पार सार्थक रूप से प्रभाव डालती हैं, शिक्षक प्रत्येक बच्चे के बारे में अधिक जानकारी, जो केवल बाहर से दृष्टिगोचर होनेवाली विभिन्नताओं तक सीमित नहीं है, प्राप्त करने की कोशिश करता है।

एक ही कक्षा के बच्चों में असमानताएँ

शारीरिक विभिन्नताएँ

1. आयु में अंतर : हालाँकि स्कूल में प्रवेश की निम्नतम आयु सब पर लागू होती है, फिर भी एक ही कक्षा के बच्चों की आयु में अंतर देखा जाता है। ये अंतर कुछ माह से लेकर दो वर्ष या इससे अधिक हो सकते हैं। उदाहरण के लिए पहली कक्षा में आयु पाँच वर्ष से लेकर साढ़े सात वर्ष हो सकती है। इन वर्षों में बच्चा मानसिक परिपक्वता में आगे बढ़ रहा होता है और विभिन्न अनुभवों को संचित कर

रहा होता है। इसलिए थोड़े समय का अंतर भी सीखने की क्षमता में अंतर लाता है। यह अंतर हम अवधारणाओं के विकास में, शब्द-भंडार में, सामान्यीकरण और तर्क करने की योग्यता में प्रतिबिंबित होते देखते हैं।

2. परिपक्वता की गति में अंतर : शारीरिक और मानसिक विकास और परिपक्वता बच्चों में विभिन्न गति से होती है। इसका अंतर्निहित अर्थ यह हुआ कि बच्चे एक ही आयु के होते हुए भी, यह आवश्यक नहीं कि उनमें स्कूल की पढ़ाई के लिए समान मानसिक और भावनात्मक परिपक्वता हो। उदाहरण के लिए कुछ पाँच वर्षीय बच्चे स्कूल में प्रवेश लेने पर लिखने-पढ़ने की औपचारिक पढ़ाई के लिए तैयार हो सकते हैं। अन्य पाँच वर्षीय बच्चों को तत्परता के उसी स्तर पर पहुँचने और पढ़ाई-लिखाई में जमने में अभी समय लगेगा। उनके लिए अनौपचारिक पढ़ाई प्रारंभ करने के पहले अनौपचारिक क्रियाकलापों की आवश्यकता होगी।

विभिन्न बच्चे विभिन्न आयु में शारीरिक परिपक्वता प्राप्त करते हैं। शारीरिक परिपक्वता का सीखने की तत्परता पर महत्त्वपूर्ण प्रभाव पड़ता है, क्योंकि सीखने की क्षमता का स्नायुतंत्र की परिपक्वता, पेशियों के विकास, शरीर के अनुपात और संवेदी इंद्रियों के क्रियान्वयन से घनिष्ठ संबंध है। बालक से उसकी क्षमता से अधिक कार्य की अपेक्षा करना प्रतिरोध और कुंठा उत्पन्न करता है। दूसरी ओर यदि बच्चा सीखने के लिए तत्पर है तो वह बहुत तेजी के साथ सीखेगा।

शारीरिक परिपक्वता भी शीघ्र और देर से परिपक्वता प्राप्त करनेवालों के बीच अभिरुचियों में अंतर होने का एक कारण है। ये अंतर हम बालकों में जो खेल वे खेलते हैं, क्रियाकलाप, जिनमें वे भाग लेते हैं और शारीरिक कौशल में जो प्रवीणता वे प्राप्त करते हैं, उनमें देखा जा सकता है। यह स्कूल का दायित्व है कि कुछ बालकों के घर और पड़ोस के पर्यावरण में जो कमियाँ हैं उनकी पूर्ति के लिए उपयुक्त क्रियाकलाप और शारीरिक विकास के लिए अवसर प्रदान करे। यह याद रखना चाहिए कि उपयुक्त शारीरिक विकास संतोषप्रद मानसिक क्रियान्वयन के लिए आवश्यक है।

3. अन्य शारीरिक पहलुओं में अंतर : सभी बच्चे समान ऊँचाई, समान रूप से हृष्ट-पुष्ट या समान वजन के नहीं होते। कुछ बलिष्ठ होते हैं और उनमें अधिक समय तक कार्य करने की क्षमता होती है, जबकि कुछ कमजोर लगते हैं और कठिन कार्य करने की उनमें शक्ति नहीं होती है।

कुछ मजबूत और तगड़े होते हैं, कुछ सामान्य और कुछ बीमार से दिखाई देते हैं। उनके अंग विन्यास, शारीरिक दिखाव-बनाव में अंतर नजर आता है। क्योंकि

सीखने में छात्र पर इन अंतरों का प्रभाव पड़ता है, ये सीखने की परिस्थिति पर प्रभाव डालते हैं। इसलिए इन अंतरों के निहितार्थ को शिक्षक को समझना चाहिए और विभिन्न बच्चों के लिए सीखने के पर्यावरण में परिवर्तन करके उपयुक्त बनाना चाहिए।

उदाहरण के लिए, कक्षा में बैठने की व्यवस्था ऊँचाई के अनुसार की जानी चाहिए और यदि किसी बच्चे में कोई शारीरिक दोष हो तो उस पर भी ध्यान देना चाहिए। जिन बच्चों का कद छोटा है या जिनमें दृष्टि या श्रवण का दोष है, उन्हें आगे बैठाने की व्यवस्था करनी चाहिए। शारीरिक रूप से विकलांग बच्चों के लिए विशेष व्यवस्था करनी होगी। इनमें से कुछ बालकों के लिए पढ़ाने के विशेष तरीके अपनाना आवश्यक होगा। अन्य बच्चे इनको स्वीकार करें और इनसे मित्रता करें, इसके लिए विशेष प्रयत्न करने होंगे।

4. स्वास्थ्य की स्थिति : शिक्षक को यह समझना चाहिए कि किस प्रकार बालक की सामान्य स्वास्थ्य स्थिति का उसके व्यवहार पर, जिसमें सीखना और शैक्षिक कार्य सम्मिलित हैं, असर पड़ता है। इससे यह न केवल बच्चे के साथ अधिक समझदारी का व्यवहार करेगा बल्कि बच्चे की विशेष आवश्यकताओं की पूर्ति के लिए शैक्षिक कार्य में संशोधन करेगा। यदि बच्चे का स्वास्थ्य ठीक नहीं हो तो वह उसके कारणों का पता लगाने का प्रयास करेगा और जहाँ तक संभव हो बच्चे के स्वास्थ्य को अच्छा बनाने की कोशिश करेगा या कम-से-कम उसके ऊपर अनावश्यक मानसिक या शारीरिक बोझ नहीं डालेगा।

शारीरिक शक्ति की कमी न्यूनपोषण और कुपोषण के कारण होती है। एक बालक जो बिना कुछ खाए स्कूल जाता है वह बजाय शिक्षक को सुनने के खाने के बारे में सोचेगा। ऐसे बच्चे अकसर स्कूल के कार्य की ओर उदासीन रहते हैं। पहले उनकी भोजन की प्रारंभिक आवश्यकता पूरी होनी चाहिए और इसके बाद ही उन्हें मानसिक कार्य में लगाने का प्रयास किया जा सकता है।

5. शारीरिक स्वास्थ्य और थकान : ऐसा देखा गया है कि कुछ बच्चे जब स्कूल आते हैं तो थके हुए दिखाई पड़ते हैं। स्वाभाविक ही है कि पढ़ाई के प्रति उनकी अनुक्रिया और उन बच्चों की अनुक्रिया में, जो आने पर ताजगी महसूस करते हैं, गुणात्मक अंतर होगा। कुछ बच्चों को विद्यालय पहुँचने के लिए लंबी दूरी या तो पैदल या बस द्वारा तय करनी पड़ती है। विद्यालय पहुँचने तक वे थक जाते हैं और इसलिए अपनी ओर से उत्तम प्रयास नहीं कर पाते। जबकि दूसरे जो पास की जगहों से आते हैं या उनका स्वयं का वाहन है, वे आने पर ताजगी महसूस करते हैं और इस प्रकार अधिक अनुकूल स्थिति में रहते हैं।

6. रूप-रंग में अंतर : कक्षा में कुछ बच्चे अपने सुंदर रूप के कारण अलग दिखाई पड़ते हैं, बाकि साधारण, कुछ असुंदर और कुछ कुरूपता के समीप होते हैं। रूप-रंग के इन अंतरों का छात्रों के बीच आपसी संबंधों तथा शिक्षक व छात्र के बीच संबंधों पर असर पड़ता है, क्योंकि कुछ सीमा तक रूप-रंग का प्रभाव दूसरों के बच्चों के प्रति अनुक्रियाओं पर पड़ता है। ये व्यक्तिगत अंतर्संबंध अत्यंत आवश्यक हैं ताकि बच्चे की आत्मधारणा, आत्मविश्वास सुदृढ़ हो सके और एक स्वस्थ व्यक्तित्व की बुनियाद रखी जा सके।

शारीरिक गठन भी व्यक्ति की आत्मधारणा को प्रभावित कर सकता है, क्योंकि वयस्कों और अन्य बच्चों द्वारा शारीरिक गठन के आधार पर व्यक्ति से कुछ अपेक्षाएँ की जाने लगती हैं। सहपाठियों द्वारा अधिकतर लंबे और गठे हुए बदन वाले लड़के को नेता चुना जाता है।

क्योंकि व्यक्तिगत्व के सभी पहलू परस्पर निर्भर करते हैं, इसलिए शारीरिक अंतर सभी पक्षों को प्रभावित करेंगे।

मनोवैज्ञानिक पहलुओं में अंतर

1. संवेगात्मक अंतर : बच्चों में संवेगात्मक अंतर मिलते हैं जो बहुत मामूली से लेकर बहुत अधिक तक देखे गए हैं। कुछ बच्चे अधिक समय खुश और शांत रहते हैं, कुछ चिड़चिड़े होते हैं और जरा सी बात पर अपना संतुलन खो देते हैं। कुछ में कुंठा को सहने की काफी क्षमता होती है और असफलता के बावजूद प्रयास करते रहते हैं, जबकि अन्य बहुत जल्दी निराश हो जाते हैं।

बच्चे विभिन्न परिस्थितियों में भी विभिन्न प्रकार से व्यवहार करते पाए गए हैं। एक बालक घर में खुलकर खूब बातचीत कर लेता है, किंतु स्कूल में दबा रहता है। दूसरा जिस शिक्षक को पसंद करता है उसे खुश करने के लिए अच्छे से अच्छा कार्य करता है, किंतु दूसरा शिक्षक के प्रति, जिसे वह मानता है कि पक्षपात करता है, अशिष्ट और दुराग्रहपूर्ण बर्ताव करता है। यह देखने में आता है कि भिन्न-भिन्न बालक एक ही प्रकार की परिस्थितियों में अलग-अलग प्रकार का व्यवहार करते हैं। दो बच्चों को गृह कार्य न करने पर शिक्षक डाँटता है। एक बच्चा इसे स्वीकार कर लेता है और निश्चय करता है कि भविष्य में गृह कार्य करेगा। दूसरे बच्चे पर डाँट का बुरा प्रभाव पड़ता है, वह रोता है और अगले दिन स्कूल जाने को मना करता है। इन अनुक्रियाओं में अंतर इसलिए है कि प्रत्येक बच्चे का अपना विशेष स्वभाव होता है, जिसका आधार वे विशेष अनुभव हैं जिनसे उसका वर्तमान व्यक्तित्व बना

है। उसके व्यक्तित्व के विशेषक उसकी वर्तमान परिस्थितियों से संयुक्त होकर विभिन्न स्थितियों में उसकी प्रक्रियाओं को निर्धारित करते हैं।

एक समझदार और सहानुभूतिशील शिक्षक कक्षा की परिस्थितियों को अधिक सुरक्षित और अनुमतिबोधक बनाता है और बच्चों के मन से डर को दूर करता है। इसके अतिरिक्त वह कार्य को अधिक रोचक और चुनौतिपूर्ण बनाता है, उनको प्रयास करने के लिए प्रोत्साहित करता है। अपने व्यवहार में न्यायोचित और सुसंगत होता है और विभिन्न प्रकार के सृजनात्मक कार्यों को मुहैया करता है जिससे उनके तनावों को भी दूर किया जा सके।

2. सामाजिक : एक ही कक्षा के बच्चे में, यदि वे विभिन्न सामाजिक-आर्थिक स्तर, विभिन्न समुदाय, विभिन्न क्षेत्रों या विभिन्न व्यावसायिक समूह से आते हों, जिसके कारण उनके घर की अलग-अलग पृष्ठभूमि हो तो उनके सामाजिक व्यवहार में अंतर मिलता है। इन अंतरों को हम उनके उठने-बैठने और बात करने के तौर-तरीकों में, कपड़ों के चुनाव, शिष्टाचार, काम करने की आदतें, भाषा गठन, शब्द-भंडार, अवधारणा निर्माण, सांस्कृति तत्परता में देख सकते हैं। ये अंतर शिक्षक-छात्र और छात्र-छात्र के संबंधों में प्रतिबिंबित होते हैं और सीखने की परिस्थितियों पर विशेष प्रभाव डालते हैं। इसलिए विभिन्न बच्चों में सीखने की तत्परता और स्कूल के प्रति अभिवृत्तियों में बहुत अंतर होगा और बाद में इसके निष्पादन में भी काफी अंतर रहेगा।

बच्चों की अन्य बच्चों की ओर प्रतिक्रिया में अंतर और कक्षा में उनका सामाजिक स्तर भी शिक्षण परिस्थितियों पर प्रभाव डालेगा। मैत्रीपूर्ण व्यवहार करनेवाले और मिलनसार बच्चे दूसरों के साथ हिल-मिल जाते हैं। मित्रवत आचरण करने के कारण लोकप्रिय हो जाते हैं जिससे उनका आत्मविश्वास बढ़ता है और वे अच्छे-से-अच्छा कार्य करने के लिए तैयार रहते हैं। दूसरों से भी वे उत्तम कार्य करवाने के लिए तत्पर रहते हैं।

पहले के और अभी के खेल के साथियों का प्रभाव बच्चे के व्यक्तित्व के अनेक पहलुओं पर पड़ता है। ये प्रभाव हम उसकी रुचियों, हॉबी, शैक्षिक कार्य, शैक्षिक कौशलों के सीखने की अभिवृत्तियों, शिक्षण और अन्य कक्षा के बच्चों के प्रति व्यवहार और उसके स्कूल के पर्यावरण में देख सकते हैं।

3. बौद्धिक : शिक्षक जिन बच्चों को पढ़ाता है उनमें ऐसी काफी विभिन्नताओं को देख सकता है जिनका संबंध सीखने और निष्पादन से है।

ऐसे बच्चे कक्षा में होते हैं जो यह सब समझ लेते हैं कि उनके चारों ओर क्या

हो रहा है, शिक्षक और कक्षा के अन्य बच्चे क्या कह रहे हैं, उनके निकट के पर्यावरण में क्या हो रहा है और उन्हें इसके प्रति किसी प्रकार अनुक्रिया करनी चाहिए। ऐसा लगता है कि उनकी दृष्टि से कुछ नहीं छूटता, उसी कक्षा में ऐसे भी कुछ बच्चे होते हैं। जिन्हें बताना पड़ता है कि उनके आस-पास क्या हो रहा है और उन्हें किस प्रकार अनुक्रिया करनी चाहिए। कुछ अन्य बच्चे अवलोकन करने में बहुत सुस्त होते हैं और पर्यावरण के उद्दीपनों की ओर अनुक्रिया करने में और भी धीमे होते हैं। हालाँकि शिक्षक का प्रोत्साहन उन्हें मिलता रहता है, फिर भी उन्हें कोई बात समझने में काफी देर लगती है और जब तक उन्हें मूर्त सामग्री और उदाहरण देकर समझाया नहीं जाता, वे केवल मौखिक शिक्षण नहीं समझ पाते।

कक्षा में काफी बच्चों को कार्य का मूल्यांकन अच्छे-से-अच्छा कार्य करने के लिए प्रोत्साहन करने पर, संतोषप्रद, औसत अच्छा या बहुत अच्छा श्रेणियों में किया जा सकता है। इन बच्चों में कक्षा में कार्य करने की योग्यता है और ये कक्षा का कार्य भली प्रकार कर सकेंगे यदि ये कक्षा में नियमित आते रहें, पढ़ाई पर ध्यान देते रहें और कोई बाधा उनके स्वयं के व्यक्तित्व की या पर्यावरण की उनके मार्ग में नहीं आए।

4. तत्परता : सीखने की तत्परता में भी अंतर देखे जाते हैं। योग्यता और पूर्व अनुभव में अंतर होने के कारण, स्कूल में प्रवेश लेने पर या अगली कक्षा में प्रोन्नत करने पर या कोई एक विषय जैसे गणित का कोई नया प्रकरण शुरू किए जाने पर भी सभी बच्चे सीखने के एक ही स्तर पर नहीं होते। नई परिस्थिति में इससे अंतर पड़ता है, क्योंकि मूलभूत संकल्पना और नए पाठ में आधार के रूप में जिस ज्ञान की आवश्यकता है, वह बच्चों को समान रूप से नहीं मिलता।

5. सीखने के लिए उत्सुकता : प्राथमिक शाला की आयु के बच्चे कुल मिलाकर सीखने के लिए उत्कंठित रहते हैं। फिर भी सीखने के प्रति जो उत्सुकता और उत्कंठा वे प्रदर्शित करते हैं, उनमें अंतर होता है। ये अंतर आंशिक रूप से उनके प्रारंभिक पालन-पोषण, उनके घर के अनुरूप और उनकी बौद्धिक क्रियाकलापों पर निर्भर करते हैं।

6. सफलता के अनुभव : प्रारंभ में पढ़ाई के क्षेत्र में सफलता भी अधिक प्रयास की ओर प्रेरित करने और सीखने के प्रति उत्सुकता जाग्रत् करने में महत्त्वपूर्ण कारक है। जिन बच्चों को पूर्व सफलता मिली है वे अपने प्रयासों में सफलता प्राप्त होने तक अधिक स्थिरता व्यक्त करते हैं।

7. अवधान का विस्तार : अवधान के विस्तार और कितने समय तक लगातार बच्चा किसी क्रियाकलाप पर ध्यान दे सकता है और ध्यान को कहाँ तक केंद्रित कर

सकता है, इनमें अंतर होते हैं और ये अंतर शैक्षिक निष्पादन के अंतरों के लिए उत्तरदायी हैं। शिक्षक अपने आप को अधिक रोचक तथा दैनिक जीवन से संबंध करके और बच्चों के विकास के स्तर को उपयुक्त बनाकर, बालकों के अवधान को अधिक समय तक प्राप्त कर सकता है। इसी प्रकार ध्यान केंद्रित करने की क्षमता के लिए जो क्रियाकलाप हो रहे हैं उनका प्रयोजन बच्चों को बताकर और उनको उसमें सक्रिय कर मबजूत किया जा सकता है।

8. शैक्षिक निष्पादन : अपनी कक्षा के बालकों के शैक्षिक निष्पादन में अंतर ही अधिकतर शिक्षकों का ध्यान बालकों में व्याप्त अंतरों की ओर आकृष्ट करते हैं। हालाँकि एक कक्षा में सभी बालकों को एक ही शिक्षक कोई विषय पढ़ाता है और सभी के लिए समान विधि अपनाता है, वे निष्पादन में अलग-अलग स्तर व्यक्त करते हैं। ऊपर दिए गए कोई भी कारक, अधिकतर कई मिलकर इन अंतरों के लिए उत्तरदायी होते हैं।

निष्पादन के अंतर के लिए सबसे महत्त्वपूर्ण कारक बौद्धिक योग्यता में अंतर है, किंतु अन्य बातों का भी प्रभाव पड़ता है, जैसे शैक्षिक कार्यों में रुचि। उदाहरण के लिए, एक बच्चा स्कूल के कार्य में, जो उसकी दिन-प्रतिदिन की परिस्थितियों से दूर है, रुचि नहीं लेता या स्कूल के ऐसे कार्य के प्रति, जिसका उसके स्कूल छोड़ने के बाद के कार्यक्षेत्र से कोई संबंध नहीं है, उदासीन रहता है, तो निश्चित ही उसके निष्पादन में गिरावट आएगी।

इस प्रकार हम देखते हैं कि ऊपर दिए गए कारकों के कारण विस्तृत अंतर उत्पन्न होते हैं। इनके प्रति जागरूकता और कारणों की समझ, शिक्षक को अपने शिक्षण को बालकों के लिए प्रभावशाली बनाने के लिए आवश्यक है।

एक समझदार शिक्षक इन अंतरों को ध्यान में रखते हुए शैक्षिक क्रियाकलाओं की एक ऐसे समृद्ध और विविधतापूर्ण कार्यक्रम की योजना बनाता है कि विभिन्न कुशलताएँ और क्षमताएँ सामने आ सकें। इन क्रियाकलापों में परियोजनाएँ, भ्रमण, सर्जनात्मक और अभिव्यंजक क्रियाकलाप, संगीत, नाटक, वाद-विवाद और शारीरिक क्रियाकलाप सम्मिलित हैं। इनके अतिरिक्त वह पर्यावरण से प्राप्त अवसरों का उपयोग सभी बच्चों में सीखने के प्रति रुचि, उत्सुकता और उत्कंठा जाग्रत् करने में करेगा जिससे उनका अवधान प्राप्त हो सके।

□

सामंजस्य की समस्यावाले छात्र

पचास बच्चों की सामान्य कक्षा में हमें अधिक संख्या ऐसे बच्चों की मिलेगी जो अधिकतर खुश और संतुष्ट दिखाई देते हैं। ऐसा कभी-कभी होता है कि वे परेशान, चिंतित और विध्वंसक हो जाते हैं, अपने मित्रों और सहपाठियों से झगड़ते हैं, अपने शिक्षकों के प्रति अशिष्ट और स्कूल तथा घर में चिड़चिड़े हो जाते हैं तथा सनकी जैसा व्यवहार करते हैं, किंतु इनका इस प्रकार का व्यवहार अल्पकालिक होता है और इसे विकास की प्रक्रिया का एक अंग मात्र कहा जा सकता है।

ऐसे छात्र शीघ्र शांत हो जाते हैं और पहले की तरह खुश दिखाई देने लगते हैं। इन बच्चों के कुछ समय के अवांछित व्यवहार को सामान्य की ही सीमा के अंतर्गत रखा जाएगा और इस प्रकार के मामलों में चिंता करने की कोई आवश्यकता नहीं है। उसी कक्षा में कुछ अन्य बच्चे ऐसे भी होते हैं जो अन्य बच्चों की अपेक्षा अधिक घबराते हैं और चिड़चिड़ापन, आक्रामकता और विध्वंसक प्रवृत्तियाँ बार-बार व्यक्त करते हैं। ऐसे भी बच्चे होते हैं जो अत्यधिक बेचैनी व्यक्त करते हैं और कक्षा में एकाग्र नहीं हो पाते तथा उनका ध्यान एक चीज छोड़कर दूसरी और दूसरी छोड़कर तीसरी पर रहता है। कुछ बहुत शर्मीले और पलायनवादी होते हैं। वे दूसरों से अलग रहते हैं, आसानी से मित्र नहीं बनाते और दूसरों से बात करने में संकोच करते हैं।

कुछ छात्र बहुत चिंतित, घबराए हुए और तनावग्रस्त होते हैं। अपनी चिंता को नाखून चबाना, अँगूठा चूसना और जरा-जरा सी बात पर रोना तथा बेचैनी प्रदर्शित करना या इसी प्रकार के अन्य व्यवहार से व्यक्त करते हैं।

सामंजस्य की समस्यावाले ऐसे बच्चों का पता लगाने के लिए बच्चे की आयु, विकास का स्तर, उस उम्र में क्या सामान्य माना जाएगा और जिस समुदाय में बच्चे का पालन हो रहा है उसमें बच्चे से क्या अपेक्षाएँ की जाती हैं, क्या नियम प्रचलित

हैं, इनके बारे में जानकारी प्राप्त करनी होगी।

इसका कारण यह है कि जो व्यवहार समस्यात्मक लगता है, हो सकता है कि उस आयु के बच्चे के लिए वह सामान्य व्यवहार हो। पाँच वर्ष की उम्र तक अँगूठा चूसना असामान्य नहीं है।

अगर बच्चों को अपने माता-पिता और आस-पास के वयस्कों से सही मार्गदर्शन, स्नेह और अपनापन मिलता है तो वे समस्यात्मक व्यवहारों को छोड़कर अधिक सकारात्मक ढंग से व्यवहार करना सीख जाते हैं। केवल तभी यह माना जाएगा कि बच्चे को सामंजस्य की समस्या हो रही है जब इस प्रकार का कोई व्यवहार उस आयु को पार कर जाता है जिसमें उसे सामान्य माना जाता है।

इस प्रकार हम देखते हैं कि स्वाभाविक और समस्यात्मक व्यवहार को विभाजित करनेवाली कोई स्पष्ट रेखा नहीं है। जो अंतर है वह केवल मात्रा का है। किंतु केवल व्यवहार की प्रवृत्तियों को गिनने से स्वाभाविक और अस्वाभाविक के बीच फर्क नहीं किया जा सकता। जो पूरी तसवीर बच्चा पेश करता है उसी के आधार पर हम कह सकते हैं कि बच्चा समस्यात्मक है या नहीं।

स्वाभाविक व्यवहार क्या है?

समस्यात्मक व्यवहार को पहचानने के लिए यह आवश्यक है कि हम समझें कि स्वाभाविक व्यवहार क्या है। स्वाभाविक व्यवहार वह व्यवहार है जो एक समुदाय में सर्वाधिक मिलता है। प्रत्येक संस्कृति में क्या अच्छा है और क्या बुरा है के अपने मानदंड होते हैं। जो एक समाज में सही और स्वीकार्य माना जाता है वही दूसरे समाज में दोषपूर्ण और अस्वीकार्य माना जा सकता है।

इसके अतिरिक्त संस्कृति की माँग विभिन्न आयु में अलग-अलग हो सकती है। जो एक आयु स्तर पर स्वीकार्य है वही दूसरे स्तर पर स्वीकार्य नहीं होता। उदाहरण के लिए मचलने को दो से चार वर्ष की आयु के बीच समस्यात्मक व्यवहार नहीं माना जाता। लेकिन अगर यह व्यवहार आगे भी चलता है तो इसे भावनात्मक अपरिपक्वता का लक्षण माना जाएगा। इसलिए व्यवहार को सांस्कृतिक प्रतिरूप और आयु स्तर के परिप्रेक्ष्य में स्वाभाविक या अस्वाभाविक आँका जाता है।

हमें यह भी याद रखना चाहिए कि स्वाभाविकता की धारणा समय के साथ बदल जाती है। जो तीस साल पहले स्वाभाविक माना जाता था, वह आवश्यक नहीं कि वर्तमान में भी स्वाभाविक माना जाए। इसलिए प्रत्येक समाज को एक समय बिंदु पर बच्चों को क्या वांछित है और क्या अवांछित है, सिखाना पड़ता है।

विकास और वृद्धि की प्रक्रिया के दौरान व्यक्ति अपने निरंतर फैल रहे परिवेश के साथ बराबर सामंजस्य करता जाता है। वह अपनी आंतरिक शक्तियों द्वारा अपनी आवश्यकताओं और इच्छाओं की पूर्ति के लिए क्रियाशील होता है। तब वह अपनी आवश्यकताओं और इच्छाओं की पूर्ति के लिए क्रियाशील होता है। जब वह अपनी आवश्यकताओं और इच्छाओं की पूर्ति के लिए समाज में स्वीकार्य विधियाँ अपनाता है, वह अच्छा सामंजस्य करता हुआ माना जाता है। जब वह आवश्यकताओं की पूर्ति के अस्वीकार्य तरीके अपनाता है तब हम समस्यात्मक व्यवहार, सामजंस्य की कमी इत्यादि की बात करते हैं।

ये अस्वीकार्य व्यवहार के तरीके ऐसे हो सकते हैं जिनका बच्चे के विकास और सामंजस्य पर हानिकारक प्रभाव पड़ता हो या जो दूसरों के जीवन में बाधा डालते हों। उदाहरण के लिए एक बच्चा जो मिनलसार नहीं है, जो परिवेश के प्रति अनुक्रिया नहीं करता। वह अपने व्यवहार द्वारा अपने विकास में बाधा पहुँचा रहा है। दूसरी ओर, जब बच्चे के अपने भाई और बहन, माता-पिता, सहपाठियों, शिक्षकों और समुदाय के अन्य सदस्यों के साथ अकसर और गंभीर रूप से लड़ाई झगड़े होते रहते हैं, तब वह दूसरों के अधिकारों में बाधा डाल रहा होता है। दोनों प्रकार के बच्चों को सामंजस्यहीन बच्चों की श्रेणी में रखा जाएगा।

समस्यात्मक व्यवहार के कुछ सामान्य प्रकार

समस्यात्मक व्यवहार जो बच्चों में अकसर मिलते हैं वे हैं—बिस्तर में पेशाब करना, अँगूठा या उँगली चूसना, नींद में बड़बड़, भोजन संबंधी कठिनाइयाँ, बोलने में कठिनाइयाँ, घबराहट, बेचैनी, अवज्ञाकारी होना, हठ करना, मचलना, निरुत्साही होना, नाखून चबाना, लड़ना, झूठ बोलना, चोरी करना, स्कूल से भागना, अत्यधिक तुनकमिजाजी, परेशान रहना, रोना, डरना, ईर्ष्यालु होना, पढ़ने में कठिनाइयाँ, स्कूल में पिछड़ापन, भावनात्मक अपरिपक्वता इत्यादि।

शिक्षकों को समस्यात्मक व्यवहार के प्रारंभिक लक्षणों को पहचानना चाहिए, जिससे बच्चे की मदद की जा सके।

समस्यात्मक व्यवहार से संबंधित कारक

सर्वप्रथम तो हमें यह समझना चाहिए कि व्यवहार, चाहे वह स्वीकार्य या अस्वीकार्य हो, बहुत से पारस्परिक अनुक्रिया करते हुए कारकों का परिणाम है। समस्यात्मक व्यवहार के निर्धारण में एक कारक अन्य कारकों से अधिक महत्त्वपूर्ण

हो सकता है, किंतु साधारणतया कई अन्य सहायक कारक होते हैं।

इनमें बच्चे का स्वभाव, उसके प्रारंभिक अनुभव, परिवार के सदस्य, शिक्षकों, स्कूल के सहपाठी सम्मिलित हैं। भौतिक वस्तुओं और परिवेश के भौतिक पक्ष का भी प्रभाव पड़ता है। उदाहरण के लिए, बच्चे की भौतिक विशेषताओं का जैसे उसके लिए कितनी जगह उपलब्ध है, जिसके आधार पर घर को भीड़भाड़वाला कहा जाए या पर्याप्त जगह वाला जहाँ स्वतंत्र रूप से वह पढ़ाई कर सके, कहा जाए, यह परिवार के सदस्यों के साथ संबंधों को प्रभावित करेगा। किसी एक कारक को बच्चे के समस्यात्मक व्यवहार के रूप में निश्चित करना असंभव है।

हमें यह भी याद रखना चाहिए कि बच्चों द्वारा व्यक्त किए गए एक ही प्रकार के व्यवहार के पीछे विभिन्न कारण हो सकते हैं। उदाहरण के लिए तीन बच्चे चोरी करते हैं। एक चोरी इसलिए करता है कि वह भूख और गरीबी से ग्रस्त है। दूसरा, इसलिए चुराता है कि वह अनजाने में इस स्नेह की पूर्ति कर रहा है जो उसे नहीं मिलता और असुरक्षा की भावना के प्रति विद्रोह कर रहा है। तीसरा, इसलिए चुराता है कि उसमें कब्जा करने की तीव्र लालसा है।

दूसरी ओर, समान मूल कारक से विभिन्न प्रकार के समस्यात्मक व्यवहार उत्पन्न हो सकते हैं। उदाहरण के लिए दो बच्चे ऐसे घरों से आते हैं जिनके माता-पिता या तो अलग हो गए हैं या उनका तलाक हो गया है। दोनों बच्चों के लिए स्नेह, सुरक्षा और घर के स्थिर परिवेश का अभाव है। उनमें से एक आक्रामक हो जाता है जबकि दूसरा संकोची। इसलिए प्रत्येक बच्चे के मामले को हल करने की कोशिश करने से पहले वैयक्तिक आधार पर अध्ययन करना चाहिए।

यह देखा गया है कि बच्चा एक समस्या शायद ही कभी प्रदर्शित करता है और वह भी शुद्ध रूप में नहीं। संवेगात्मक रूप से क्षुब्ध बच्चा सामान्यतया कई प्रकार के समस्यात्मक व्यवहार प्रदर्शित करता है। प्रत्येक मामले में बच्चे के बारे में जितनी जानकारी प्राप्त हो सके, उसके साथ-साथ उन व्यक्तियों के बारे में भी जिनके संपर्क में बच्चा आता है, जहाँ तक संभव हो, जानकारी प्राप्त करके, मूल कारकों का पता लगाना होगा।

महत्त्वपूर्ण कारकों का वर्गीकरण

1. स्वभाव के कारक

हमारा स्वभाव या विभिन्न परिस्थितियों में, वस्तुओं, व्यक्तियों या घटनाओं की ओर प्रतिक्रिया करने की प्रवृत्ति का आनुवंशिक आधार है। एक बच्चा ऐसी

घटनाओं के प्रति अत्यधिक संवेदनशील हो सकता है जिनकी ओर अन्य लोग गौर करना भी जरूरी नहीं समझते या ऐसा भी हो सकता है कि उसे ऐसी बातों में बिलकुल भी दिलचस्पी न हो और इसलिए दूसरों के प्रति कोई लगाव न हो। बाद वाले मामले में सामाजिक स्वीकृति या अस्वीकृ ति का बच्चे के व्यवहार पर कोई प्रभाव नहीं पड़ेगा, क्योंकि वह अन्य लोगों के विचारों और भावनाओं की ओर उदासीन है।

2. जन्मजात कारक

ऐसे कारक जो बच्चे के विकास को जन्म के पहले या जन्म की प्रक्रिया के समय प्रभावित करते हैं वे मस्तिष्क या केंद्रिय स्नायुतंत्र पर प्रभाव डाल सकते हैं और बच्चे को ऐसे व्यवहार की ओर प्रेरित कर सकते हैं जो समस्यात्मक हो। उदाहरण के लिए, बच्चा जिसके मस्तिष्क को क्षति पहुँची है वह बेचैन रहता है, अनियंत्रित ढंग से व्यवहार करता है और वह एकाग्र नहीं हो पाता। वह स्थिति शिक्षकों द्वारा समस्या को नहीं समझ पाने से और बच्चों को डाँटने या बच्चे के साथ बुरा बर्ताव करने से और भी बिगड़ सकती है।

शारीरिक दशाएँ

बीमारियों या दुर्घटना से मस्तिष्क और स्नायु तंत्र पर असर पड़ सकता है, जिसके कारण बच्चा बेचैन, चिड़चिड़ा, सनकी और चिंताग्रस्त हो जाता है। यदि वह शारीरिक दृष्टि से कमजोर है तो संवेगात्मक रूप से परेशान होता है, उस समय समस्यात्मक व्यवहार के प्रकट होने की संभावना बढ़ जाती है।

बीमारी के प्रारंभ में अकसर चिड़चिड़ाहट, तुनकमिजाजी और प्रयास करने से इनकार करना देखने में आता है। अगर ऐसा बच्चा माता-पिता या शिक्षक द्वारा दंडित किया जाता है तो उसके मन में नाराजगी पैदा होती है और वह समस्यात्मक व्यवहार की ओर प्रवृत्त होता है। दृष्टि और श्रवण के दोष भी बच्चों के लिए समस्याएँ उत्पन्न कर सकते हैं।

बीमारियों और इंद्रियों के दोषों के अतिरिक्त और भी शारीरिक दशाएँ हो सकती हैं जिनका प्रभाव बच्चे के व्यवहार और अभिवृत्तियों पर पड़ता है। इसलिए समस्यात्मक व्यवहार के सभी मामलों में अच्छी तरह डॉक्टरी जाँच आवश्यक है, जिससे यह पता लग सके कि जो गड़बड़ी है उसका कहीं कोई शारीरिक कारण तो नहीं है।

शारीरिक दोष और अक्षमताओं का भावनात्मक और सामाजिक असंतुलन से कोई सीधा संबंध नहीं है। फिर भी, शारीरिक अक्षमता से संवेगात्मक असंतुलन की

आशंका, अपने को दूसरों से भिन्न महसूस करने का कारण रहती है। इसके अतिरिक्त अन्य बच्चों और वयस्कों को उनकी अक्षमता के प्रति व्यवहार का भी प्रभाव पड़ता है। जो कार्य अपनी आयु के बच्चे सरलता से कर लेते हैं उसे न कर पाना उनको निराश और दुःखी करता है।

घर के कारक

सामंजस्य से संबंधित जितने भी कारक हैं उनमें घर सबसे महत्त्वपूर्ण है। कुछ सीमा तक आर्थिक संपन्नता के कारक जैसे परिवार में रुपए-पैसे का होना, रहने के लिए पर्याप्त जगह, जो साधन सुविधाएँ उपलब्ध हैं उनकी गुणवत्ता, घर परिवार के सदस्यों की संख्या और आस-पड़ोस के माहौल का बच्चे के व्यवहार पर प्रभाव पड़ता है। गरीब घरों के बच्चों को आर्थिक कमी, घर में भीड़-भाड़ और निवास की कठिनाइयों का सामना करना पड़ता है। ऐसे परिवार के सदस्यों के बीच तनाव बढ़ता है और झगड़े होते हैं और इस प्रकार बच्चों पर बुरा प्रभाव पड़ता है। वे अशांत और चिंतामय हो जाते हैं। इन परिवारों में जीवन के लिए संघर्ष इतना अधिक है कि बच्चों की मूल आवश्यकताओं जैसे पर्याप्त भोजन, वस्त्र और निवास की पूर्ति के लिए माता-पिता के पास पर्याप्त साधन, समय और शक्ति का अभाव रहता है। बच्चे माता-पिता के स्नेह और साथ से वंचित रह जाते हैं और खुद को सुरक्षित महसूस नहीं करते। ऐसे बच्चों में समस्यात्मक व्यवहार प्रकट होने की संभावना बढ़ जाती है।

फिर भी, घर की भौतिक परिस्थितियाँ इतनी महत्त्वपूर्ण नहीं हैं जितनी परिवार के सदस्यों के बीच आपसी रिश्तों की गर्माहट और घर का खुशहाल माहौल। प्रतिकूल हालातों के बावजूद गरीब घर के बच्चों को अगर अपने माता-पिता का स्नेह, देख-रेख मिल सके और वे अपने बच्चों को समझ सकें तो अकसर पाया गया है कि ये बच्चे काफी खुश और संतुलित होते हैं। दूसरी ओर, कुछ बच्चे जो संपन्न परिवारों से आते हैं, जहाँ सभी साधन सुविधाएँ हैं, फिर भी वे विभिन्न प्रकार के समस्यात्मक व्यवहार प्रदर्शित करते हैं। ये बच्चे अकसर नौकरों की देख-रेख में छोड़ दिए जाते हैं और माता-पिता के साथ और स्नेह से वंचित रह जाते हैं।

अध्ययनों ने प्रदर्शित किया है कि जिन बच्चों को स्नेह मिलता है, जो स्वीकार किए जाते हैं और जिन्हें माता-पिता सुरक्षित अनुभव करने में मदद करते हैं और जिनके अपने भाई-बहनों से अच्छे संबंध हैं, उनके संतुलित होने की अधिक संभावना है। इन बच्चों की तुलना में जो स्नेह से वंचित रह जाते हैं, जिनके साथ कठोरता का बर्ताव होता है, जिनके माता-पिता उनकी बात-बात में त्रुटियाँ निकालते हैं और

आलोचना करते हैं तथा जिनके माता-पिता आपस में न बनने के कारण दुःखी रहते हैं, वे अकसर असंतुलित हो जाते हैं।

जो बच्चे बिखरे परिवार से आते हैं जहाँ माता और पिता में से किसी एक की मृत्यु हो जाने के कारण, उनके अलग हो जाने या उनके बीच तलाक हो जाने के कारण बच्चे माता और पिता में से एक के ही साथ रहते हैं, माता या पिता की लंबी बीमारी, माता-पिता में से एक का लंबे समय तक अनुपस्थित रहना, इन सब स्थितियों में भी बच्चे खुद को असुरक्षित महसूस करते हैं।

अन्य व्यवहार भी हैं जिनके कारण, अनजाने में माता-पिता बच्चों के असंतुलन में भागीदार होते हैं। ये हैं निरंतर डाँटना, छोटी-छोटी बातों पर पीटना, अन्य बच्चों की अपेक्षा एक के प्रति विशेष अनुग्रह दिखाना, बच्चे से उसकी सामर्थ्य से अधिक कार्य की अपेक्षा करना, अधिक लाड़-प्यार करना या बच्चे को निर्णय लेने का अवसर न देकर स्वयं सारे निर्णय लेना और बच्चे को स्नेह से वंचित रखकर उसकी उपेक्षा करना।

माता-पिता के अनुचित व्यवहार से बच्चों में गलत अभिवृत्तियाँ पैदा होती हैं। ये अभिवृत्तियाँ, माता-पिता द्वारा बच्चों को पालने में और अनुशासित करने में प्रकट होती हैं। अभिवृत्तियों का बच्चे की आत्मअवधारणा और अंतःकरण के विकास में महत्त्वपूर्ण योगदान होता है जो भावी जीवन में बच्चे के व्यवहार और कार्यों को नियंत्रित करते हैं। माता-पिता बच्चों को परोक्ष और अपरोक्ष मार्गदर्शन द्वारा स्थायी नैतिक और सामाजिक मूल्यों के विकास में मदद करते हैं। अगर बच्चा व्यवहार के मानदंड के रूप में स्थायी मूल्य विकसित नहीं कर पाता तो ऐसे बच्चे की संवेगात्मक और सामाजिक दृष्टि से असंतुलित होने की अधिक आशंका रहती है।

बच्चे माता-पिता, खेल के साथी और अन्य लोग जिनके वे निकट के संपर्क में आते हैं, अनुकरण करके बहुत कुछ सीखते हैं। क्योंकि बच्चे का अधिक समय, प्रारंभिक और महत्त्वपूर्ण वर्षों में, जबकि उसके व्यक्तित्व के मूल आधार निर्मित होते हैं, घर में व्यतीत होता है, इससे इस बात की अधिक संभावना है कि परिस्थितियों के साथ वह उसी प्रकार का बर्ताव करना सीखेगा जैसा उसके माता-पिता और परिवार के अन्य सदस्य करते हैं। जो माता-पिता निरंतर अधीरता और गुस्से को रोक नहीं पाते, बच्चे से भी इसी प्रकार के व्यवहार की अपेक्षा कर सकते हैं।

पड़ोस का प्रभाव

अनेक समस्यात्मक व्यवहारों की उत्पत्ति पड़ोस से होती है। बच्चों का व्यवहार

साथियों के व्यवहार से प्रभावित होता है—जैसे झूठ बोलने की आदत, चोरी करना, सामाजिक संपत्ति नष्ट करना, फूहड़ शब्दों का प्रयोग, स्कूल से भाग जाना इत्यादि। ये असामाजिक प्रवृत्तियाँ खेल और मनोरंजन के उपयुक्त साधनों के अभाव में और भी बढ़ जाती हैं।

यह भी हो सकता है कि कुछ परिस्थितियों के कारण बच्चे को ऐसे लोगों के प्रतिदिन के संपर्क में रहना पड़े जिनके नैतिक, सामाजिक और सांस्कृतिक मूल्य बच्चे के परिवार से बिलकुल भिन्न हों। इसके कारण बच्चे के मन में द्वंद्व उत्पन्न हो सकता है और वह असंतुलित होने की ओर प्रवृत्त हो सकता है।

स्कूल के कारक

बढ़ते हुए बच्चे के लिए, उसके सामाजिक और भावनात्मक सामंजस्य को प्रभावित करने में, घर के बाद स्कूल की ही बारी आती है।

स्कूल में उत्पन्न कठिनाइयाँ जिनसे भावनात्मक या व्यवहार की गड़बड़ियाँ पैदा होती है वे हैं —(क) जो स्कूल के कार्य से संबंधित हैं, (ख) जो शिक्षक और छात्र के बीच संबंधों की गुणात्मकता से उत्पन्न होती है, (ग) जो बच्चे के अन्य सहपाठियों के साथ संबंधों से संबद्ध हैं और (घ) अन्य कारक।

(क) स्कूल के कार्य से संबंधित कठिनाइयाँ—स्कूल में अधिकतर जो कार्यक्रम आयोजित किए जाते हैं उनमें इस बात पर बहुत कम ध्यान दिया जाता है कि जिन बच्चों के लिए ये निर्मित किए गए हैं उनकी विशेषताएँ और आवश्यकताएँ क्या हैं। इसका मतलब यह हुआ कि बच्चों को कार्यक्रम के अनुरूप बनाना होता है, न कि कार्यक्रम को बच्चों के अनुरूप।

विषय ज्ञान पर आधारित शैक्षिक निष्पादन पर बल दिया जाता है, विशेष रूप से उन तथ्यों की स्मृति पर जिन्हें परीक्षा के साथ दोहराना पड़ता है। सक्रिय भाग लेने, खोज और प्रयोग करने को अधिक महत्त्व दिया जाता है। खेल का कई स्कूलों में नियमित स्थान नहीं है। अत: बच्चों की शारीरिक और मनोवैज्ञानिक आवश्यकताओं की ठीक से पूर्ति नहीं हो पाती। तनावों के निकास के लिए मार्ग नहीं मिलता। इसके बजाय उनकी असीमित शक्ति और स्वाभाविक उत्सुकता दब जाती है। इसके कारण अनावश्यक तनाव और कुंठाएँ पैदा होती हैं जिनसे कई प्रकार के समस्यात्मक व्यवहार उत्पन्न होते हैं।

(ख) शिक्षक और छात्र संबंधों की कठिनाइयाँ—शिक्षक-छात्र संबंध सामंजस्य की समस्याओं के पीछे महत्त्वपूर्ण कारक है। संबंधों में जिन बातों से

कठिनाइयाँ होती हैं, वे हैं—(1) जब बच्चा यह महसूस करता है कि शिक्षक एक छात्र की ओर पक्षपात करता है, (2) जब वह अनुभव करता है कि उसके प्रति अन्यायपूर्ण व्यवहार हो रहा है या दंडित किया जा रहा है और (3) जब शिक्षक बच्चे की मूल संवेगात्मक आवश्यकताओं की पूर्ति नहीं करता।

कुछ शिक्षक तंगदिल होते हैं और बच्चों के प्रति विरोध का रुख अपनाते हैं। व्यंग्य और मजाक उड़ाकर बच्चों को अनुशासित करने का प्रयास करते हैं। बच्चे ऐसे शिक्षकों से डरते हैं और इस डर के कारण वे जो कुछ कर सकते हैं वह नहीं कर पाते। कुछ अन्य शिक्षक बच्चों के व्यवहार की ओर उदासीन होते हैं। वे इस बात का पता लगाने की कोशिश नहीं करते कि एक बच्चा अमुक प्रकार का व्यवहार क्यों करता है। एक आक्रामक बच्चे को कठोर दंड दिया जाता है, शर्मीले बच्चे को नजरअंदाज किया जाता है।

प्रत्येक मामले में कारण पता लगाने का कोई प्रयास नहीं किया जाता और बच्चे को अपने कौशल विकसित करने में और अधिक अच्छा आचरण करने में कोई मदद नहीं की जाती। बहुत कम शिक्षक बच्चे के घर और अनुभव की पृष्ठभूमि के बारे में पता लगाते हैं। अधिकतर शिक्षक इस बात को नहीं समझते कि इन कारकों का बच्चे के व्यवहार पर महत्त्वपूर्ण असर पड़ता है। इसके विपरीत उनके अपने पूर्वग्रह और व्यक्तिगत समस्याएँ होती हैं जो बच्चों के साथ उनके व्यवहार में प्रतिबिंबित होती हैं। वे बच्चों की भावनाओं को ठीक से समझ नहीं पाते, न ही बच्चे के प्रति संवेदनशील बर्ताव कर पाते हैं।

अकसर शिक्षक स्कूल के विभिन्न स्तरों पर योग्यता और सीखने की तत्परता में वैयक्तिक अंतरों को बहुत कम पहचान पाते हैं। इस कारण, वे सभी बच्चों से समान मानकस्तर के प्रदर्शन की उम्मीद करते हैं। वे यह भी अपेक्षा करते हैं कि सभी बच्चे समान गति से पढ़ाई करें। जो बच्चे बाकी कक्षा के साथ नहीं चल पाते या तो सीमित मानसिक योग्यता या तत्परता की कमी के कारण या कोई वैयक्तिक और परिवेश के कारण, उनमें मानसिक तनाव उत्पन्न होता है।

डाँटने, दंड देने या बच्चे के प्रदर्शन की अन्य बच्चों से प्रतिकूल तुलना करने पर बच्चे के मन में संवेगात्मक गड़बड़ी हो सकती है। एक ताना कसनेवाला, चिड़चिड़ा और बात-बात पर गलती निकालनेवाला शिक्षक उन कारकों में से एक है जो बच्चों में संवेगात्मक कठिनाइयाँ उत्पन्न करते हैं।

(ग) स्कूली साथियों से संबंध की कठिनाइयाँ—स्कूल में अपनी आयु और लिंग के साथियों से संबंध महत्त्वपूर्ण हो जाते हैं। इस दौरान सहपाठियों द्वारा

स्वीकार किया जाना बच्चे की भावनात्मक सुरक्षा के लिए जरूरी है। जिन बच्चों को कक्षा का समूह स्वीकार नहीं करता यानी जो अलग-थलग अस्वीकृत हैं, अगर समूह में शामिल कराने में उनकी मदद नहीं की गई तो उन्हें संवेगात्मक कठिनाइयाँ उत्पन्न होंगी।

सबसे लोकप्रिय बच्चे वे होते हैं जो शारीरिक दृष्टि से स्वस्थ हैं और खेलकूद में पारंगत हैं। जो पढ़ाई में पिछड़े हैं और शारीरिक रूप से बाधाग्रस्त हैं उन्हें समूह में अन्य सदस्यों के साथ संतोषजनक संबंध स्थापित करने के लिए विशेष सहायता की आवश्यकता होगी।

इस प्रकार हम देखते हैं कि सामंजस्य की समस्याएँ तब पैदा होती हैं जब बच्चे की मूल संवेगात्मक आवश्यकताएँ पूरी नहीं होतीं या किसी कारणवश अपूर्ण रहती हैं और जब उसे वे अवसर नहीं मिलते जिनमें तनावों का विकास हो सके या उसे संवेगों के नियंत्रण के ऐसे उपायों के बारे में नहीं बताया जाता जो समाज द्वारा स्वीकृत हैं।

शिक्षक की भूमिका

समस्यात्मक व्यवहार और व्यक्तिगत के असंतुलन की समस्या से निपटने के लिए आधुनिक दृष्टिकोण निवारण पर जोर देता है। इसका आधार यह सिद्धांत है कि व्यक्ति के अच्छे सामंजस्य का सर्वोत्तम तरीका उसके चारों ओर ऐसे वातावरण का निर्माण करना है जिसमें वह अपनी संभावनाओं को पूरी तौर से विकसित कर सके, संवेगात्मक स्थिरता और संतोष प्राप्त कर सके।

शिक्षकों को बच्चों के स्वाभाविक लक्षणों को जानना चाहिए जिससे असंतुलन के संकेतों को शुरू में पहचान सकें। उन्हें ऐसे बच्चों की ओर सतर्क रहना चाहिए जो अत्यधिक सुस्त, अत्यधिक आक्रामक, दिवास्वप्न में डूबे रहनेवाले, आलोचना के प्रति असहिष्णु व अलग-थलग रहनेवाले हों। बच्चों के साथ शिक्षकों को निष्पक्षता का बर्ताव करना चाहिए। सामाजिक अनुमोदन और सफलता बच्चों को प्रेरित करती है। इसलिए पाठ्योत्तर और सहायक क्रियाकलापों को इस क्रम में रखना चाहिए कि छात्रों को किसी-न-किसी क्षेत्र में सफलता का अनुभव प्राप्त हो, जिससे उनका आत्मविश्वास बढ़ सके।

□

पहली पीढ़ी के छात्र

सभी सभ्य समाजों में एक आयु पर पहुँचने पर बच्चों से स्कूल जाने की अपेक्षा की जाती है। विकसित देशों में स्कूल की हाजरी सभी स्कूली आयु के बच्चों के लिए, चाहे वे लड़के हों या लड़की या वे किसी भी सामाजिक-आर्थिक स्तर के क्यों न हों, अनिवार्य है। यह स्थिति विकासशील देशों में नहीं है। यहाँ जनसंख्या का काफी भाग ऐसा है जो कभी स्कूल नहीं गया और स्कूल के बारे में उन्हें कोई जानकारी नहीं है।

भारत में हम काफी समय से अनिवार्य शिक्षा की चर्चा कर रहे हैं, किंतु अभी तक इस बात को सुनिश्चित करने के लिए कि स्कूली आयु के सभी बच्चे स्कूल जाएँ, कोई दबाव प्रयोग में नहीं लाया गया है।

अब बहुत से माता-पिता इस बात को मानने लगे हैं कि शिक्षित होना केवल प्रतिष्ठा का ही सूचक नहीं है बल्कि इससे नौकरी के अवसरों में वृद्धि होती है। इसका परिणाम यह हुआ है कि बहुत से उन माताओं-पिताओं ने जो स्वयं कभी स्कूल नहीं गए, अपने बच्चों को स्कूल भेजना शुरू कर दिया है। इनको हम पहली पीढ़ी के सीखनेवाले कहेंगे, क्योंकि वे अपने परिवार की पहली पीढ़ी के सदस्य हैं जिन्होंने स्कूल जाना प्रारंभ किया।

सभी स्कूल प्रवेश के लिए निम्नतम आयु निर्धारित करते हैं। इसके पीछे यह विश्वास है कि इस आयु में पहुँचने पर बच्चे शारीरिक, मानसिक, भावनात्मक और सामाजिक रूप से समूह में औपचारिक शिक्षा प्राप्त करने के लिए परिपक्व हो जाते हैं। कक्षा का संगठन भी आयु के आधार पर किया जाता है, क्योंकि यह माना जाता है कि एक ही आयु के बच्चों के समूह में अनेक लक्षण समान होते हैं और इसलिए, एक ही समूह में आसानी से सबको पढ़ाया जा सकता है।

बच्चों के निकट संपर्क में आने के बाद शिक्षक इस बात को समझने लगता है

कि आयु की समानता से अन्य पहलुओं में भी बच्चे समान नहीं हो जाते। एक ही कक्षा के छात्रों में काफी बड़े अंतर देखे जा सकते हैं। स्कूली बच्चों में विभिन्नता का एक महत्त्वपूर्ण क्षेत्र है स्कूल की पढ़ाई के लिए तत्परता का स्तर। यह तत्परता का स्तर केवल बच्चों के शारीरिक, मानसिक और भावनात्मक परिपक्वता पर ही निर्भर नहीं करता, काफी हद तक, यह उनके घर की पृष्ठभूमि और प्रारंभिक वर्षों में अनुभवों की गुणात्मकता पर भी निर्भर करता है।

जिस प्रकार के पर्यावरण से उनका संपर्क हुआ और उससे जो प्रेरक प्राप्त हुए, उनका स्कूल की पढ़ाई के लिए तत्परता विकसित करने में महत्त्वपूर्ण भूमिका होती है। उदाहरण के लिए अंकिता और रुचि एक ही कक्षा में पढ़ती हैं और लगभग एक ही आयु की हैं। अंकिता कक्षा में सतर्क बैठती है और ध्यान से पढ़ती है और जो कुछ शिक्षिका कहती हैं उसे शीघ्र समझ जाती है। उसका भाषा पर अच्छा अधिकार है और अपनी बात सहपाठियों से सरलता से कह लेती है। दूसरी ओर रुचि कक्षा में चकराई सी बैठी रहती है। शिक्षिका क्या समझा रही हैं, यह उसके बहुत कम समझ में आता है, इसलिए जिस प्रकार के उत्तरों की अपेक्षा शिक्षिका उससे करती हैं वैसे वह नहीं दे पाती, प्रश्न पूछने में या प्रश्नों का उत्तर देने में वह संकोच करती है, क्योंकि उसके बोलने का तरीका और उसकी भाषा अधिकांश सहपाठियों से भिन्न है। उसमें आत्मविश्वास की कमी है, क्योंकि उसके कपड़े, कक्षा की अन्य लड़कियों के समान, फैशन के नहीं हैं और उसके व्यवहार का ढंग और अभिवृत्तियाँ तथा मूल्य भी भिन्न हैं। इसके कारण वह अपने आप को दूसरों से खींचकर स्वयं में ही सीमित कर लेती है।

अब हम अंकिता और रुचि की पृष्ठभूमि के बारे में पता लगाने का प्रयास करें जिसके कारण उनके व्यवहार में ये अंतर हैं। अंकिता के माता-पिता ने उच्च कोटि की शिक्षा प्राप्त की है। उसके सभी संबंधी, चाचा-चाची, चचेरे भाई-बहन और दादा-दादी शिक्षित हैं। उसके बड़े भाई और बहन स्कूल जाते हैं। जहाँ तक अंकिता को बचपन की याद है, उसने उन्हें स्कूल जाते देखा है। स्कूल के अनुभवों के बारे में उन्हें बात करते सुना है और स्कूल में क्या होता है इसके बारे में अंकिता के सामने काफी स्पष्ट तसवीर है। इस सबसे वह स्कूल जाने और जो उसके भाई-बहन पढ़ रहे हैं, वह पढ़ने की इच्छुक है। स्कूल में प्रवेश लेने के पहले उसने कुछ कविताएँ सुनाना सीख लिया था, जिससे उसका शर्मीलापन कुछ कम हुआ। वह अक्षरों और संख्या से परिचित हो गई थी, जो उसके भाई और बहन ने उसे सिखाए थे।

अंकिता के घर में जो भाषा बोली जाती है वह स्कूल में उपयोग की जानेवाली भाषा के समान है। इसलिए वह शिक्षिका की बात को आसानी से समझ जाती है और कक्षा के साथियों से वार्त्तालाप में भाग लेती है, क्योंकि उसके घर में बहुत सी किताबें

और पत्रिकाएँ हैं, इसलिए किताबें उसके लिए कोई नई चीज नहीं है। वह घर में देखती रहती है कि उसके माता-पिता और परिवार के अन्य सदस्य काफी समय पढ़ने में व्यतीत करते हैं। उसे भी दो वर्ष की आयु से उपहार में तसवीरों की किताबें मिलती रही हैं। उन्हें सँभाल कर रखने, देखने और उसके बारे में बात करने के लिए उसे प्रोत्साहन भी मिलता रहा है। उसके माता-पिता उसे कहानियाँ पढ़कर सुनाते हैं। वे उसे विभिन्न वस्तुएँ दिखाते हैं और विभिन्न आवाजों को सुनने, वस्तुओं को छूने और उठाने, अपने चारों ओर के पर्यावरण की छानबीन करने के लिए प्रोत्साहित करते हैं।

इन अनुभवों ने उसकी धारणाओं को विकसित करने में और शब्द-भंडार बढ़ाने में मदद की है। उसे मालूम हो गया है कि उसके माता-पिता कितनी उच्च अभिलाषाएँ रखते हैं और वह जानती है कि इनकी पूर्ति अच्छी शिक्षा द्वारा ही हो सकती है। इसलिए पढ़ना-लिखना सीखने के लिए उसमें तीव्र इच्छा है।

दूसरी ओर रुचि भी उसी कक्षा में है। उसके परिवार में माता-पिता, दादा-दादी, चाचा-चाची और अन्य बड़े लोग स्कूल नहीं गए। उसके घर में शिक्षा को महत्त्वपूर्ण नहीं माना जाता। उसके माता-पिता डींग मारते हैं कि उन्होंने बिना किसी शिक्षा के सरलता से काम चला लिया। उनकी अभिवृत्तियाँ, मूल्य, रुचियाँ, मनोरंजन सभी शिक्षित लोगों से इतने भिन्न हैं कि रुचि उन अनुभवों से वंचित रह गई जो स्कूल के लिए तत्परता विकसित करते हैं और बाद में स्कूल में तालमेल कायम रखने में सहायक होते हैं।

उसका पुस्तकों से संपर्क पहली बार तब हुआ जब वह स्कूल गई। उसके पास कभी तसवीरों की कोई किताब नहीं थी। जब उसे कागज की जरूरत होती है तो वह किताब का पन्ना फाड़ लेती है और उसकी समझ में नहीं आता कि इस पर शिक्षिका क्यों नाराज होती हैं। उसके घर में कागज का उपयोग तो जब जरूरत हो फाड़कर ही किया जाता है। शिक्षिका की भाषा रुचि के घर की बोली से भिन्न है, इसलिए ज्यादा समय उसके समझ में नहीं आता कि शिक्षिका क्या कह रही हैं। शिक्षिका को गुस्सा आता है जब रुचि उनके निर्देशों का पालन नहीं करती। वह यह नहीं जानती कि रुचि उनकी बात समझ ही नहीं पाई। शिक्षिका सोचती हैं कि रुचि हठी स्वभाव की है।

क्योंकि उसके परिवार से कोई स्कूल पढ़ने नहीं गया, इसलिए रुचि यह नहीं समझ पा रही कि स्कूल से वह क्या अपेक्षाएँ करे और दूसरे उससे किस प्रकार के व्यवहार की अपेक्षा करते हैं। इसलिए स्कूल में उसका तालमेल नहीं हो पा रहा। इन सभी समस्याओं के कारण उसके सामने काफी कठिनाइयाँ हैं और अन्य बच्चों के समान वह स्कूल की पढ़ाई और सामाजिक क्रियाकलापों के लिए तैयार नहीं है।

कक्षा की पढ़ाई तभी प्रभावशाली और सभी छात्रों के लिए उपयोगी हो सकती

है जब शिक्षक बच्चे के घर की पृष्ठभूमि और पड़ोस को ध्यान में रखें और इस जानकारी के आधार पर उनकी पढ़ाई के लिए तत्परता का पता लगाएँ। इसके आधार पर शिक्षक अपने शिक्षण के ढंग में उपयुक्त परिवर्तन ला सकता है।

स्कूल की स्थिति में सामंजस्य की समस्या

रुचि के समान अनके पहली पीढ़ी के सीखनेवालों को स्कूल के जीवन और आवश्यकताओं के बारे में कोई जानकारी नहीं होती। वे नहीं जानते कि उनसे किस प्रकार के कार्य की अपेक्षा की जाएगी, किस प्रकार का अनुशासन होगा, किस प्रकार के मूल्य और अभिवृत्तियों को शिक्षक स्वीकार करेंगे और कौन से समूह के नियम उन्हें मानने होंगे। उन्हें कक्षा की दैनिक गतिविधियों को अपनाने में कठिनाई होती है, क्योंकि शांत बैठने की उनकी आदत नहीं है। स्कूल की औपचारिकता और अनुशासन से वे परेशान हो जाते हैं। यह स्वाभाविक है कि वे स्कूल में अपने आपको जल बिन मछली के समान पाएँ। स्कूल परिस्थितियों के साथ सामंजस्य में उन्हें अधिक समय लगेगा।

पहली पीढ़ी के सीखनेवाले अपने सहपाठियों से अनेक बातों में भिन्न होते हैं। उनका व्यवहार, कपड़े, भोजन, रुचियाँ इत्यादि में अंतर होता है। इन अंतरों को अन्य बच्चे स्वीकार नहीं कर पाते और उनका मजाक उड़ाते हैं। इससे उनके आत्मविश्वास को ठेस पहुँचती है और सामाजिक सामंजस्य और शैक्षिक निष्पादन पर अवांछित प्रभाव पड़ता है।

शाब्दिक ज्ञान सीखने की समस्या

पहली पीढ़ी के सीखनेवाले किताबों की दुनिया से परिचित नहीं होते, क्योंकि उनके घर में किताबें नहीं होतीं। पढ़ने में उनकी रुचि कभी जाग्रत् नहीं की गई, क्योंकि उनके घर में कभी कोई नहीं पढ़ा। ऐसी स्थिति में बच्चों को कोई चीज पढ़कर सुनाने का तो सवाल ही नहीं उठता। उनकी आदत किताबों की बजाय मौखिक रूप से जानकारी प्राप्त करने की है, इसलिए उन्हें पढ़ना सीखने की कोई आवश्यकता नहीं दिखाई देती। उन्हें शिक्षक की बात समझने में कठिनाई होती है, क्योंकि शिक्षक के बोलने का ढंग उनसे भिन्न है। शिक्षक सामान्यत: शहरी शिक्षित मध्यम वर्ग की भाषा बोलते हैं, जबकि ये बच्चे अपने अंचल की बोली बोलते हैं।

अनुभवों की पृष्ठभूमि सीमित होने के कारण उनका शब्द-भंडार कम होता है और धारणाएँ अल्पविकसित और अकसर गलत होती हैं। वे चकराए से रहते हैं और जैसी शिक्षक अपेक्षा करता है वैसी अनुक्रिया नहीं कर पाते। इससे शिक्षक को, जो

बच्चे की कठिनाई से अनभिज्ञ है, गुस्सा आता है। वह बच्चे को डाँटता और दंडित करता है, जबकि बच्चे की कोई गलती नहीं होती और उनमें हीनता की भावना पैदा करता है। बच्चा, जिसके साथ इस प्रकार का व्यवहार किया जाता है, कुढ़ता और दुखी होता है और प्रवेश के समय स्कूल के प्रति जो थोड़ी-बहुत रुचि होती है वह भी खो देता है।

अपर्याप्त बुनियादी धारणाएँ

पहली पीढ़ी के सीखनवालों के सामने और भी कठिनाइयाँ होती हैं। उनमें से अधिकांश निम्न सामाजिक-आर्थिक समूहों से या दूरस्थ जनजातीय अंचलों या ग्रामीण क्षेत्रों से आते हैं। इसलिए उन्हें ऐसे अनुभवों की पृष्ठभूमि बहुत सीमित होती है जिस पर स्कूल की पढ़ाई को आधारित किया जा सके। इससे शिक्षक के सामने समस्याएँ पैदा होती हैं, क्योंकि शिक्षक को पाठ योजना उसके खयाल से जो कुछ बच्चे जानते हैं उसे ध्यान में रखकर बनानी होती है।

किंतु ऐसा करने से उसका ध्यान केवल शहरी मध्यम वर्ग के बच्चों की ओर ही, जिनसे वह परिचित है, जाता है। वह मान लेता है कि कक्षा के सभी बच्चों को उन्हीं के सामन अनुभव है और उन्होंने आगे आनेवाली चुनौतियों के लिए अधिकांश धारणाएँ विकसित कर ली हैं। क्योंकि पहली पीढ़ी के सीखनेवालों को वे सभी मूलभूत धारणाएँ नहीं ज्ञात होतीं जिनकी शिक्षक अपेक्षा करता है, वे अन्य बच्चों से पिछड़ जाते हैं।

प्रेरणा की कमी

माता-पिता जो स्वयं कभी स्कूल नहीं गए, जैसे किसान, मजदूर आदि और जिन्हें अपने सामाजिक स्तर को ऊँचा उठाने की कोई आकांक्षा नहीं है, उन्हें शिक्षा का महत्त्व दिखाई नहीं देता और इसलिए अपने बच्चों को स्कूल के कार्य में रुचि लेने और अच्छे से अच्छा कार्य करने के लिए प्रेरित नहीं कर पाते। इन बच्चों को लगता है कि उन्हें जबरदस्ती पढ़ाया जा रहा है और उतना अच्छा कार्य नहीं कर पाते जितना वे जो अपनी स्वयं की इच्छा से पढ़ रहे हैं, करते हैं।

घर में प्रोत्साहन की कमी

अशिक्षित माता-पिता अपने बच्चों के स्कूल के कार्य में रुचि नहीं ले पाते हैं। वे होमवर्क में बच्चों की मदद नहीं कर पाते और न ही व्यक्तिगत या शैक्षिक निर्देशन दे पाते हैं। इन घरों में बच्चों को शायद ही कोई बौद्धिक प्रेरक प्रस्तुत किए जाते हैं।

इसके विपरीत, माता-पिता की बोली, जो बच्चे के अनुकरण के लिए नमूना होती है, प्राय: अशुद्ध होती है और जिन बातों पर चर्चा की जाती है, वे सब पहली पीढ़ी के सीखनेवालों की सुशिक्षित परिवारों के तुलना में सांस्कृतिक स्तर की दृष्टि से बहुत भिन्न होती है। इन सबका पढ़ाई की तत्परता के स्तर पर प्रभाव पड़ता है और इन बच्चों को इन कमियों का सामना करना पड़ता है।

शिक्षक क्या मदद कर सकता है

शिक्षक को, जब बच्चे उसकी कक्षा में आएँ तो पहले प्रत्येक की पृष्ठभूमि के बारे में पता करना चाहिए। स्कूल के अभिलेख से उसे पता लगाना चाहिए कि उसकी कक्षा में पहली पीढ़ी का सीखनेवाला कोई छात्र है। यदि है तब उसे उनकी ओर विशेष ध्यान देना चाहिए और उनमें जिन बातों में कमियाँ हैं, उन्हें प्रत्यक्ष अनुभव देकर, जो उन्हें पहले प्राप्त नहीं हुए थे, दूर करना चाहिए। इन बच्चों से उसे बहुत सरल भाषा का उपयोग करते हुए धीमे और स्पष्ट बोलना चाहिए और इस बात को सुनिश्चित करना चाहिए कि जो कुछ कहा जा रहा है वह वे समझ रहे हैं। उनका शब्द-भंडार बढ़ाने के लिए और धारणाएँ विकसित करने के लिए मूर्त अनुभव जैसे, देखने, सुनने, चखने, सूँघने और शिक्षण में महत्त्वपूर्ण स्थान देना चाहिए। उन्हें पास की जगहों पर भ्रमण के लिए ले जाना चाहिए जिससे वे चीजों को देख सकें, पर्यावरण की छानबीन कर सकें और उस पर चर्चा कर सकें।

उन्हें खेल, क्रीड़ा और नाटक में भाग लेने के लिए प्रोत्साहित करना चाहिए। होमवर्क स्कूल में करवाने के लिए व्यवस्था करनी चाहिए, जिससे किसी शिक्षक को उन्हें मदद करने की जिम्मेदारी दी जा सके।

उन्हें जहाँ तक संभव हो, बातचीत करने के लिए प्रोत्साहित करना चाहिए। प्रारंभिक अवस्था में शिक्षण, खेलों और क्रियाकलापों द्वारा, जिनमें बच्चों को आनंद आता है और वे सीखते भी हैं, किया जाना चाहिए। एक सुनियोजित प्रयास किया जाना चाहिए कि इन बच्चों को भी वे शैक्षिक और सांस्कृतिक अनुभव प्राप्त हो सकें जो शिक्षित परिवारों में बच्चों को अपनी वृद्धि के दौरान घर पर मिलते हैं। शिक्षक कक्षा का नेता होता है, वह इन बच्चों को अन्य बच्चों के समकक्ष लाने में मदद करके और उन्हें स्वीकार करके एक सही वातावरण का निर्माण कर सकता है।

□

धीमे सीखनेवाले छात्र

शिक्षक की पूरी कोशिश के बाद भी कुछ बच्चे ऐसे होते हैं जो स्कूल के कार्य से लाभ नहीं उठा पाते। वे शैक्षिक कार्य में बराबर निम्न परिणाम प्राप्त करते हैं और स्कूल में उनका प्रदर्शन अपनी आयु वर्ग से सार्थक रूप से कम होता है। ऐसे बच्चों को पिछड़े बच्चे कहते हैं। अध्ययनों से पता चला है कि इनमें से बहुत से ऐसे बच्चे होते हैं जिनमें इतनी बुद्धि होती है कि वे कक्षा का कार्य कर सकें। सामान्यतया इनकी असफलता के पीछे वैयक्तिक कारण होते हैं, जो या तो वैयक्तिक विशेषताएँ या परिवेश के कारण या दोनों ही हो सकते हैं। हमें यह समझना चाहिए कि वैयक्तिक विशेषताएँ और परिवेश मिलकर कार्य करते हैं।

कई बच्चे ऐसे होते हैं जिनकी स्कूल की असफलता का कारण उनके मानसिक और शैक्षिक कार्य के लिए निम्न मानसिक योग्यता है। इस सामान्य मानसिक योग्यता को हम बुद्धि कहते हैं। बच्चे, जो स्कूली शिक्षा प्राप्त करने में सीमित बुद्धि के कारण असफल रहते हैं, उन्हें 'धीमे सीखनेवाले छात्र' कहते हैं।

धीमे सीखनेवाले मूल अवधारणाओं को और सामान्य विचारों को देर से समझ पाते हैं। यह समझ स्कूल के बहुत से कार्यों का आधार है, विशेषकर भाषा और गणित में। इनकी शाब्दिक योग्यता, जो बोलने में और व्याख्या करने में व्यक्त होती है, अकसर कम होती है। इन्हें अमूर्तिकरण, वर्गीकरण और सामान्यीकरण में कठिनाई होती है। अकसर, जो पढ़ाया जा रहा है, उसमें यदि इनकी गहरी रुचि न हुई तो इन्हें याद नहीं रहता। शिक्षक कक्षा में क्या बता रहे हैं, यह समझने में इन्हें काफी कठिनाई होती है। न केवल वे धीमी गति से सीखते हैं, बल्कि जो कुछ भी सीख पाते हैं वह सरल स्तर का ही होता है। अमूर्त चिंतन इनकी क्षमता के बाहर की बात है। इस कारण, जिस प्रकार की शैक्षिक योजना शिक्षक बनाते हैं, उसमें

इनके सफल होने की संभावना कम रहती है।

मानसिक धीमापन एक विस्तृत श्रेणी है और धीमे सीखनेवाले इसकी एक उप श्रेणी हैं।

मानसिक धीमापन की अवधारणा

बच्चों को हम मानसिक रूप से धीमा तब कहेंगे जब उनकी मानसिक क्रियाशीलता और संज्ञान का विकास उनके आयु वर्ग के औसत बच्चों से काफी नीचे हो। वे अपनी शारीरिक और सामाजिक आवश्यकताओं की पूर्ति के लिए पूरी तरह से सक्षम नहीं होते। यह याद रखना चाहिए कि यह समूह समरूप नहीं होता। इसमें योग्यताओं की भिन्नता होती है। इसलिए मानसिक धीमापन का उपश्रेणियों में वर्गीकरण आवश्यक है, जिसमें इनकी शिक्षा और देखरेख के लिए उचित प्रावधान किया जा सके।

ये उपश्रेणियाँ नीचे दी गई हैं—

1. मंद या सीमारेखीय बच्चे : ये वे बच्चे हैं जिनकी बुद्धिलब्धि 70–75 से 85–90 के बीच है। देखने में ये सामान्य बच्चों जैसे लगते हैं। इनमें से अधिकांश काफी हद तक अपनी शारीरिक और सामाजिक आवश्यकताओं की पूर्ति कर लेते हैं। यद्यपि इनका बौद्धिक विकास सामान्य बच्चों से धीमा है और वे केवल सरल अमूर्त चिंतन कर पाते हैं, फिर भी वे समाज के स्वावलंबी सदस्य बन सकते हैं। स्कूल के कार्य से लाभ उठाने के लिए और समाज की माँगों से सामंजस्य के लिए उन्हें विशेष सहायता, निरीक्षण और परामर्श की आवश्यकता होती है।

2. किंचित् असामान्य बच्चे : इनकी बुद्धिलब्धि 55–60 से 70–75 की सीमा के बीच होती है। ये बच्चे थोड़े निरीक्षण और विशिष्ट शिक्षा से, कुछ हद तक, स्वतंत्र रूप से कार्य कर सकते हैं, आर्थिक दृष्टि से आत्मनिर्भर हो सकते हैं और सामाजिक तथा पेशागत सामंजस्य स्थापित कर सकते हैं।

3. मामूली असामान्य बच्चे : इनकी बुद्धिलब्धि 40–45 से 50–60 के बीच होती है। इस श्रेणी की ऊपरी सीमा पर बच्चे कुछ मूल कौशल सीख सकने योग्य होते हैं और 'उत्तरजीविता शब्दावली' यानी जीवन को कायम रखने में काम आनेवाले शब्द सीख सकते हैं। इसका अर्थ है कि ऐसे शब्द, 'पुरुष', 'स्त्री' इत्यादि पहचान सकते हैं। वे कुछ सीमा तक अपनी शारीरिक और सामाजिक आवश्यकताओं का ध्यान रख सकते हैं।

4. गंभीर रूप से असामान्य बच्चे : इनकी बुद्धिलब्धि का विस्तार 25-30 से 40-45 के बीच होता है। शिक्षा के औपचारिक अर्थ में इन्हें शिक्षित नहीं किया जा सकता। इन बच्चों में, जो इस श्रेणी के ऊपरी स्तर पर हैं, वे कुछ उत्तरजीविता शब्दावली सीख सकते हैं। मामूली असामान्य बच्चों के समान ये अपनी देखरेख कर सकते हैं। भावनात्मक और सामाजिक सामंजस्य में प्रगति तथा कुछ आदतें एवं कौशल उपार्जित कर सकते हैं। इन बच्चों को निरंतर निरीक्षण और मार्गदर्शन की आवश्यकता होती है।

5. अति गंभीर असामान्य बच्चे: ये 25 बुद्धिलब्धि के नीचे होते हैं। इनकी पूरी देखभाल किसी अन्य व्यक्ति को करनी होती है, हालाँकि निरंतर प्रशिक्षण से स्वयं की देखरेख में कुछ प्रगति हो सकती है।

गंभीर असामान्य और अति गंभीर असामान्य बच्चों में गंभीर रूप से मंद और दूसरों पर पूरी तौर से निर्भर होने के अलावा कुछ अन्य कमियाँ भी हो सकती हैं। ये कमियाँ बोलने के दोष, इंद्रियों के दोष, समन्वय में कमजोरी, शारीरिक दोष या विकृतियाँ इत्यादि के रूप में देखने को मिलती हैं। इन कमियों को बाहर से ही पहचाना जा सकता है। सामान्य बच्चों के स्कूल में इन बच्चों के प्रवेश की शायद ही कोई संभावना होगी।

इस बात को याद रखना चाहिए कि जिन श्रेणियों का वर्णन ऊपर किया गया, वे केवल व्यावहारिक आशय से निर्मित की गई हैं, जिससे हम विभिन्न श्रेणियों के लिए कुछ सामान्य, कुछ शैक्षिक प्रावधान कर सकें। असल में, हम सभी पिछड़े बच्चों को निश्चित श्रेणी-समूहों में बाँट नहीं सकते, क्योंकि प्रत्येक बच्चे का अलग व्यक्तित्व होता है और श्रेणियाँ एक-दूसरे में विलीन हो जाती हैं।

इसके अलावा अन्य बहुत से व्यक्तिगत कारक हैं जिनमें, समान बुद्धिस्तर के होते हुए भी, ये बच्चे एक-दूसरे से भिन्न होते हैं। इसका अर्थ है कि प्रत्येक बच्चे की समस्या का अलग निदान करना होगा, उसके लिए शिक्षा में उसकी आवश्यकता के अनुरूप व्यवस्था करनी होगी।

धीमे शिक्षार्थी

धीमी गति से सीखनेवाले बच्चों की बुद्धिलब्धि 50-55 से 80-85 तक होती है। इसका अर्थ यह हुआ कि इस समूह के बच्चों में मानसिक योग्यता और शैक्षिक क्षमता में काफी अंतर होगा। जो बच्चे इस श्रेणी के ऊपरी छोर की ओर हैं उन्हें सामान्य स्कूलों में पढ़ाया जा सकता है बशर्ते उन्हें धीमी गति से आगे बढ़ने दिया

जाए और अधिक मात्रा में मूर्त सहायक सामग्री का प्रयोग किया जाए। जो निचले छोर की ओर हैं उनके लिए अलग शिक्षण व्यवस्था होनी चाहिए, क्योंकि उनकी सीखने की क्षमता सीमित है। धीमे सीखनेवालों की दो उपश्रेणियों की आगे चर्चा की गई हैं— (क) मंद और (ख) किंचित् असामान्य।

मंद

मंद बच्चों की बुद्धिलब्धि 70-75 से 80-85 तक होती है। ये सीमांत रेखा के मामले हैं और इन्हें अधिकतर मानसिक धीमेपन की श्रेणी में नहीं रखा जाता। ये कुछ शैक्षिक सफलता प्राप्त कर सकते हैं, किंतु इन्हें अपनी गति से आगे बढ़ने की छूट मिलनी चाहिए। इन्हें सामान्य कक्षा में पढ़ाया जा सकता है, यदि कक्षा के कार्यक्रम, शिक्षण विधियाँ और पाठ्यक्रम में कुछ परिवर्तन उनकी योग्यता के अनुरूप किए जाएँ।

इन्हें उपयोगी चीजें सीखने पर विशेष बल देना होगा। इनके लिए जो अनुभव और क्रियाकलाप स्कूल में प्रस्तुत किए जाएँ, वे दिन-प्रतिदिन की परिस्थितियों से संबंधित होने चाहिए। इन बच्चों के लिए सैद्धांतिक विषय और अमूर्त कार्य को कम करना होगा तथा ऐसे कौशल सिखाना एवं जानकारी देनी होगी, जिनका वे भावी जीवन में उपयोग कर सकें।

व्यावहारिक कार्यों और ऐसे पेशों में जहाँ वस्तुएँ और मूर्त परिस्थितियों का सामना होता है, मंद बुद्धि के बच्चे काफी सक्रिय रहते हैं। इसलिए इनकी शिक्षा मूर्त सहायक सामग्री, क्रियाप्रधान विधियों और जीवन की वास्तविक परिस्थितियों से उपयोग के संदर्भ में सिखाना और अभ्यास कराना चाहिए। इसका अर्थ है कि बच्चों की आवश्यकताओं और रुचियों के अनुरूप पाठ्यक्रम में परिवर्तन करना होगा। इसमें वैयक्तिक विकास, सामाजिक क्षमता, व्यावसायिक कुशलता और आवश्यकता के सदुपयोग पर बल होगा। जो विधियाँ अपनाई जाएँ उनमें सक्रिय भागीदारी पर जोर देना होगा। विषयों को समन्वित ढंग से प्रस्तुत करना होगा।

प्राथमिक स्तर पर रुचियों को केंद्र बनाकर परियोजनाओं का कार्य करवाना अधिक उपयुक्त पाया गया है। कक्षा की अवधि छोटी होनी चाहिए। पठन सामग्री को क्रमिक सोपानों में उत्तरोत्तर कठिनाई के आधार पर विभक्त करना होगा जिससे इन बच्चों को सफलता मिल सके। विभिन्न रोचक क्रियाकलापों द्वारा पर्याप्त अभ्यास की व्यवस्था करनी होगी। खेल, संगीत, सृजनात्मक कार्य और सामाजिक संपर्क के अवसर प्रदान करना उचित रहेगा। स्कूल कार्यक्रम में इन्हें अहमियत दी जानी

चाहिए। शिक्षक को अलग-अलग बच्चों की तरफ ध्यान देकर शिक्षण को व्यक्तिपरक बनाना होगा।

मंद बच्चों का पहले से ही पता लगाना चाहिए, संभव हो तो सात वर्ष की आयु के पहले, जिससे उनकी शिक्षा और वैयक्तिक आवश्यकताओं की तरफ ध्यान दिया जा सके। नहीं तो असफलता और कुंठा के कारण विभिन्न प्रकार की आचरण संबंधी कठिनाइयाँ उत्पन्न होंगी। यदि उन्हें लगातार अपनी असफलता के कारण हताशा का अनुभव होता रहा और स्वीकृति, स्नेह और सराहना के स्थान पर उपेक्षा और तिरस्कार ही मिला तो वे अपराध के रास्ते पर कदम बढ़ा सकते हैं।

इन बच्चों की प्रवृत्ति ही ऐसी होती है कि ये दूसरों के प्रभाव में आसानी से आ जाते हैं और उनके सुझावों को बिना यह सोचे कि वे उचित हैं या अनुचित, लाभप्रद हैं या हानिकारक, मान लेते हैं। इसका कारण यह है कि इनमें विवेचनात्मक चिंतन और विवेकपूर्ण निर्णय लेने की क्षमता कम होती है। इसके अलावा समूह द्वारा स्वीकार किए जाने, प्रशंसा पाने और समूह का सदस्य माने जाने के लिए, वे जो अन्य लोग उनसे करवाना चाहते हैं, उसे करने के लिए तैयार हो जाते हैं। इससे उनकी अपनत्व की भावना की पूर्ति होती है।

उनमें यह योग्यता नहीं होती कि अपने कार्यों के परिणाम के बारे में सोच सकें। उन्हें एक लोकतांत्रिक समाज के नागरिक होने के नाते अपने कर्तव्य, अधिकार और सुविधाओं की जानकारी नहीं होती। इसलिए लोग इनका नाजायज फायदा उठा सकते हैं। स्कूलों पर इन बच्चों की मनोवैज्ञानिक आवश्यकताओं की पूर्ति का बड़ा दायित्व है। शिक्षकों को उनके प्रति अधिक समझदारी का बरताव करना चाहिए और उन्हें ऐसे कार्य के लिए प्रेरित करना चाहिए जिससे वे अपने भीतर आत्मविश्वास महसूस कर सकें। उनके सृजनात्मक कार्यों, खेल, क्रीड़ा, चित्रांकन, पानी के खेल आदि में सक्रिय भागीदारी करने के लिए प्रेरित करना चाहिए। आदर्श नागरिक बनने की शिक्षा इनके लिए बहुत आवश्यक है। इसके अतिरिक्त इन्हें सामाजिक परिस्थितियों में सही अनुक्रिया करने के लिए, आत्मनिर्भर बनने के लिए और सामाजिक योग्यता अर्जित करने के लिए विशेष रूप से प्रशिक्षित किया जाना चाहिए। इनकी मदद और मार्गदर्शन किसी नौकरी या पेशे की तैयारी करवाने के लिए भी आवश्यक है।

किंचित् असामान्य

धीमे शिक्षार्थी श्रेणी की दूसरी उपश्रेणी किंचित् असामान्य की है। ये बच्चे

शिक्षक के लिए सबसे बड़ी चुनौती हैं और इनकी शिक्षा पर विशेष ध्यान देना आवश्यक है। उनकी समस्याओं को पूरी तरह समझना आवश्यक है। ये बच्चे 55–60 से 70–75 बुद्धिलब्धि के बीच आते हैं। इनकी बौद्धिक क्रियाशीलता 90–95 से 110–115 बुद्धिलब्धि के औसत बच्चों से काफी नीचे स्तर की होती है। ये बच्चे सामान्य स्कूल की नियमित पढ़ाई से लाभ नहीं उठा पाते। फिर भी, बुद्धि की इन सीमाओं के बीच कुछ विकास करने की संभावनाएँ हैं। यदि उन्हें उचित अवसर और प्रोत्साहन मिले तो ये पढ़ना-लिखना, वर्तनी और अंकगणित की मोटी-मोटी बातें सीख सकते हैं।

ये सामाजिक रूप से इतन सक्षम हो सकते हैं कि समाज में स्वतंत्र रूप से कार्य कर सकें। पेशेवर दृष्टि से भी वे इतने कुशल हो सकते हैं कि आंशिक या पूरी तौर से अपनी जीविका अर्जित कर सकें।

किंचित् असामान्य के लक्षण

सभी किंचित् असामान्य बच्चों में वे सारे लक्षण नहीं होते जिनका उल्लेख यहाँ किया जा रहा है, लेकिन इससे शिक्षक यह जान सकते हैं कि यदि इन बच्चों का पता लगाना है तो किन बातों का ध्यान देना होगा।

शारीरिक लक्षण

1. ऊपरी तौर पर देखने से पूर्व प्राथमिक अवस्था में किंचित् असामान्य को आसानी से धीमे बच्चे के रूप में नहीं पहचाना जा सकता। ये देर से बैठना, खड़े होना, चलना, बोलना इत्यादि सीखते हैं। इनकी भाषा का विकास अन्य बच्चों की अपेक्षा काफी धीमी गति से होता है। ऊँचाई और वजन के मामले में वे सामान्य बच्चों के समान होते हैं। ऐसे मामलों में बौद्धिक कमजोरी का तभी पता लगता है जब ये प्राथमिक स्तर पर असफल होने लगते हैं।
2. कुछ मामलों में किंचित् असामान्य में धीमेपन का कारण मस्तिष्क की क्षति का होना होता है। ये बच्चे अकसर सामान्य बच्चों की तुलना में शारीरिक विकास के मामले में कमतर होते हैं।
3. किंचित् असामान्य शारीरिक दृष्टि से बहुत स्वस्थ नहीं होते। इसके कारण ये जल्दी थक जाते हैं और आसन की विकृतियाँ इनमें अधिक आ जाती हैं।
4. इस समूह में दृष्टि, श्रवण आदि दोष सामान्य बच्चों की अपेक्षा अधिक

पाए जाते हैं, लेकिन बहुत से किंचित् असामान्य बच्चे ऐसे भी होते हैं जो इन दोषों से मुक्त हैं।

किंचित् असामान्य बच्चों के बौद्धिक लक्षण

1. किंचित् असामान्य अशाब्दिक और शाब्दिक दोनों मापदंडों पर आधारित बुद्धि परीक्षणों में निम्न निष्पादन करते हैं।
2. उनका मानसिक विकास सामान्य बच्चों की अपेक्षा धीमा होता है और कुछ पहले ही इनका बढ़ना समाप्त हो जाता है। इसका अर्थ है कि विशिष्ट बौद्धिक क्रियाएँ, जिनकी स्कूल के कार्य में आवश्यकता पड़ती है, इनमें धीमी गति से परिपक्व होती हैं। इसलिए धीमी गति से सीखनेवाला पठन, लेखन और संख्या के औपचारिक शिक्षण के लिए पाँच या छह वर्ष की आयु में तैयार नहीं होता। बाद में, करीब आठ या नौ वर्ष की आयु में जब वह तैयार होता है, तब भी एक वर्ष के कार्य को वर्ष भर में पूरा नहीं कर पाता। उसको अपनी गति से आगे बढ़ने देना चाहिए।
3. चूँकि किंचित् असामान्य बच्चे का विकास कम आयु में ही अपनी उच्चतम सीमा पर पहुँच जाता है, वह अमूर्त चिंतन की अवस्था तक पहुँच नहीं पाता। औपचारिक स्कूल शिक्षा समाप्त होने पर भी किंचित् असामान्य बच्चे का प्रदर्शन अपनी आयु के बच्चों से काफी नीचे होगा। पंद्रह साल की आयु तक, अपनी अक्षमता और मानसिक आयु के आधार पर पाँचवीं या छठी कक्षा तक ही पहुँच पाएगा।
4. किंचित् असामान्य, अधिकतर जो सुनते हैं और देखते हैं, उसे स्पष्ट याद नहीं रख पाते एवं विभिन्न वस्तुओं तथा परिस्थितियों में समानताएँ और अंतर आसानी से नहीं देख पाते। इस कारण वे अपने पहले के अनुभव का उपयोग वर्तमान को समझने के लिए नहीं करते। उनमें प्रत्यक्ष ज्ञान और सामान्यीकरण की योग्यता कम रहती है। फलस्वरूप अवधारणाएँ निर्मित करने का कार्य धीमी गति से चलता है और अवधारणाएँ भी बहुत स्पष्ट नहीं होतीं। इसलिए इनकी भाषा की योग्यता, जो अवधारणाओं के विकास में निकट से जुड़ी हुई है, काफी निम्न कोटि की रह जाती है।
5. किंचित् असामान्य में कल्पना और अंतर्दृष्टि की कमी होती है। इसका मतलब है कि इन बच्चों के बारे में शिक्षक यह मानकर नहीं चल सकते कि इनको कुछ आता होगा। जो कुछ भी इन्हें सिखाना है उसे बिलकुल

स्पष्ट करके उसके प्रत्येक पहलू को समझाना होगा। प्रत्येक बात स्पष्ट करके विस्तार से बच्चे को बतानी होगी और उसके कार्य के परिणामों के बारे में प्रत्येक बच्चे से चर्चा करनी होगी।

6. किंचित् असामान्य एक चीज पर या एक क्रियाकलाप पर अधिक देर तक ध्यान नहीं दे पाता। उसका ध्यान थोड़े समय तक ही एक कार्य पर केंद्रित रह सकता है। जो सामग्री या कार्य उसकी समझ में नहीं आता या उसकी रुचि उनमें नहीं होती, उस पर वह ध्यान केंद्रित नहीं कर पाता। जब सामग्री, विधि और शैक्षिक माँगें उसकी योग्यता और रुचि के स्तर के अनुकूल होती हैं, तब वह इन चीजों पर अधिक ध्यान दे पाता है।
7. इन बच्चों की स्मृति अकसर कमजोर होती है। इसलिए इनके लिए बार-बार दोहराना और खेल तथा क्रियाकलाप द्वारा विभिन्न प्रकार से अभ्यास करवाना आवश्यक है। इनके लिए स्कूल की पढ़ाई को रोचक बनाकर और दैनिक जीवन से उसका संबंध जोड़कर, इन्हें पढ़ने के लिए प्रेरित करने की आवश्यकता है।

किंचित् असामान्य के वैयक्तिक, सामाजिक और भावनात्मक लक्षण

1. ऐसा कोई सामाजिक लक्षण नहीं है जिसके आधार पर सामान्य और पिछड़े हुए बच्चे में अंतर किया जा सके। जो भी अंतर है उनका कारण यह है कि किंचित् असामान्य वह प्राप्त नहीं कर पाते जिसकी अपेक्षा सामाजिक परिपक्वता और सामाजिक व्यवहार के रूप में उनकी आयु के बच्चों से समाज करता है। अपनी वैयक्तिक आवश्यकताओं का ध्यान रखने में, अपने आप कार्य करने में, अपनी चीजें मिल-बाँटकर उपयोग करने में, अपनी बारी की प्रतीक्षा करने में, दूसरों के साथ सहयोग करने में, सामाजिक दृष्टि से सक्षम होने में और जिंदगी की चुनौतियों का सामना करने में इन्हें अधिक समय लगेगा। इसका अर्थ है कि वे अपनी आयु के बच्चों की तुलना में सामाजिक दृष्टि से अपरिपक्व होते हैं।
2. उनकी संवेगात्मक अनुक्रियाएँ सामान्य बच्चों के समान होती हैं, केवल अंतर इतना होता है कि संवेगों की विभिन्न प्रकार की और सूक्ष्म अनुभूति में ये कम सक्षम होते हैं। ये कुंठा और अवहेलना के प्रति बहुत कुछ औरों के समान प्रतिक्रिया करते हैं। सीमित बौद्धिक योग्यता के कारण ये सामान्य

स्कूल के पाठ्यक्रम की माँगों की पूर्ति नहीं कर पाते। इसी कारण ये हतोत्साहित और परेशान हो जाते हैं और हीनता महसूस करते हैं। शिक्षक इन्हें डाँटकर, उपहास करके, ताने और शारीरिक दंड देकर जिस कड़ाई से अकसर पेश आते हैं, उससे स्थिति और भी बिगड़ जाती है। इससे इनकी भावनात्मक असुरक्षा और भी गहरी हो जाती है तथा इनके मन में अपनी त्रुटियों के कारण असुरक्षा की भावना पैदा होती है। कुंठा को सहन करने की क्षमता बढ़ाई जा सकती है। यदि घर और स्कूल ऐसे वातावरण का निर्माण करें जहाँ बच्चे को कार्य के क्षेत्र में कुछ सफलता का अनुभव हो और अपनी सीमित योग्यता और स्कूल में नाकाम होते हुए भी वह अपने साथियों, शिक्षकों और माता-पिता द्वारा स्वीकार किया जाए।

3. किंचित् असामान्य में मूल आवश्यकताएँ सामान्य बच्चों की तरह होती हैं, सुरक्षा की आवश्यकता, स्नेह का आदान-प्रदान, अन्य बच्चों द्वारा स्वीकार किया जाना, आत्म-सम्मान और आत्मनिर्भरता प्राप्त करना, जिम्मेदारी स्वीकार करना, नए अनुभव अर्जित करना, क्रियाकलापों में भाग लेना—ये सब अन्य बच्चों के समान होते हैं। इसमें संदेह नहीं कि प्रत्येक आवश्यकता की मात्रा में कुछ अंतर होगा जो विभिन्न मानसिक स्तर और मानसिक स्वरूप से संबंधित है। स्वस्थ व्यक्तित्व के विकास के प्रत्येक बच्चे में इन आवश्यकताओं की पूर्ति की जानी चाहिए।

   ऐसी ही स्थिति में बच्चे पढ़ने के लिए प्रेरित होंगे। मंद बच्चों की आवश्यकताएँ संतोषजनक रूप से पूरी नहीं होतीं। उनकी सीमित मानसिक योग्यता और सामाजिक अक्षमता के कारण, माता-पिता द्वारा या तो वे उपेक्षित होते हैं या इनकी अत्यधिक देखरेख होती है और इनके साथी इनका मजाक बनाते हैं।

   शिक्षक को इन्हें सुरक्षा प्रदान करनी चाहिए और इनके प्रति स्नेहपूर्ण व्यवहार करना चाहिए तथा माहौल को ऐसा बनाने की कोशिश करनी चाहिए जिसमें इन्हें स्वीकार किया जा सके। जब इनकी भावनात्मक आवश्यकताओं की समुचित पूर्ति होती है, ये संतोषजनक रूप से सामंजस्य कायम कर पाएँगे। स्कूल के कार्यक्रम में विभिन्न स्तर पर विविध कार्यक्रमों का प्रावधान होना चाहिए जिससे इनको सफलता का अनुभव मिले और इनका आत्मविश्वास बढ़ सके।

4. इन बच्चों के मूल्य और सामाजिक अभिवृत्तियाँ उनके परिवार के सदस्य,

पड़ोसी, खेल के साथी और शिक्षकों के बहुत समान होती हैं। मुख्य रूप से प्रारंभिक लालन-पालन का इन पर प्रभाव पड़ता है और कुछ हद तक रहने की परिस्थितियों और सांस्कृतिक तथा धार्मिक पृष्ठिभूमि का भी प्रभाव पड़ता है। जीवन की विभिन्न परिस्थितियों के प्रति ये सही और उपयुक्त अनुक्रिया करने में सक्षम हो सकते हैं यदि इस मामले में इन्हें प्रशिक्षित किया जाए।

5. इनकी खेल की रुचियाँ इनकी वास्तविक आयु की बजाय मानसिक आयु के अनुरूप होती हैं।
6. औसत बुद्धि के बच्चों की तुलना में किंचित् असामान्य में अधिक व्यवहार की समस्याएँ और कुछ विसंगतियाँ मिलती हैं। इसका आंशिक कारण तो मूल आवश्यकताओं का कुंठित होना है जो बच्चे की दक्षता और परिवेश की माँग के बीच विसंगति पैदा करती है तथा आंशिक रूप से उनमें उचित एवं अनुचित के बीच भेद करने के विवेक की कमी होती है। जिसक प्रकार वह व्यवहार उनके प्रति सहपाठियों और बड़ों द्वारा किया जाता है, जिसमें माता-पिता और शिक्षक शामिल हैं, वह भी उनके समस्यात्मक व्यवहार का कारण हो सकता है। व्यंग्यात्मक, क्रूर और असहिष्णु शिक्षक जो सदैव डाँटते और ताना देते रहते हैं, बच्चों के व्यक्तित्व को बहुत क्षति पहुँचाते हैं। जब धीमे शिक्षार्थियों की शैक्षिक और भावनात्मक आवश्यकताओं की संतोषजनक पूर्ति होती है तब इनकी सामाजिक, शैक्षिक और सामंजस्य करने की योग्यता सामान्य बच्चों के समान हो सकती है।

पेशेवर पक्ष

किंचित् असामान्य वयस्क स्तर पर कुछ कुशल और अर्द्ध कुशल कार्य करना सीख सकते हैं और यदि इन्हें उपयुक्त प्रशिक्षण और मार्गदर्शन दिया जाए तो आंशिक या पूरी तौर से अपना जीविकोपार्जन कर सकते हैं। उनका किसी नौकरी या पेशे में सफल होना, उनके कार्य करने की अपेक्षा व्यक्तित्व के गुणों और अंतर्संबंधों पर अधिक निर्भर करेगा।

निष्कर्ष और सुझाव

1. किंचित् असामान्य के लिए विशिष्ट शिक्षा की आवश्यकता है, जिसकी व्यवस्था विशिष्ट स्कूलों में या सामान्य स्कूलों में विशिष्ट कक्षाओं को

खोलकर की जा सकती है।

2. शिक्षा का उद्देश्य होना चाहिए कि वे स्वयं समुचित और सामाजिक रूप से सक्षम हो सकें और अपनी क्षमताओं के अंतर्गत किसी कार्य को करने के लिए तैयार हो सकें।

3. ऐसे बच्चों का पहले पता लगाना और समस्या का निदान आवश्यक है जिससे बच्चे के शैक्षिक कार्यक्रम की योजना बनाई जा सके। कुछ अंतराल के बाद विश्लेषण करके यह देखना चाहिए कि वह कैसी प्रगति कर रहा है और उसका शैक्षिक कार्यक्रम कितना उपयुक्त है।

4. प्राथमिक स्तर पर औपचारिक पढ़ाई विलंब से, जब बच्चा उसके लिए तैयार हो जाए, प्रारंभ करनी चाहिए। इस बीच अवधारणाओं का विकास, उन्हें बढ़ाने वाले और तत्परता को विकसित करनेवाले उपयुक्त क्रियाकलापों की व्यवस्था करके और बच्चे की अपने परिवेश की जानकारी बढ़ाकर किया जा सकता है।

5. इन बच्चों की शैक्षिक आवश्यकताओं की पूर्ति के लिए विशेष सामग्री की व्यवस्था करनी होगी। शैक्षिक सामग्री के चयन में इस बात पर ध्यान देना होगा कि बच्चे की आयु, योग्यता और रुचि का स्तर क्या है तथा किस गति से वे सीखते हैं।

6. पढ़ाई को विधिवत और व्यक्तिगत बनाना होगा। अनायास सीखने पर निर्भर नहीं रहना चाहिए। शिक्षा का स्तर प्रत्येक बच्चे के लिए निदानात्मक अध्ययन पर आधारित करना चाहिए। प्रत्येक बच्चे को अपनी गति से सीखने की स्वतंत्रता होनी चाहिए।

7. शिक्षण के विशेष सिद्धांत जो इन बच्चों के मामले में उपयोगी पाए गए हैं, वे हैं।

   (क) ज्ञात से अज्ञात की ओर बढ़ना और मूर्त सामग्री तथा प्रत्यक्ष अनुभवों का उपयोग अवधारणाएँ विकसित करने में करना चाहिए।

   (ख) बच्चों ने जो कुछ एक परिस्थिति में सीखा और विकसित किया, उसे दूसरी परिस्थिति में उपयोग करने के लिए बच्चों की मदद करनी चाहिए।

   (ग) शिक्षण को प्रभावशाली बनाने के लिए अनेक बार विभिन्न अनुभवों को दोहराना चाहिए।

   (घ) रोचक परिस्थितियों, अनुभवों और क्रियाकलापों द्वारा बच्चों को

सीखने की ओर प्रेरित करने के लिए पूरी कोशिश करनी चाहिए। सृजनात्मक क्रियाकलाप और संवेदी अनुभव इन बच्चों के लिए आवश्यक हैं, क्योंकि इनमें वे सक्रिय रूप से भाग ले सकते हैं।

(ङ) सीखने की विषयवस्तु को क्रमबद्ध सोपानों में, जिसमें छात्र धीरे-धीरे आगे बढ़े, रखना चाहिए। एक बार में एक ही विचार प्रस्तुत करना चाहिए।

(च) शिक्षण को सशक्त बनाने के लिए विभिन्न इंद्रियों का, जैसे देखना, बोलना, सुनना, छूना, पेशियों का उपयोग इत्यादि सिखाना चाहिए। इसके लिए विभिन्न कार्यक्रमों का प्रावधान किया जा सकता है।

(छ) सफलता का अनुभव प्रारंभ के दौर में अत्यंत आवश्यक है। इससे उनका आत्मविश्वास मजबूत होगा और कुंठा को सहन करने की शक्ति बढ़ेगी।

8. पाठ्यक्रम में इन बातों का ध्यान रखा जाना चाहिए—

(क) स्वास्थ्य और स्वच्छता की आदतों का विकास हो।

(ख) कार्य करने की अच्छी आदतों का विकास हो।

(ग) पढ़ने-लिखने और संख्या के मूल कौशल को अर्जित करना।

(घ) भाषा की दक्षता का विकास करना।

(ङ) कोई विशेष गुण यदि हो तो उसे विकसित करना।

(च) वे योग्यताएँ और अभिवृत्तियाँ विकसित करना, जिनसे अच्छे सामाजिक संबंध बन सकें और दूसरों के साथ सामंजस्य स्थापित हो सके।

(छ) स्कूल, घर और कार्यस्थल पर कर्तव्यों, अधिकारों तथा सुविधाओं से परिचित कराना एवं विभिन्न प्रकार के सामाजिक अनुभवों और क्रियाकलापों द्वारा उसे सामाजिक दृष्टि से सक्षम बनाना।

(ज) रुचियों को विकसित करके अवकाश के पलों का सदुपयोग सिखाना।

□

प्रतिभाशाली छात्र

शिक्षक को शिक्षण विधि का चयन करने में और कक्षा के क्रियाकलापों की योजना बनाने में बुद्धि के अंतरों पर ध्यान देना पड़ता है। एक कक्षा में हमें गिने-चुने छात्र ऐसे मिलेंगे जो बहुत बुद्धिमान हैं, उनसे कुछ अधिक संख्या में वे मिलेंगे जो श्रेष्ठ हैं या औसत अच्छे हैं, अधिकांश सामान्य या औसत बुद्धि के और थोड़े वे जो मंद बुद्धि के या धीमी गति से सीखनेवाले मिलेंगे।

शिक्षण कार्य की योजना सामान्यतया औसत या समूह के मध्य की योग्यता को ध्यान में रखकर बनाई जाती है और उसके कुछ प्रावधान ऐसे बच्चों के लिए भी होता है जो औसत से नीचे हैं। जो बच्चे श्रेष्ठ हैं और जो मंद या धीमी गति से सीखनेवाले हैं, वे सामान्य शिक्षण से ऊब जाते हैं और अपने आपको उपेक्षित महसूस करते हैं, क्योंकि जिस प्रकार के कार्य की उनसे अपेक्षा की जाती है वह उनकी बुद्धि के अनुरूप नहीं हैं।

इससे कक्षा के क्रियाकलापों में वे रुचि खो देते हैं और उनका समस्यात्मक व्यवहार की ओर प्रवृत्त होने का अंदेशा रहता है। इसलिए कक्षा में शिक्षकों को इन बच्चों की ओर अधिक सचेत रहना चाहिए और यह सीखना चाहिए कि कैसे स्वयं या विशेषज्ञ की मदद से इनका पता लगाएँ। इसके बाद ही शिक्षक शिक्षण का ऐसा कार्यक्रम बना सकेंगे जिससे कक्षा के सभी बच्चों की आवश्यकताओं की पूर्ति हो सके।

प्रतिभाशाली कौन है

बुद्धि परीक्षण की शुरुआत के प्रारंभिक वर्षों में केवल वे ही, जो मानसिक वैयक्तिक बुद्धि परीक्षण पर 130 या उससे अधिक बुद्धिलब्धि प्राप्त करते थे, प्रतिभाशाली माने जाते थे। इन बच्चों को हम 'बुद्धिसंपन्न प्रतिभाशाली'

(इंटेलेक्चुअली गिफ्टेड) कहते हैं। बाद में प्रतिभाशाली शब्द का विस्तृत अर्थ में उपयोग किया जाने लगा और इसमें वे बच्चे भी शामिल किए गए जो विशिष्ट योग्यताएँ प्रदर्शित करते हैं, उच्च कोटि की सृजनात्मक योग्यता और उच्च नेतृत्व की योग्यता। इस प्रकार बौद्धिक प्रतिभा के अतिरिक्त जिनमें संगीत, चित्रकला, सृजनात्मक लेखन, नाटक, यांत्रिकी, कौशल सामाजिक नेतृत्व में से किसी में प्रतिभा के संकेत मिलते हैं, वे प्रतिभाशाली माने जा सकते हैं।

यहाँ यह याद रखना चाहिए कि बच्चों को तभी प्रतिभाशाली माना जाएगा जब उनकी विशेष रुचियाँ, योग्यता और शिक्षा की आवश्यकताएँ औसत से इतनी उच्च हों कि सामान्य कक्षा की परिस्थिति में इनके लिए सरलता से व्यवस्था करना संभव नहीं हो और स्कूल में या स्कूल के बाहर इनकी आवश्यकताओं की पूर्ति और क्षमताओं के विकास के लिए कोई विशेष व्यवस्था करना आवश्यक हो।

पहला कार्य है इन बच्चों का पता लगाना जिससे इनकी योग्यताएँ और क्षमताएँ बेकार न जाएँ और उपयुक्त क्रियाकलापों एवं अनुभवों द्वारा इनका पूर्ण रूप से विकास किया जा सके। इस कार्य में माता-पिता, शिक्षक और मनोवैज्ञानिक सभी को अपनी भूमिका निभानी होती है। शिक्षक और माता-पिता बारीकी से अवलोकन करके ऐसे बच्चों का पता लगा सकते हैं जो होनहार प्रतीत होते हैं। इसके बाद इन बच्चों का मनोवैज्ञानिक परीक्षण किया जा सकता है।

क्या देखना चाहिए

शिक्षाशास्त्री *कफ* और *डीहान* ने विशेष योग्यताओं को पहचानने के लिए शिक्षक के लिए विशेष निर्देशावली बनाई है—

1. सरलता और तेजी से सीखता है।
2. सहज बुद्धि और व्यावहारिक ज्ञान का उपयोग करता है।
3. चीजों को युक्तिसंगत करता है, स्पष्ट विचार करता है, संबंधों को पहचानता है, अर्थ समझता है।
4. बिना बहुत रटे जो पढ़ा या सुना उसे याद रखता है।
5. ऐसी बहुत सी बातों को जानता है जिनसे अन्य लोग अनभिज्ञ हैं।
6. अनेक शब्दों का सरलता और परिशुद्धता से उपयोग करता है।
7. अपनी कक्षा से एक या दो वर्ष आगे की किताबें पढ़ सकता है।
8. कठिन मानसिक कार्य करता है।
9. अनेक प्रश्न पूछता है और बहुत सी चीजों में उसकी दिलचस्पी है।

10. अपनी कक्षा से एक या दो वर्ष आगे का शैक्षिक कार्य कर लेता है।
11. मौलिक है, अच्छे और असामान्य विधियों और विचारों का प्रयोग करता है।
12. सतर्क रहता है, बरीकी से देखता है और तेजी से उत्तर देता है।

प्रतिभा को पहचानने की विधियाँ

प्रतिभाशाली बच्चों के कुछ प्रभेदक व्यवहारों का अनौपचारिक अवलोकन सर्वोत्तम रहेगा और कुछ के लिए नियंत्रित विधियाँ जैसे मनोवैज्ञानिक परीक्षण आवश्यक होगा। उदाहरण के लिए धाराप्रवाह बोलना, सृजनात्मक कार्य करना, विशिष्ट योग्यताओं को प्रदर्शित करना और नवीन तथा मौलिक विचारों को व्यक्त करना—इन सबका अवलोकन कक्षा में और कक्षा के बाहर अनौपचारिक परिस्थितियों में किया जा सकता है। दूसरी ओर प्रतिभाशाली बच्चों की योग्यता के ऊपरी स्तर का पता परीक्षण द्वारा ही लगाया जा सकता है और वह प्रतिभाशाली व्यक्तियों का पता लगाने का औपचारिक तरीका है। बच्चों का अनौपचारिक अध्ययन शिक्षकों, सहपाठियों, माता-पिता और मित्रों द्वारा अवलोकन से किया जाता है।

शिक्षक के अवलोकन

शिक्षकों को उन बच्चों का पता लगाना होगा, जो कुछ समझाया जा रहा है उसे जल्दी समझ जाते हैं, जो तथ्यों को अन्य बच्चों की अपेक्षा जल्दी पकड़ लेते हैं, जिनमें वस्तुओं एवं परिस्थितियों में समानता और अंतर देखने की योग्यता है तथा जो समान पहलुओं पर गौर करने में अन्य बच्चों की अपेक्षा अधिक तेज हैं, जो अपने पूर्वानुभवों का समस्याओं का हल निकालने में सहजता से उपयोग करते हैं, क्योंकि उन्हें दोनों परिस्थितियों में समानताएँ दिखाई देती हैं, जो चीजों को मौलिक ढंग से प्रस्तुत कर सकते हैं और काफी सहजबुद्धि व्यक्त करते हैं, जिनकी तर्क करने की योग्यता अपनी आयु के अन्य छात्रों की अपेक्षा अधिक श्रेष्ठ है, जिनमें बहुत कौतूहल है और जो सदैव पता करने का प्रयास करते हैं कि वस्तुएँ क्यों और कैसे कार्य करती हैं, जैसे वे चाबीवाले खिलौने खोलकर उनके पुरजों की जाँच एवं छानबीन कर और विभिन्न प्रकार की सामग्री के प्रयोग करके देखते हैं। जो बहुत कल्पनाशील होते हैं, जिनका शब्द-भंडार काफी बड़ा है और जिनका भाषा पर अच्छा अधिकार है और जो एक क्रियाकलाप पर अपनी आयु के अन्य बच्चों की अपेक्षा अधिक समय तक ध्यान केंद्रित कर सकते हैं।

सहपाठियों की राय

स्वयं बच्चों का अवलोकन करने के अतिरिक्त शिक्षक कक्षा के बच्चों से एक-दूसरे के प्रति अपनी राय देने को कह सकते हैं। इससे न केवल अत्यंत उच्च बुद्धि के बच्चों का पता लगाने में मदद मिलेगी बल्कि उनका भी पता लगेगा जिनमें नेतृत्व के गुण हैं।

इसके लिए 'बूझो कौन' परीक्षण का प्रयोग किया जा सकता है। इस परीक्षण में संक्षिप्त विवरण 'शब्द चित्र' के रूप में दिया जाता है और बच्चों से पूछा जाता है कि कौन सा बच्चा इस विवरण के उपयुक्त बैठता है।

माता-पिता और मित्रों की राय

स्कूल में प्रवेश लेने के बहुत पहले बौद्धिक प्रतिभाशाली बच्चों को माता-पिता या परिवार के मित्र पहचान लेते हैं। यह पहचान बच्चे की विकास की गति के निकट के प्रेक्षण पर आधारित होती है। प्रतिभाशाली बच्चों का सामान्यतः अधिक तेजी से विकास होता है। वे बैठना, खड़े होना, चलना और बोलना अन्य बच्चों की अपेक्षा कम आयु में सीख लेते हैं। इसका मतलब यह हुआ कि ये विकास के प्रमुख सोपानों को अन्य बच्चों से बहुत पहले पार कर लेते हैं। भाषा और समझदारी के मामले में ये छोटी आयु में विलक्षणता का परिचय देते हैं। इस तीव्र विकास के लक्षण कुछ व्यवहारों के उदय होने से प्रकट होते हैं, जैसे—

1. विस्तृत शब्दावली का छोटी आयु में सही उपयोग।
2. लंबे वाक्यों का सही उपयोग और छोटी आयु में कहानी सुनाना या दोहराना।
3. आस-पास की चीजों का गौर से मुआयना करना और देखी हुई चीजों को याद रखना।
4. किताबों, उपकरणों, घड़ियों आदि में पहले से ही रुचि प्रदर्शित करना।
5. किसी काम पर अपनी आयु के अन्य बच्चों की अपेक्षा अधिक समय तक ध्यान केंद्रित कर पाना।
6. आरेखण, संगीत, कला या यांत्रिकी क्रियाकलापों में प्रतिभा का परिचय देना।
7. छानबीन करने में, प्रयोग करने में, कारण और परिणाम का संबंध पता करने में रुचि दिखाना।
8. बहुत कम आयु में पढ़ना शुरू कर देना।

शिक्षक जो जानकारी स्वयं के अवलोकन और बच्चों की राय से एकत्रित करते हैं, उसे माता-पिता और परिवार के मित्रों द्वारा ऊपर दिए गए बिंदुओं पर

जानकारी प्राप्त करके पूरा कर सकते हैं। इससे उन्हें प्रतिभाशाली बच्चों का पता लगाने में मदद मिलेगी।

हो सकता है कि कुछ प्रतिभाशाली बच्चे इनमें कुछ या सभी लक्षणों को प्रदर्शित न करें और इसका कारण यह हो सकता है कि उनका पालन-पोषण प्रेरणाविहीन और वंचित परिस्थितियों में हुआ हो। हो सकता है कि हम इनकी प्रतिभा को पहचान न सकें। विभिन्न प्रकार के सृजनात्मक क्रियाकलापों और अनुभवों की व्यवस्था करके और इसके साथ-साथ यदि बिना किसी पूर्वग्रह के जो शिक्षक कक्षा को पढ़ाते हैं, यदि वे बारीकी से अवलोकन करें तो प्रतिभाशाली बच्चों और उनकी योग्यताओं का पता लगा सकते हैं।

प्रतिभाशाली बच्चों का पता लगाने की औपचारिक विधियों में विभिन्न प्रकार के परीक्षणों का उपयोग किया जाता है, जैसे—

1. वैयक्तिक बुद्धि परीक्षण : बौद्धिक प्रतिभा का पता लगाने के लिए वैयक्तिक बुद्धि परीक्षण सबसे अच्छे तरीकों में से एक है। यह एक व्यक्तिगत साक्षात्कार के समान है, किंतु सभी बच्चों पर उपयोग के लिए यह बहुत खर्चीला है, क्योंकि इसके लिए विशिष्ट प्रशिक्षण प्राप्त कार्यकर्ताओं की आवश्यकता पड़ती है और परीक्षण में काफी समय लगता है। इसका उपयोग उन्हीं बच्चों के लिए करना चाहिए जिनमें अन्य विधियों से प्रतिभाशाली होने के संकेत मिले हों।

2. सामूहिक बुद्धि परीक्षण : सामूहिक बुद्धि परीक्षण ऐसा तरीका है जो समान आयु और कक्षा के बच्चों के लिए विकसित किया गया है। ये परीक्षण उतना अच्छा विभेदीकरण नहीं करते जितना वैयक्तिक बुद्धि परीक्षण, किंतु उन बच्चों को छाँटने में मदद कर सकते हैं जो औसत से काफी ऊपर और औसत से काफी नीचे हैं। इन परीक्षणों के परिणामों की पूर्ति अन्य आधारों से प्राप्त तथ्यों से करनी चाहिए। इन परीक्षणों में कुछ कमियाँ हैं। प्रतिभाशाली बच्चे जिन्हें पढ़ने की कठिनाइयाँ हैं या जो पढ़ाई में प्रगति नहीं कर पा रहे या जिनमें भावनात्मक या अरुचि की समस्याएँ हैं, वे परीक्षण में सामने नहीं आ सकते, क्योंकि ये कारक उनके सामूहिक बुद्धि परीक्षण के निष्पादन पर भी प्रभाव डालेंगे। इसीलिए संभव है कि परीक्षण के परिणाम सही तसवीर प्रस्तुत न कर सकें।

3. सृजनात्मक चिंतन के परिक्षण : सामान्यतया बुद्धि परीक्षण सृजनात्मकता का आकलन नहीं करते। इसलिए ऐसे परीक्षणों की ओर ध्यान दिया जाता है जो मौलिकता और उत्पादक चिंतन का आकलन करते हैं। किंतु इन परीक्षणों से प्राप्त तथ्यों को माता-पिता और शिक्षकों के अवलोकनों से मिलाना चाहिए, क्योंकि

सृजनात्मकता अकसर अनौपचारिक परिस्थितियों में व्यक्त होती है।

4. निष्पत्ति परीक्षण : ये मानक परीक्षण हैं जो विभिन्न आयु और कक्षा स्तर पर बच्चों के निष्पादन का परीक्षण करने के लिए बनाए गए हैं। कुछ बच्चे जो प्रतिभाशाली हैं और जो अपनी योग्यता के अनुरूप निष्पादन कर रहे हैं, उनका पता इन परीक्षणों के जरिए लगाया जा सकता है।

विश्लेषण की आवश्यकता

भावनात्मक स्थिरता, पारिवारिक परिस्थितियाँ, पढ़ने की आदतें, भाषा, पृष्ठभूमि आदि बहुत से कारक हैं जो बच्चे के शैक्षिक निष्पादन पर प्रभाव डालते हैं। यह भी देखा गया है कि कुछ प्रतिभाशाली बच्चे परीक्षण परिस्थितियों में अच्छा कार्य नहीं कर पाते, जबकि अन्य जो औसत बुद्धि के हैं, अच्छे अंक प्राप्त कर सकते हैं यदि उनमें पढ़ने की अच्छी आदतें हैं, निष्पादन के लिए तीव्र प्रेरणा है और उनके परिवार मेहनत करवाने के लिए उन पर दबाव डालते हैं। यह पता करने के लिए कि इनमें से कौन है जिनमें वास्तव में बौद्धिक संभावना और योग्यता है, हमें कई तरीकों, औपचारिक और अनौपचारिक को अपनाना होगा। केवल एक प्रकार के मूल्यांकन के परिणाम भ्रामक हो सकते हैं।

प्रतिभाशाली बच्चों की विशेष समस्याएँ

वृद्धि के दौरान, अन्य बच्चों के समान, प्रतिभाशाली बच्चे भी अनेक समस्याओं का सामना करते हैं। उनकी कुछ समस्याएँ उनकी बौद्धिक श्रेष्ठता के कारण होती हैं।

बहुत बार ऐसा होता है कि इन बच्चों के साथी इनकी बात को समझ नहीं पाते और इनके कार्यों के गलत मतलब निकालते हैं, क्योंकि इनकी रुचियाँ बौद्धिक होती हैं और अपने आयु वर्ग से भिन्न होती हैं। वे अपनी आयु से अधिक आयु के बच्चों का साथ पसंद करते हैं और इस कारण हो सकता है कि इनकी आयु के बच्चे उन्हें दंभी समझें या अन्य बच्चे उनका मजाक उड़ाएँ और उन्हें किताबी कीड़ा कहें।

शिक्षक उनके उच्च बुद्धि स्तर और किसी विषय पर अधिक ज्ञान दिखाने के कारण बुरा मान सकते हैं और उन्हें नीचा दिखाने की कोशिश कर सकते हैं। उनके अनेक प्रश्न पूछने से शिक्षक नाराज होकर, हो सकता है उनको डाँटे या झिड़की दें। कक्षा कार्य और गृह कार्य, जो कि औसत बच्चों को ध्यान में रखकर निर्मित

किए जाते हैं, इन बच्चों को नीरस लगते हैं, क्योंकि इन कार्यों में सृजनात्मक विचारों के प्रयोग की जगह स्मृति और बिना समझे रटने पर बल दिया जाता है।

इसके अलावा इन बच्चों के कार्य की गति अधिक तीव्र होती है। ये अपना कार्य अन्य बच्चों की अपेक्षा अधिक पहले समाप्त कर लेते हैं। जब इनका मन रचनात्मक कार्य में पूरी तरह लगा हुआ नहीं होता, वे किसी शरारत में संलग्न हो सकते हैं और स्कूल के कार्य में अपनी रुचि गँवा सकते हैं।

दूसरी तरफ, कुछ शिक्षक और माता-पिता उच्च मानसिक योग्यता वाले बच्चों पर उनके जाग्रत् काल का अधिकांश समय बौद्धिक कार्यों में लगे रहने के लिए अत्यधिक दबाव डालते हैं। यह भी बच्चों के लिए अनुचित है। व्यक्तित्व के सभी पहलुओं का विकास होना चाहिए और उन्हें अपनी पसंद के क्रियाकलापों में समय व्यतीत करने की छूट चाहिए।

माता-पिता और शिक्षकों को इस मामले में सतर्क रहना चाहिए कि इन बच्चों का उपयोग हमेशा इन्हें आगे लाकर कक्षा या स्कूल के नाम के प्रचार के लिए या अपने परिवार की प्रतिष्ठा बढ़ाने के लिए नहीं किया जाए। इससे प्रतिभाशाली बच्चे पर न केवल बोझ बढ़ता है, बल्कि अन्य बच्चे अंतर-कक्षा और अंतर-विद्यालय स्पर्धाओं में भाग लेने के अवसर से वंचित रह जाते हैं। जिसके कारण उनके मन में ईर्ष्या और द्वेष उत्पन्न होता है।

प्रतिभाशाली बच्चों को स्वाभाविक एवं सामान्य रूप से विकसित होने देना और उन्हें अपनी योग्यता का स्वतंत्र रूप से विकास करने के अवसर प्रदान करना तथा स्वतंत्र चिंतन विकसित करना इन बच्चों की मदद करने की सर्वोत्तम विधियाँ हैं।

शैक्षिक प्रावधान जो अकसर प्रतिभाशाली बच्चों लिए किए जाते हैं

कोई भी पद्धत्ति सभी प्रतिभाशाली छात्रों की आवश्यकताओं की पूर्ति नहीं करेगी, क्योंकि इनमें भी आपस में काफी अंतर होता है। शिक्षा में विशेष प्रावधान करने से पहले बच्चे की वैयक्तिक विशेषताओं और आवश्यकताओं की ओर ध्यान देना होगा। इन बच्चों की शिक्षा समस्याओं के समाधान के लिए तीन सूत्रों का विकास किया गया है—

१. विशिष्ट स्कूल या कक्षा का आयोजन

विशिष्ट स्कूल या कक्षाओं का आयोजन एक विधि है जिसके जरिए शिक्षा शास्त्रियों ने इन बच्चों की आवश्यकताओं की पूर्ति का प्रयास किया है। इन स्कूलों

और कक्षाओं में सारा कार्यक्रम इन बच्चों के लिए विशेष रूप से आयोजित किया जाता है और पाठ्यक्रम तथा शिक्षण विधियों में इनकी आवश्यकताओं के अनुकूल परिवर्तन किए जाते हैं। इन विशिष्ट स्कूलों को चलाने के लिए काफी खर्च आता है। सामान्य स्कूलों में विशिष्ट कक्षाएँ संलग्न करना, जहाँ प्रतिभाशाली बच्चे दिन का एक हिस्सा उन कार्यों को करने में लगाते हैं जो उनकी आवश्यकताओं के लिए अधिक उपयुक्त हैं, भारत की परिस्थितियों में अधिक व्यावहारिक तरीका है।

२. त्वरण का उपयोग

त्वरण का अर्थ है बच्चों की शिक्षा में प्रगति में सामान्य से अधिक तेजी लाना। त्वरण कई प्रकार से लागू किया जा सकता है—

(क) स्कूल में शीघ्र प्रवेश : इसका अर्थ यह हुआ कि प्रतिभाशाली बच्चों को किंडरगार्टन या अपनी कक्षा में उनकी मानसिक विकास की गति के अनुरूप अधिक छोटी आयु में प्रवेश देना। मानसिक आयु का पता बुद्धि परीक्षण द्वारा किया जा सकता है और इसलिए इस कार्य में मनोवैज्ञानिक की आवश्यकता होगी। अध्ययनों में साबित हो चुका है कि प्रतिभाशाली बच्चों का बहुत छोटी उम्र में प्रवेश किसी प्रकार भी हानिकारक नहीं है।

(ख) कक्षाएँ लाँघना : कक्षाएँ लाँघना या दोहरी तरक्की दिलाना शैक्षिक त्वरण का एक दूसरा तरीका है। उदाहरण के लिए एक बच्चा जिसने पहली कक्षा में बहुत अच्छा प्रदर्शन किया है, उसको दूसरी के बजाय तीसरी में चढ़ा दिया जाता है।

(ग) टेलीस्कोपिक ग्रेड्स : यह त्वरण की एक अन्य विधि है। इसमें प्रतिभाशाली छात्र अन्य छात्रों की अपेक्षा अधिक तेजी से आगे बढ़ता है और अपनी कक्षा का कार्य एक वर्ष के स्थान पर तीन से छह महीने में पूरा कर लेता है या दो कक्षाओं का कार्य एक वर्ष में पूरा करता है।

इस विधि में कक्षा के किसी कार्य से वह अछूता नहीं रहता और साथ-ही-साथ औसत बच्चों की गति से काम करने की ऊब से बच जाता है।

त्वरण उन बच्चों के लिए उपयोगी है जिनका शारीरिक, सामाजिक और भावनात्मक विकास भी उनके बौद्धिक विकास का साथ देते हुए आगे है। किंतु वे बच्चे जिनका बौद्धिक विकास उनकी शारीरिक, सामाजिक और भावनात्मक विकास से काफी आगे है, बजाय अपनी आयु से अधिक आयु के बच्चों के साथ, शायद अपने ही आयु वर्ग में ज्यादा ठीक रहेंगे।

पाठ्यक्रम का संवर्धन

संवर्धन का अर्थ है प्रतिभाशाली छात्रों को वे अनुभव प्रदान करना जो नियमित कार्यक्रम के अतिरिक्त है। उदाहरण के लिए अतिरिक्त पठन कार्य दिए जा सकते हैं और सहगामी क्रियाकलापों में भाग लेने के अवसर प्रदान किए जा सकते हैं। दिन के एक भाग में योग्यता के आधार पर बच्चों के समूह बनाकर ऐसे क्रियाकलापों में भाग लेने की छूट दी जा सकती है जो उनकी रुचियों के अनुकूल हो।

संवर्धन का यह भी अर्थ होगा कि जिनकी विशिष्ट प्रतिभा खेल, कला, संगीत, नाटक, सृजनात्मक लेखन, समस्या समाधान और सामाजिक नेतृत्व में है, उनको विशेष अवसर प्रदान करना। इसमें यह बात भी शामिल है कि बच्चे के सामने प्रदर्शन के उच्च मापदंड रखे जाएँ और उनको स्वतंत्र रूप से कार्य करने और सृजनशील होने के लिए प्रोत्साहित किया जाए।

शिक्षकों का क्या योगदान हो सकता है

1. प्रतिभाशाली बच्चे अधिक तेजी से सीखते हैं और इसलिए उनको बार-बार दोहराने की कम आवश्यकता होती है। अधिक बल पठन और समस्या समाधान पर दिया जाना चाहिए।
2. केवल तथ्य और सूत्र प्रस्तुत करने की बजाय शिक्षकों को सूत्र के पीछे कारणों की विवेचना करनी चाहिए, क्योंकि बच्चों की समस्याओं को समझने में दिलचस्पी होती है और वे स्वयं निष्कर्षों पर पहुँचना चाहते हैं। शिक्षकों को इस बात के लिए भी तैयार रहना चाहिए और बुरा नहीं मानना चाहिए, यदि वे बच्चे उसकी सभी बातों को स्वीकार न करें और शंकाएँ उठाएँ, क्योंकि जब तक बात उन्हें तर्कसंगत नहीं लगती और उसके सही हाने के वे कायल नहीं होते वे उसे स्वीकार नहीं करते।
3. ये बच्चे अपना नियत कार्य अन्य बच्चों की अपेक्षा अधिक शीघ्र पूरा कर लेते हैं, इसलिए शिक्षक इन्हें कठिन नियत कार्य दें, जिसमें सोचने और समस्या समाधान की आवश्यकता पड़े। इस तरह कार्य के प्रति उनकी दिलचस्पी बनी रहती है।
4. प्रतिभाशाली बच्चों का अधिकतर शब्द-भंडार बहुत बड़ा होता है और शाब्दिक योजना अधिक होती है। उन्हें स्वेच्छा से वार्त्तालाप, विचार विनिमय और सर्जनात्मक लेखन द्वारा खुद को अभिव्यक्त करने के लिए प्रोत्साहित करना चाहिए।

5. क्योंकि इन बच्चों का प्रेक्षण बहुत तीक्ष्ण होता है, ये परिवेश में बहुत सी बातें देखते हैं, अनेक प्रश्न पूछते हैं और जानकारी प्राप्त करने का प्रयास करते हैं। जब ये पढ़ने की योग्यता प्राप्त कर लेते हैं, ये अन्य की अपेक्षा बहुत अधिक पढ़ते हैं। इनके पास विभिन्न विषयों पर बहुत सी जानकारी होती है। इस जानकारी का नियत कार्य और कक्षा की चर्चा में उपयोग में लाने के लिए शिक्षकों को इन्हें प्रोत्साहित करना चाहिए। उन्हें यदि केवल पाठ्य-पुस्तकों तक सीमित रखा गया तो वे पढ़ाई में रुचि गँवा देंगे।
6. प्रतिभाशाली बच्चों में तीव्र कौतूहल होता है। वे वस्तुओं को देखना, छूना, सुनना और उठाना पसंद करते हैं। वे विभिन्न घटनाओं के पीछे कारणों का पता लगाना चाहते हैं। उदाहरण के लिए 'सूरज पूरब से क्यों निकलता है? मौसम क्यों बदलते हैं?' इत्यादि।

   वे अपने कौतूहल का उपयोग कारण और प्रभाव के संबंधों का पता लगाने में, कल्पनाशील क्रियाकलापों में, विभिन्न प्रकार की सामग्री लेकर छानबीन और प्रयोग करने में तथा दिन-प्रतिदिन के क्रियाकलापों के द्वारा विज्ञान पढ़ने में कर सकते हैं। इसके लिए एक क्रियाप्रधान कार्यक्रम बनाना होगा जिसमें अवलोकन द्वारा सक्रिय भाग लेना, वस्तुओं का उपयोग करने के अवसर, रचनात्मक क्रियाकलाप, भ्रमण के लिए जाना और शिक्षकों तथा अन्य छात्रों से विचार-विनिमय ये सब शिक्षण अनुकूल परिस्थिति के आवश्यक अंग हैं।
7. प्रतिभाशाली बच्चों में विविध रुचियाँ होती हैं, अधिकतर बौद्धिक क्षेत्र में। शिक्षकों को चाहिए कि जहाँ संभव हो इन रुचियों को कक्षा की पढ़ाई से जोड़ें। कक्षा का कार्य समाप्त होने पर, कभी-कभी बच्चों को अपनी रुचि के अनुरूप कार्य करने देना चाहिए। इससे उन्हें अपनी रुचियों को विकसित करने में प्रोत्साहन मिलेगा।
8. अधिकतर प्रतिभाशाली बच्चों के साथ काम करना सरल होता है और वे अन्य बच्चों में काफी लोकप्रिय होते हैं। किंतु यदि उन्हें अपनी सृजनात्मक योग्यता, विशिष्ट प्रतिभा और बौद्धिक संभावनाओं को विकसित करने के अवसरों से वंचित रखा गया तो वे कुंठित महसूस करेंगे और उसके काण व्यवहार की समस्याएँ पैदा हो सकती हैं।
9. अनेक प्रतिभाशाली बच्चों में यह प्रवृत्ति होती है कि वे अपने प्रदर्शन से असंतुष्ट रहते हैं और अपने कार्य में उन्हें बहुत कमियाँ दिखाई देती हैं।

शिक्षकों को, इन बच्चों को अपने कार्य के प्रति, यदि उन्होंने सर्वोत्तम प्रयास किया है, संतोष अनुभव करने में मदद करनी चाहिए। उन्हें यह समझने में मदद करनी चाहिए कि पूर्णता विकास और अनुभव के साथ आएगी तथा उन्हें अपनी तरफ से सर्वोत्तम प्रयास करते रहना चाहिए।

10. अधिकतर प्रतिभाशाली बच्चे सृजनात्मक योग्यता प्रदर्शित करते हैं। हमें इन बच्चों के सृजनात्मक व्यवहार के लक्षणों की ओर ध्यान देना चाहिए और इन योग्यताओं के विकास के लिए रचनात्मक अवसर देना चाहिए।

हमारा शिक्षण केवल तथ्य और विचार प्रस्तुत करने के लिए ही नहीं है, इससे तर्क को प्रोत्साहन मिलना चाहिए।

□

अल्पार्जक छात्र

शिक्षक और माता-पिता अकसर यह कहते सुने जाते हैं—राजदीप तेज और बुद्धिमान है। पता नहीं स्कूल में उसके अंक इतने कम क्यों आते हैं या रूपा अगर कोशिश करती और पढ़ाई में रुचि लेती तो कहीं अच्छा कार्य कर सकती थी। उसमें योग्यता है, किंतु स्कूल की पढ़ाई में सफल होने की इच्छा नहीं है।

इस प्रकार की टिप्पणियाँ दरशाती हैं कि हममें से बहुत से लोग इस बात को जानते हैं कि कई स्कूली बच्चे, उनकी बौद्धिक क्रियाशीलता के स्तर से जितनी अपेक्षा की जा सकती थी, उससे काफी निचले स्तर पर प्रदर्शन करते हैं। न केवल असफल होनेवालों का प्रतिशत बहुत अधिक है, बल्कि जो किसी प्रकार पास भी हो जाते हैं, उनमें काफी ऐसे होते हैं जो अपनी क्षमता से कम अंक लाते हैं। इसे अल्पार्जकता कह सकते हैं। यह आवश्यक है कि अल्पार्जक छात्रों का पता शुरू से ही लगाया जाए और पढ़ाई में प्रगति के लिए उनकी मदद की जाए।

अल्पार्जकता का अर्थ है कि छात्र का शैक्षिक निष्पादन एक निश्चित मानक के नीचे है। यह मानदंड प्रदर्शन का यह स्तर है जिसकी अपेक्षा संभावित योग्यता के आधार पर की जा सकती है। एक बच्चे को अल्पार्जक माना जाता है अगर उसका प्रदर्शन उसकी बुद्धि के अनुरूप न होकर उससे सार्थक रूप से नीचे हो। अल्पार्जकता की विस्तृत अवधारणा के अंतर्गत वे बच्चे भी आते हैं जो बुद्धि को छोड़कर किसी अन्य क्षेत्र में अच्छी संभावनाएँ रखते हैं, किंतु इनका समुचित उपयोग नहीं कर रहे हैं।

जॉन होल्ट के अनुसार इसका एक तीसरा पक्ष है। वे कहते हैं, कुछ थोड़े से बच्चों को छोड़कर जो अच्छे छात्र हो सकते हैं या न भी हों, एक अर्थ में, जो महत्त्वपूर्ण है, सभी बच्चे असफल होते हैं। यह असफलता इस बात में है कि

सीखने, समझने और निर्माण करने की जितनी प्रचुर क्षमता को लेकर वे पैदा होते हैं और जिसका पूरा उपयोग अपने जीवन के प्रथम दो या तीन वर्षों में वे करते हैं, बाद में उस क्षमता के बहुत छोटे भाग से अधिक को वे विकसित नहीं कर पाते।

अल्पार्जक कौन हैं?

अल्प क्रियाशील श्रेणी में वे बच्चे आते हैं—

1. जिनकी बुद्धि श्रेष्ठ है, किंतु स्कूल के विषयों में निष्पादन औसत ही है।
2. जो औसत बुद्धि के हैं, किंतु जिनका प्रदर्शन आयु के अनुसार जितनी अपेक्षा की जा सकती है, उससे कम है और जो अधिक प्रगति करते नहीं दिखाई देते।
3. मंद और धीमे शिक्षार्थी जो अपनी क्षमता के अनुरूप पढ़ाई नहीं कर रहे और जिनमें प्रगति करने की क्षमता है।

ऊपर दिए गए समूहों के अलावा अल्पार्जक बच्चों की एक और श्रेणी होती है जो बौद्धिक क्षेत्र को छोड़कर अन्य क्षेत्रों में अत्यंत प्रतिभावान और सृजनात्मक होते हैं, किंतु जो अपनी प्रतिभा एवं सृजनात्मक शक्तियों को पूरी तरह विकसित नहीं कर पाए हैं। एक अन्य श्रेणी उन बच्चों की है जिनका बचपन प्रतिकूल परिस्थितियों में गुजरा, जहाँ प्रेरणा की कमी थी और इस कारण से बुद्धि परीक्षा में कम अंक प्राप्त करते हैं। स्कूल की परिस्थितियों में वे अकसर असफल होते हैं, क्योंकि भूल से उन्हें मंद मान लिया गया है, उन्हें अपने प्रदर्शन में प्रगति करने के लिए अवसर और परामर्श नहीं मिलता। इन सभी बच्चों को अपनी कठिनाइयों को दूर करने के लिए और अपनी संभावनाओं को अधिक-से-अधिक उजागर करने के लिए विशिष्ट सहायता एवं परामर्श की आवश्यकता होती है।

अल्पार्जकता का प्रतिशत

भारत में एक संस्था से दूसरी संस्था में मापदंडों में इतना अंतर है कि जिसे हम एक स्कूल में संतोषजनक मानक मानते हैं वही दूसरे स्कूल में अपर्याप्त माना जाता है। इसलिए देश भर में अल्पार्जक छात्रों के प्रतिशत का पता लगाना कठिन है। पश्चिमी देशों में कम-से-कम चार से पाँच प्रतिशत पिछड़े या असफल होनेवाले बच्चे औसत या श्रेष्ठ बुद्धि के होते हैं। भारत में अल्पार्जक का प्रतिशत कहीं अधिक है। इस वैज्ञानिक और तकनीकी युग में इन बच्चों का, जिन्हें हम अल्पार्जक

कहते हैं, असफल शिक्षाविदों के लिए गंभीर चिंता का विषय है। सवाल है कि बच्चे, जब उनके पास स्कूल के पाठ्यक्रमों से लाभान्वित होने की आवश्यक स्तर से अधिक क्षमता है, तब वे कुछ विशिष्ट विषयों में या सामान्यतया सभी विषयों में क्यों असफल होते हैं। जाहिर है कि स्कूल में सफलता के लिए बुद्धि के अलावा भी कुछ अन्य गुण चाहिए। कुछ अन्य कारक हैं जिनका स्कूल की सफलता या असफलता पर विशेष प्रभाव पड़ता है।

स्कूल में सफलता के कारण

अल्पार्जकता की समस्या को अधिक अच्छी तरह से समझने के लिए हमें यह जानना चाहिए कि कौन से कारक हैं जो स्कूल के प्रदर्शन में योग देते हैं या प्रभावित करते हैं। एक बच्चे का स्कूल की पढ़ाई में प्रदर्शन केवल उसकी आनुवंशिक बौद्धिक क्षमता पर निर्भर नहीं करता। यह उसके व्यक्तित्व के गुणों के अलावा उसकी प्रेरणा, अध्ययन की आदतों, उसके शिक्षकों के साथ संबंध, उसकी परिवेश में रुचियों का विस्तार, उसकी भावनात्मक स्थिरता, उसकी स्कूल के प्रति अभिवृत्ति, उसकी आकांक्षाओं के स्तर पर निर्भर करता है। यह सब सही प्रकार के मार्गदर्शन के महत्त्व को दरशाता है, जो बच्चे, उसके माता-पिता और उसके शिक्षकों को भी मिलना चाहिए।

अल्पार्जकों के लिए विशिष्ट शिक्षा और मार्गदर्शन के कार्यक्रम की योजना बनाने के लिए हमें उन कारकों के बारे में, जो अल्पार्जकता से संबंधित हैं या उनके कारण हैं, जानना चाहिए। इन कारकों को अलग-अलग करना आसान नहीं है। इसका एक कारण तो यह है कि बहुत कम ऐसा होता है कि एक ही कारक या परिस्थिति से अल्पक्रियाशीलता या शैक्षिक पिछड़ापन उत्पन्न हो। अधिकतर यह बहुत सी दुर्भाग्यपूर्ण परिस्थितियों का सम्मिलित प्रभाव होता है।

दूसरा, हम अकसर यह नहीं बता सकते किसे कारण कहा जाए और किसे परिणाम। उदाहरण के लिए कुछ मामलों में भावनात्मक असंतुलन के कारण असफलता हो सकती है। अन्य क्षेत्रों में सफलता के कारण भावनात्मक संतुलन बिगड़ सकता है। तीसरा, सीखने की कठिनाइयों के पीछे जो कारण हैं वे कभी-कभी सूक्ष्म होते हैं और उनका पता नहीं लगता। इसलिए, निदान और उपचार के लिए विशेषज्ञ की सहायता की आवश्यकता होगी।

व्यक्तित्व से संबंधित कारक

(क) शारीरिक कारक

शारीरिक कारक जैसे कमजोर शारीरिक गठन, सामान्य अक्षमता, लगातार बीमारी, शक्ति की कमी इत्यादि के कारण बच्चे को विकास करने में परेशानी होती है। शारीरिक कमजोरियाँ, सुनने और देखने के दोष, गंभीर बीमारियाँ या ग्रंथियों का सही कार्य न करना बच्चे के शैक्षिक प्रदर्शन पर प्रतिकूल प्रभाव डाल सकते हैं।

(ख) बौद्धिक कारक

बौद्धिक कारकों के अंतर्गत संज्ञानात्मक क्रियाशीलता की कोई विशिष्ट दुर्बलता होती है। उदाहरण के लिए दृश्य या श्रव्य को समझने में अक्षमता या दृश्य या श्रव्य स्मृति में कमजोरी, ध्यान केंद्रित न करना, किसी विशिष्ट विषय के लिए दक्षता का अभाव, उत्सुकता और सीखने के लिए उत्कंठा का अभाव, प्रारंभिक सीखने की अक्षमता, प्रत्यक्ष ज्ञान की कमजोर पृष्ठभूमि—ये सब शैक्षिक प्रगति को धीमा करते हैं।

(ग) भावनात्मक कारक

वैयक्तिक गुण जिनमें स्वभाव, भावनात्मक असुरक्षा और भावनात्मक अपरिपक्वता (प्रारंभिक अनुभवों के कारण), अत्यधिक चिंता और तनाव, अभिरुचि तथा प्रेरणा का अभाव, अकारण डर, अत्यधिक संकोच इत्यादि सम्मिलित हैं, ये सब कमजोर प्रदर्शन से संबंधित हैं। भावनात्मक और सामाजिक असंतुलन का शैक्षिक प्रदर्शन से गहरा नाता है। कुछ मामलों में भावनात्मक असंतुलन स्कूल की असफलता का कारण होता है।

परिवार से संबंधित कारक

(क) भौतिक परिस्थितियाँ

घर की प्रतिकूल परिस्थितियाँ और आवश्यक सुविधाओं की कमी बच्चे की स्कूल की प्रगति में बाधा डाल सकती हैं। इनके अलावा गरीब परिवारों में पारिवारिक आय की पूर्ति करने के लिए बच्चे को स्कूल के पहले और स्कूल के बाद कार्य करना पड़ता है। इसका बोझ बच्चे पर पड़ेगा और उसकी पढ़ाई पर प्रतिकूल असर पड़ेगा।

(ख) परिवार का भावनात्मक माहौल

परिवार का प्रतिकूल माहौल जो तनाव, चिंता, घबराहट और परिवार के सदस्यों के बीच कलह से भरा हो, बच्चे के प्रदर्शन को भौतिक और आर्थिक कमियों से कहीं अधिक नुकसान पहुँचाता है, माता और पिता के बीच, माता-पिता और बच्चे के बीच तथा भाई-बहन के बीच कटुता का संबंध और बच्चों को अनुशासित करने की असंयत एवं अनिश्चित विधियाँ अल्पार्जकता के महत्त्वपूर्ण कारण हैं।

(ग) बौद्धिक माहौल

माता-पिता का बच्चे के स्कूल के कार्य में रुचि न लेना और प्रोत्साहन का अभाव व घर का प्रेरणाहीन माहौल शैक्षिक पिछड़ेपन का महत्त्वपूर्ण कारक है। माता-पिता के शैक्षिक स्तर, ज्ञान प्राप्ति को जो महत्त्व देते हैं, उनके अपने आप के लिए और अपने बच्चों के लिए लक्ष्यों, आकांक्षाओं और अभिलाषाओं का बच्चे की स्कूली पढ़ाई से गहरा नाता है। इन पर निर्भर करते हैं अनुभव जो बच्चों को प्रदान किए जाते हैं, भाषा का नमूना जो माता-पिता प्रस्तुत करते हैं, जनसंचार के माध्यम जिनके संपर्क में बच्चा आता है और शैक्षिक कार्यों में जो मदद उसे मिलती है। माता-पिता की सांस्कृतिक रुचियाँ, उनकी जाति और धार्मिक विश्वास का भी पढ़ाई पर प्रभाव पड़ता ही है।

स्कूल की परिस्थितियाँ

स्कूल का प्रेरणाविहीन माहौल, भौतिक सुविधाओं की कमी, कक्षाओं में छात्रों की अत्यधिक संख्या, निम्न कोटि की पाठ्य-पुस्तकें, सहायक सामग्री का अभाव—इन सबसे बच्चे पढ़ाई से ऊब जाते हैं और उन्हें लगता है कि कोई उनकी परवाह नहीं कर रहा। स्कूल में अनियमित उपस्थिति, स्कूल को बार-बार बदलना, शिक्षक-छात्र और छात्र-छात्र संबंधों का असंतोषजनक होना, अनुपयुक्त शिक्षण विधियाँ, प्रेरणा का अभाव, शिक्षा में मार्गदर्शन का अभाव और स्वयं पढ़ने की कुशलता के लिए तैयारी की कमी—ये सब सामान्यतया कमजोर शैक्षिक प्रदर्शन की जड़ में हैं।

समुदाय के कारक

पड़ोस के सामाजिक समूहों के मानक और मूल्य बच्चों की रुचियों एवं प्रदर्शन पर प्रभाव डालते हैं। माता-पिता का सामाजिक स्तर बच्चों की स्कूल के क्रियाकलापों के प्रति अभिवृत्तियों, आकांक्षाओं का स्तर और आत्म धारणा को प्रभावित करता है।

संभव है कि बच्चे की क्षमता और योग्यता की ओर ध्यान दिए बिना पारिवारिक परंपरा और सामाजिक पृष्ठभूमि ही उसके पेशे को निर्धारित कर दें। इसका पढ़ाई के प्रति प्रेरणा पर प्रतिकूल प्रभाव पड़ सकता है।

मनोरंजन के साधन, पुस्तकालय की सुविधा और समुदाय द्वारा अन्य सुविधाएँ भी बच्चे के प्रदर्शन को प्रभावित करती हैं।

माता-पिता का तबादला

एक क्षेत्र से दूसरे क्षेत्र में माता-पिता के तबादले से बच्चों का स्कूल बदल जाता है। भाषा और सांस्कृतिक परिवर्तन के कारण सामंजस्य की समस्या उत्पन्न हो जाती है और बच्चे की शैक्षिक प्रगति में रुकावट आ जाती है।

कठिनाइयों का निदान

जब हम किसी विशिष्ट मामले में अल्पार्जकता के कारणों का पता लगाने का प्रयास कर रहे हों, तब हमें छात्र के व्यक्तित्व की खूबियों, उसका व्यवहार, उसका भावनात्मक और सामाजिक सामंजस्य, उसके कार्य करने की आदतें और अभिवृत्तियाँ, उसका स्वास्थ्य और तंत्रिका संबंधी कमियाँ यदि हों, उसकी ध्यान केंद्रित करने की क्षमता, सीखने के लिए उसकी प्रेरणा, उसका स्कूल की शिक्षा के लिए तत्परता का स्तर और उसकी अभिरुचियों पर विचार करना होगा। उसके परिवेश में भौतिक सुविधाएँ, घर का भावनात्मक और बौद्धिक वातावरण और बच्चे पर उसका प्रभाव, पड़ोस का प्रभाव, जिसमें साथियों और समुदाय के प्रभाव सम्मिलित हैं और उपकरण, भौतिक साधन सुविधाओं का उपलब्ध होना, पाठ्य-पुस्तकों और सहायक सामग्री की गुणवत्ता एवं मानदंड, समय सारणी और उसकी उपयुक्तता, कक्षा में छात्रों की संख्या, सृजनात्मक और मनोरंजक क्रियाकलापों की व्यवस्था, इत्यादि पर ध्यान देना होगा।

स्कूल के कुछ अन्य महत्त्वपूर्ण कारक जिनका अध्ययन करने की आवश्यकता है, वे हैं शिक्षक के व्यक्तित्व की खूबियाँ, शिक्षक-छात्र संबंध, शिक्षण विधियाँ और मुख्य बातें जिन पर बल दिया जा रहा है और विभिन्न बौद्धिक स्तर के छात्रों के लिए पाठ्यक्रम की उपयुक्तता। चूँकि प्रत्येक मामले में कारकों का सम्मिश्रण अलग-अलग होगा, इसलिए प्रत्येक मामले का अलग से निदान करना होगा।

अल्पार्जकों का पता लगाने में शिक्षक की महत्त्वपूर्ण भूमिका है, क्योंकि जहाँ तक शैक्षिक कार्य का संबंध है, वह उनके निकट के संपर्क में आता है। न केवल उसे

अल्पार्जकता के निदान में मदद करनी है, बल्कि उसे प्रत्येक मामले को भी समझना है। इसके लिए, उसे कुछ समय तक विभिन्न परिस्थितियों में बच्चों का सावधानी से अवलोकन करना है।

उसे बच्चे के अभिलेख का अध्ययन करके उसमें से संबद्ध जानकारी निकालनी चाहिए जिससे बच्चे के विकास और स्वास्थ्य के पूर्ववृत्त का पता लग सके। इसके अलावा उसे माता-पिता से जानकारी एकत्रित करनी चाहिए और इस जानकारी की पूर्ति घर की परिस्थितियों के अपने अवलोकन से करनी चाहिए। उसे अन्य शिक्षकों और बच्चे के सहपाठियों से भी जानकारी एकत्रित करनी चाहिए। यह सब जानकारी बच्चे के शैक्षिक अभिलेख के साथ स्कूल के परामर्शक को देनी चाहिए और उससे यह अनुरोध करना चाहिए कि बच्चे को निर्धारित बुद्धि तथा निष्पत्ति परीक्षण दिए जाएँ और बाद में विभिन्न विषयों में निदानात्मक परीक्षण। इससे अल्पार्जकता की सीमा का और साथ-ही-साथ सीखने की विशेष कठिनाइयों का भी पता चल सकेगा। परामर्शक अल्पार्जक के व्यक्तित्व के गुणों का अध्ययन करके उसकी आवश्यकता के अनुरूप समाधान के उपाय कर सकता है।

छोटे बच्चों के शिक्षक को बच्चों में अच्छी आदतों और अभिवृत्तियों की बुनियाद डालने की कोशिश करनी चाहिए। उन्हें बच्चों का सावधानी से अवलोकन करने और सुनने, जो कार्य कर रहे हैं उस पर ध्यान देने, विचार करने और ध्यान केंद्रित करने में मदद करनी चाहिए।

एक शिक्षक को बच्चों को सामान्य बुद्धि के विकासात्मक कार्यों को पूरा करने में भावनात्मक सहारा देना चाहिए। उसे उन बाधाओं को भी जानना चाहिए जिनका सामना बच्चों को करना पड़ता है।

यह शिक्षक का दायित्व है कि बच्चों के तनावों के लिए खेल, नाटक और आत्म अभिव्यक्ति के क्रियाकलापों और सृजनात्मक कार्यों के द्वारा विकास का मार्ग प्रस्तुत कर सके।

शिक्षक को कक्षा में भावनात्मक सुरक्षा के ऐसे वातावरण का निर्माण करना चाहिए जिसमें बच्चे खुलकर दिल की बात कह सकें। कक्षा एक ऐसा स्थान हो जहाँ उन्हें लगे कि सभी उन्हें स्नेह करते हैं और जहाँ उनको सीखने में इस बात का डर नहीं लगे कि कहीं उनसे कोई गलती न हो जाए।

शिक्षकों को अल्पार्जक छात्र को एक विशिष्ट व्यक्ति के रूप में स्वीकार करना चाहिए और उसकी विशेष आवश्यकताओं की पूर्ति के लिए प्रयास करना चाहिए।

□

छात्रों के कार्य का आकलन कैसे करें

कभी-कभी ऐसा प्रतीत होने लगता है कि शिक्षक छात्रों को अधिक पढ़ाने की जगह छात्रों की कॉपियाँ जाँचने में समय लगाता है, ऐसा करना बुरी बात नहीं है, अगर शिक्षक की नसीहत से छात्र लाभान्वित होते रहें। नीचे बताए गए सूत्रों को अपनाकर आप छात्रों के कार्य का प्रभावशाली तरीके से आकलन कर सकते हैं—

पता लगाएँ कि आप किस बात का आकलन करना चाहते हैं—कई बार छात्रों के कार्य का आकलन करने के लिए अधिक समय खर्च करने की जरूरत नहीं पड़ती। उदाहरण के तौर पर किसी विषय के बारे में छात्रों की राय जानने के लिए आपको लंबा निबंध पढ़ने की जरूरत नहीं है। निबंध के मुख्य बिंदुओं पर नजर दौड़ाकर ही आप छात्र के विचार का जायजा ले सकते हैं। ऐसा करने से जहाँ छात्रों का समय बचेगा, वहीं आपको भी जाँच करने में आसानी होगी।

तैयारी करें और अंक देने की योजना के बारे में बताएँ—छात्रों के आकलन कार्य की तैयारी करते समय पहले से ही अंक देने की योजना भी बना लें और छात्रों को स्पष्ट रूप से बता दें कि उन्हें किस आधार पर अंक दिए जाएँगे। जब छात्रों को मालूम रहेगा कि आकलन की प्रक्रिया किस तरह पूरी की जाएगी तो वे अधिक सावधानी के साथ अपने कार्य को पूरा करेंगे।

छात्रों को आकलन की विधि तैयार करने दें—समय-समय पर छात्रों को स्वयं ही आकलन की विधि और अंक देने की शर्तें तय करने के लिए प्रोत्साहित करें। छात्रों के सुझावों को अहमियत देते हुए उनके कार्यों का आकलन करते समय अच्छे सुझावों पर अमल करें।

ऐसा कार्य तैयार करें जिसका आकलन करना आसान हो—छात्रों के

कार्य को अंक देने की प्रक्रिया को आसान बनाकर आप समय और ऊर्जा की बचत कर सकते हैं। उदाहरण के तौर पर छात्रों के लंबे निबंधों को पढ़कर अंक देने की जगह मुद्रित प्रश्नावली वाले कागज को पढ़कर अंक देना अधिक आसान हो सकता है।

स्पष्ट रिकॉर्ड रखें—आकलन के आधार पर छात्रों के प्रदर्शन का आप नियमित रूप से जायजा ले सकते हैं। इस तरह का रिकॉर्ड आपके पास रहेगा तो पढ़ाई में पिछड़ रहे छात्रों की पहचान आसान होगी, इसके अलावा छात्रों के माता-पिता के साथ बातचीत करते समय भी इस तरह के रिकॉर्ड उपयोगी साबित होंगे।

अपनी टिप्पणी के लिए जगह रखें—उदाहरण के तौर पर आप छात्रों से टिप्पणी के लिए कागज पर पर्याप्त हाशिया छोड़कर लिखने के लिए कह सकते हैं या प्रत्येक पृष्ठ पर नीचे की तरफ 'टिप्पणी की जगह' पेंसिल से घेरने के लिए कह सकते हैं।

आकलन करने के बाद कॉपी छात्रों को लौटाते समय उनके जज्बातों का ध्यान रखें—याद रखें कि अंक दिए जाने के बाद कॉपी वापस लेते समय छात्र अत्यंत भावुक होते हैं। कॉपी पर लिखी गई उसकी टिप्पणी को पढ़कर उनके भीतर भावनात्मक किस्म की प्रतिक्रिया हो सकती है।

अंक की अहमियत को याद रखें—जब आप छात्र को अंक या ग्रेड देते हैं तो उनके लिए उसका काफी महत्त्व होता है और उसी के आधार पर आपकी टिप्पणी को पढ़कर उनके मन में प्रतिक्रिया पैदा होती है। अगर अंक ज्यादा हों तो वे आपकी टिप्पणी को नजरअंदाज कर सकते हैं। अगर अंक अपर्याप्त होंगे तो हताश होकर वे आपकी टिप्पणी को पढ़ने की जरूरत महसूस नहीं करेंगे। तय कर लें कि क्या अंक देना उचित रहेगा या पहले टिप्पणी देकर अंक के बारे में बाद में निर्णय लेना ठीक रहेगा।

□

ठीक से नहीं पढ़ पानेवाले छात्र की मदद कैसे करें

जो छात्र ठीक से पढ़ नहीं पाते, उनकी सहायता करना शिक्षक को चुनौती की तरह लगता है। खास तौर पर जिस शिक्षा प्रणाली के तहत छात्र के लिखने और पढ़ने की क्षमता के आधार पर उसकी योग्यता का आकलन किया जाता है, शिक्षक का दायित्व और भी बढ़ जाता है। नीचे कुछ सुझाव दिए गए हैं जिन्हें आजमाकर संतुलन कायम करने की कोशिश की जा सकती है।

जो लिखें उसे बोलें भी—जब छात्रों को कोई कार्य दें तो उन्हें लिखित रूप से कार्य देते हुए मौखिक रूप से हिदायत देना न भूलें। स्पष्ट कर दें कि अगर किसी छात्र को समझने में परेशानी हो रही है तो आप अपनी बात को दोहराने के लिए तैयार हैं।

पता लगाएँ कि किसे मदद की जरूरत है—ऐसे छात्रों की पहचान करें जिन्हें लिखते समय कठिनाई का सामना करना पड़ता है। ऐसे छात्रों के लिए विशेषज्ञों की सहायता मुहैया करवाने का प्रयास करें।

अपनी भाषा का ध्यान रखें—लिखित कार्य और निर्देशावली देते वक्त यथासंभव छोटे-छोटे वाक्यों का प्रयोग करें। कई बार लंबे, जटिल निर्देशों को समझ न पाने के कारण भी छात्रों को लिखने की समस्या का सामना करना पड़ता है। किसी विषय से संबंधित शब्दावली का प्रयोग करते समय ध्यान रखें कि प्रत्येक छात्र को उन्हें समझने में कठिनाई न हो।

पढ़ने की दक्षता पर आकलन की पद्धति को निर्भर न करें—आकलन की पद्धति को बीच-बीच में बदलते रहें। इस तरह केवल लिखने की दक्षता पर ही

छात्रों की सफलता निर्भर नहीं रह जाएगी। मौखिक सवाल-जवाब की पद्धति का इस्तेमाल करते हुए छात्रों की योग्यता का आकलन भी करें।

कुछ ऐसे कार्यों का प्रयोग करें जिसके लिए लिखने की दक्षता महत्त्वपूर्ण न हो—छात्रों को ऐसे कार्य और अभ्यास दें जिनके लिए उन्हें लिखने की दक्षता पर निर्भर नहीं करना पड़े। जब जरूरत समझें तो लिखने की समस्या से जूझ रहे छात्र की विशेष रूप से सराहना करें और उसके उत्साह को बढ़ाएँ।

छात्र के आत्मविश्वास को मजबूत बनाने में मदद करें—लिखने की समस्या का सामना करनेवाले छात्र के मन में इस तरह का विचार नहीं पनपने दें कि वे 'मानसिक रूप से कमजोर' या 'अयोग्य' हैं। हमेशा ध्यान रखें कि यह महज बौद्धिक दक्षता का एक क्षेत्र है जिसमें वे पिछड़े हुए हैं और अन्य क्षेत्रों में उनके पास विशेष प्रतिभा हो सकती है।

उच्चारण के मामले में भी सहायता करें—जिन छात्रों को लिखने की समस्या होती है उन्हें अकसर उच्चारण की समस्या का भी सामना करना पड़ता है। ऐसी शब्दावली का चयन करें जिनकी सहायता से छात्र ठीक से उच्चारण कर सके।

आत्मविश्वास और प्रेरणा पाने के लिए छात्रों की मदद करें—लिखित शब्दों को समझने में जिन छात्रों को परेशानी का सामना करना पड़ता है, उनके साथ अतिरिक्त समय गुजारें। कई बार उन्हें कठिनाइयों से उभरने के लिए प्रोत्साहन और आत्मविश्वास की जरूरत होती है।

व्याख्या करने के लिए सदैव तत्पर रहें—लंबे वाक्यों या निर्देशों को सरल वाक्यों में समझाने के लिए हमेशा अपने वाक्य की शुरुआत 'इसका असली अर्थ है' से करें। छात्रों को अलग-अलग अर्थों के बीच तुलना करने के लिए प्रोत्साहित करें।

□

गणित में कमजोर छात्र की मदद कैसे करें

कई लोग (जिनमें शिक्षक भी शामिल होते हैं) बचपन के उन अनुभवों को याद करते हैं कि किस तरह स्कूल में गणित उन्हें एक नीरस विषय महसूस होता था, लेकिन इस तरह की सोच के कारण संख्या या बीजगणित से जुड़ी हर चीज के प्रति एक किस्म का मानसिक अवरोध पैदा हो सकता है। संभवत: गणित एक ऐसा कठिन विषय है जिसे अच्छी तरह पढ़ाने की जरूरत होती है। नीचे कुछ सूत्र दिए गए हैं जिनकी सहायता से गणित में कमजोर छात्रों की मदद की जा सकती है। गणित को कभी-कभी रोचक और सरल बनाने की कोशिश करें। कल्पना और उपयोगी पुस्तकों का इस्तेमाल करते हुए गणित के प्रति छात्रों के मन में आकर्षण का भाव पैदा किया जा सकता है—

इस बात को स्वीकार करें कि संख्या को समझना आसान नहीं होता— संख्याओं को किसी वाक्य की तरह पढ़ा नहीं जा सकता न ही लंबे समय तक उन्हें सुना जा सकता है। जब छात्रों को कठिनाई हो तो इस बात का पता लगाने की कोशिश करें कि क्या उन्हें समस्या उत्पन्न करनेवाले बिंदुओं की सटीक जानकारी है। गणित ईंट जोड़ने की प्रक्रिया की तरह है और जब कोई ईंट गायब हो जाती है तो समूची प्रक्रिया अवरुद्ध हो जाती है।

गलतियों को स्वीकार करें—छात्रों को याद दिलाएँ कि प्रश्न का सही जवाब ढूँढ़ने की तरह गलत जवाब ढूँढ़ना भी उपयोगी साबित हो सकता है, लेकिन गलती के कारण की पहचान करना और उन्हें दूर करने का गुण भी सीखना पड़ेगा। जब छात्र जवाब ढूँढ़ने की सही कोशिश करें तो उनकी सराहना जरूर करें।

गलतियाँ ढूँढ़ने में छात्रों की मदद करें—समय-समय पर ब्लैक बोर्ड पर (या हैंड आउट सामग्री में) 'मेरी गलती ढूँढ़ो' शीर्षक अभ्यास छात्रों को पूरा करने

के लिए दें। छात्रों को पहले से बता दें कि उनसे किस तरह की गलती हो सकती है। ऐसा करने पर छात्र बिना शर्मिंदा हुए ही अपनी गलती को ढूँढ़ने की कोशिश करेंगे।

छात्रों को अभ्यास की अहमियत के बारे में बताएँ—गणित दूसरों को देखकर नहीं बल्कि स्वयं ही सवालों को हल करते हुए सीखा जा सकता है। छात्रों को गणित में पारंगत बनाने के लिए उन्हें ढेर सारे अभ्यास करने के लिए दें।

गति पर अधिक जोर न दें—तीव्रता से सवालों का जवाब ढूँढ़ने पर जोर न दें। जो छात्र पहले धीमी गति से सही जवाब ढूँढ़ सकते हैं वे बाद में अपनी गति बढ़ाने में भी सफल हो सकते हैं। अगर उन पर तुरंत गति बढ़ाने के लिए दबाव डाला जाएगा तो वे गलती भी कर सकते हैं।

व्याख्या के जरिए छात्रों को सीखने का मौका दें—अगर कोई छात्र अपने प्रयत्नों से सही जवाब ढूँढ़ता है तो उसे सबके सामने व्याख्या करने के लिए प्रोत्साहित करें। छात्र इस बात को अच्छी तरह याद रख सकते हैं कि किस तरह उन्होंने अपने बलबूते पर गणित के किसी जटिल सवाल का जवाब ढूँढ़ निकाला।

छात्रों को एक-दूसरे के अनुभव बाँटने के लिए प्रेरित करें—अनौपचारिक टेस्ट और अभ्यास के दौरान छात्रों को एक-दूसरे की उत्तर-पुस्तिकाएँ जाँचने के लिए दे सकते हैं। इस तरह वे गलतियों के प्रति जागरूक हो सकते हैं और गणित की दक्षता में सुधार कर सकते हैं।

□

निबंध लिखने के लिए छात्रों की मदद कैसे करें

कई औपचारिक परीक्षाओं में छात्रों से विभिन्न विषयों पर निबंध लिखने के लिए कहा जाता है। कक्षा की पढ़ाई के दौरान भी छात्रों को निबंध लेखन की दक्षता का विकास करना पड़ता है। नीचे बताए गए सूत्रों को अपनाकर आप छात्रों की मदद निबंध लिखने के लिए कर सकते हैं—

निबंध की रूपरेखा तैयार करने में छात्रों की मदद करें—उन्हें बताएँ कि किस तरह विचारों को एक साथ समेटकर निबंध का रूप प्रदान किया जा सकता है।

शीर्षक के प्रति सावधानी जरूरी है—हम सभी जानते हैं कि कई बार मूल विषय से भटकाव हो जाता है और विषय से अलग बातों को लिखकर निबंध का रूप दे दिया जाता है।

जो जरूरी है उसका विश्लेषण करना छात्रों को सिखाएँ—निबंध के विषय की चर्चा करते हुए छात्रों को क्यों, कैसे, कब, कहाँ आदि शब्दों की अहमियत के बारे में बताएँ। तुलना या परस्पर विरोधी पक्षों का वर्णन करते समय बरती जानेवाली सावधानी के बारे में छात्रों को बताएँ।

छात्रों को बताएँ कि एक अच्छा निबंध लिखने के लिए अभ्यास करना जरूरी है—उन्हें अपने विचारों को कागज पर लिखने के लिए प्रेरित करें और फिर विचारों का क्रम सुधारने के बाद ही निबंध लिखने के लिए कहें।

छात्रों से आकर्षक भूमिका लिखने के लिए कहें—जब हमें पता हो कि हम क्या प्रस्तुत करने जा रहे हैं तभी हम प्रभावशाली भूमिका भी लिख सकते हैं। छात्रों से कहें कि वे अपनी भूमिका देर से लिखें, जब उन्हें पता हो कि उनके निबंध

में किन पहलुओं पर रोशनी डाली गई है।

अभ्यास की उपयोगिता के बारे में छात्रों को बताएँ—निबंध लेखन में पारंगत होने के लिए जरूरी है कि ढेर सारे निबंध लिखे जाएँ या कई निबंधों को लिखने की रूपरेखा तैयार की जाए।

मात्रा कभी गुणवत्ता की बराबरी नहीं कर सकती—छात्रों को बताएँ कि ढेर सारा लिखना ही महत्त्वपूर्ण नहीं होता, बल्कि गुणवत्ता युक्त लेखन करना ही महत्त्वपूर्ण माना जाता है।

छात्रों से अपने निबंध का स्वयं आकलन करने के लिए कहें—कई बार छात्र स्वयं अपने निबंध का आकलन कर अपनी खूबियाँ और खामियों का अच्छी तरह अंदाजा लगा सकते हैं।

छात्रों को समूह में निबंध तैयार करने का मौका दें—ऐसा करने पर छात्रों को एक-दूसरे से सीखने का अवसर मिल पाएगा। ऐसा करने पर आलोचना का सामना किसी छात्र विशेष को नहीं, बल्कि समूची कक्षा को करना पड़ेगा।

□

समूह में सीखने में छात्रों की मदद करें

छात्र एक-दूसरे से बहुत कुछ सीखते हैं, जब कोई छात्र किसी सवाल की सटीक व्याख्या करता है तो दूसरे छात्रों को समझने में आसानी होती है। ज्यादातर छात्र कभी-न-कभी समूह में सीखना पसंद करते हैं। नीचे बताए गए सूत्रों को अपनाकर आप समूह में छात्रों की सीखने में मदद कर सकते हैं—

सामूहिक गतिविधियों को बढ़ावा देने के पक्ष में अपना तर्क छात्रों के समक्ष रखें—छात्रों को बताएँ कि समूह में पढ़ाई करते हुए वे किस तरह लाभान्वित हो सकते हैं।

प्रतियोगिता की जगह सहभागिता को प्रोत्साहित करें—इस तरह की सामूहिक गतिविधियों की योजना बनाएँ जिससे समूह में छात्र मिलकर काम कर सकें और अपनी खूबियों को एक-दूसरे से बाँट सकें।

सीखने की प्रक्रिया में छात्रों को एक-दूसरे की मदद करना सिखाएँ—छात्रों को एक-दूसरे से सवाल पूछने के लिए प्रोत्साहित करें, आप उन्हें व्यावहारिक तौर पर सवाल-जवाब के सही तरीके का प्रशिक्षण भी दे सकते हैं।

छात्रों को एक-दूसरे का आकलन करने के लिए कहें—शुरुआत में आप एक सवाल देकर सभी को एक-दूसरे के जवाब की जाँच करने के लिए कह सकते हैं। बाद में एक-दूसरे का आकलन करने की अलग विधि अपनाई जा सकती है। छात्र एक-दूसरे की उत्तर-पुस्तिका पढ़कर अपनी-अपनी राय दे सकते हैं।

छात्रों को एक-दूसरे को पढ़ाने का मौका दें—जब छात्र किसी दूसरे छात्र को पढ़ाता है तो इस प्रक्रिया में वह स्वयं भी सीखता है।

विभिन्न प्रकार के समूहों का उपयोग करें—सामूहिक क्रियाकलाप के लिए छात्रों का समूह बनाते समय अलग-अलग प्रयोग करें। किसी अवसर पर

दोस्ती के आधार पर छात्रों का समूह बना सकते हैं तो किसी अवसर पर योग्यता के आधार पर समूह बना सकते हैं।

छात्रों की अनुभूतियों का ध्यान रखें—समूह में शामिल छात्रों की अनुभूतियों का ध्यान रखें। अगर दो छात्र एक-दूसरे को नापसंद करते हैं तो उन्हें एक समूह में साथ रखने से कोई फायदा नहीं होगा। जब भी इस तरह की समस्या नजर आए तो समूह के स्वरूप में बदलाव लाएँ।

कोई अकर्मण्य न रहे—समूह की गतिविधियों पर नजर रखते हुए इस बात का ध्यान रखें कि उसका कोई सदस्य अकर्मण्य न बना रहे। समूह की जवाबदेही तय की जा सकती है कि उसके सारे सदस्य को सही जवाब की जानकारी रहेगी और जवाब ढूँढ़ने की प्रक्रिया की भी जानकारी रहेगी।

□

रिवीजन करने में छात्रों की मदद करें

परीक्षा में छात्र के रिवीजन की अवधि की तुलना में रिवीजन की गुणवत्ता की अहमियत ज्यादा होती है। नीचे दिए गए सुझावों पर अमल करते हुए आप प्रभावशाली रूप से रिवीजन करने में छात्रों की सहायता कर सकते हैं।

रिवीजन उपयोगी सामग्री तैयार करें—पूरे पाठ्यक्रम को ध्यान में रखते हुए मुख्य बिंदुओं का निचोड़ तैयार करें (या छात्रों से वैसा निचोड़ तैयार करने के लिए कहें)। आप छात्रों को बता सकते हैं कि इस तरह का निचोड़ बाद में रिवीजन करते समय उपयोगी साबित हो सकता है और उसकी सहायता से कभी भी परीक्षा की तैयारी शुरू की जा सकती है।

छात्रों के समक्ष रूपरेखा स्पष्ट करें—प्रत्येक विषय से संबंधित संक्षिप्त प्रश्नों की सूची तैयार करें और छात्रों को दें। इस तरह वे ऐसे प्रश्नों का उत्तर लिखने का पूर्वाभ्यास कर सकते हैं।

छात्रों से अभ्यास करवाएँ—कक्षा में इस तरह के सामूहिक कार्यक्रम आयोजित करें जिसमें छात्र संक्षिप्त प्रश्नों की सूची के आधार पर एक-दूसरे से प्रश्न पूछें और सही उत्तर देने पर अंक लिखते जाएँ। इस कार्यक्रम के नियम निश्चित करें कि कैसे सवाल का जवाब न देनेवाले छात्र को अंक नहीं दिया जाएगा और अगर प्रश्नकर्ता स्वयं जवाब देता है तो उसे अंक मिल जाएगा।

मानक और संरचना की जानकारी दें—परीक्षा की तैयारी कर रहे छात्रों को पुराने प्रश्न-पत्र उपलब्ध करवाएँ। इस तरह छात्र प्रश्न-पत्र के मानक और संरचना से भलीभाँति परिचित हो पाएँगे।

परीक्षक के दिमाग को भाँपने के लिए अभ्यास करवाएँ—समय-समय पर कोई पुराना प्रश्न-पत्र बाँटकर छात्रों को परीक्षा का अभ्यास करने के लिए

कहें। छात्रों से एक-दूसरे की उत्तर-पुस्तिकाओं की जाँच करने के लिए कहें। ऐसा करते हुए वास्तविक परीक्षा के समान कसौटियों का पालन करें।

छात्रों को सक्रिय रणनीतियाँ अपनाने के लिए प्रेरित करें—छात्रों को बताएँ कि किसी पाठ को बार-बार दोहराना सीखने का धीमा और निष्क्रिय तरीका कहलाता है। रिवीजन तभी कारगर हो सकता है जब छात्र अपनी जानकारी का सही इस्तेमाल करना जानते हैं।

छात्रों को श्रेष्ठ तरीके से सीखने के लिए प्रेरित करें—छात्रों से पूछें कि वे जिस मामले में पारंगत हैं उसे सीखने के लिए उन्होंने कैसी विधि का इस्तेमाल किया था। सतत अभ्यास और गलतियों से सबक लेते हुए उन्हें परीक्षा की तैयारी करने के लिए कहें।

निचोड़ तैयार करने के लिए छात्रों को प्रेरित करें—छात्रों को जरूरी पाठ का निचोड़ तैयार करने के लिए प्रोत्साहित करें। उन्हें यह तय करने में मदद करें कि कौन सा हिस्सा महत्त्वपूर्ण साबित हो सकता है और किस हिस्से को वे नजरअंदाज कर सकते हैं।

रिवीजन की योजना में छात्रों की मदद करें—छात्रों से कहें कि लंबे समय तक रिवीजन करने की जगह छोटे-छोटे कालखंडों में रिवीजन करते रहें। वार्षिक परीक्षा से पहले छात्रों को रिवीजन के लिए समय सारणी बनाने में सहायता करें। छात्रों को बताएँ कि व्यक्ति की एकाग्रता की अवधि संक्षिप्त होती है, इसलिए एक-एक कर रिवीजन करना अधिक असरदायक साबित हो सकता है।

□

खुद पर भरोसा नहीं करनेवाले छात्रों की मदद कैसे करें

वैयक्तिक रूप से आत्मविश्वास सबके लिए महत्त्वपूर्ण होता है। ऐसा मानवीय स्वभाव की भिन्नता के कारण ही होता है कि बहुत सारे छात्र (कभी-कभी अत्यंत जटिल कारणों के चलते) अपने आप पर भरोसा नहीं करते। ऐसा न समझें कि आप पूरी दुनिया के मसले को हल कर देंगे! आपके भी कई छात्र ऐसे होंगे जो खुद पर भरोसा नहीं करते। कई बार आप केवल शिक्षण पर ध्यान केंद्रित करने की बात सोचेंगे और ऐसी समस्याओं को टालने की कोशिश करेंगे, लेकिन यहाँ कुछ सूत्र बताए जा रहे हैं जिन्हें आजमाकर आप कमजोर आत्मविश्वासवाले छात्रों की सहायता कर सकते हैं—

सफलता के अवसरों में वृद्धि करें—खुद को याद दिलाने की कोशिश करें कि किस तरह सफलता मिलने पर आत्मविश्वास में बढ़ोत्तरी होती है। जिन छात्रों का आत्मविश्वास कमजोर है, उन्हें ऐसे कार्य करने के लिए प्रेरित करें जिससे उन्हें सफल होने की अनुभूति मिल सके। उन्हें शुरू में छोटे-छोटे दायित्व सौंपे जा सकते हैं, जिन्हें वे आसानी से पूरा कर सकते हैं।

राय देते समय भावनाओं का ध्यान रखें—आत्मविश्वास की समस्या का सामना कर रहे छात्रों को राय देते समय ध्यान रखें कि जरा सी बात पर भी उनकी भावनाएँ आहत हो सकती हैं। उनके समाने 'असंतोषजनक' या 'गलत' जैसे नकारात्मक शब्दों का प्रयोग करने से बचें।

छात्रों को उनकी आंतरिक क्षमता का अहसास करवाएँ—जो छात्र कमजोर आत्मविश्वास रखते हैं उन्हें उनके व्यक्तित्व के सकारात्मक पहलू की याद दिलाएँ।

उनकी पिछली उपलब्धियों की याद दिलाकर आप उन्हें भविष्य में भी सफल होने के लिए आश्वस्त कर सकते हैं।

छात्रों को अपनी कमजोरियों को स्वीकार करने में सहायता करें—छात्रों को बताएँ कि व्यक्ति अपने भीतर की कमजोरियों को भी अपनी शक्ति के रूप में रूपांतरित कर सकता है। उन्हें विश्वास दिलाएँ कि भले ही अभी तक वे नाकाम हैं मगर भविष्य में उन्हें सही प्रयत्न करने पर कामयाबी मिल सकती है।

छात्रों को बताएँ कि कमजोरी असल में प्रगति के अवसर साबित हो सकती है—छात्रों को कहें कि उन्हें कमजोरियों पर शर्मिंदा होने की जरूरत नहीं है, बल्कि उन्हें चुनौती मानकर प्रगति करने का संकल्प लेना महत्त्वपूर्ण होता है।

छात्रों को बताएँ कि जीवन में कभी-कभी आत्मविश्वास का कमजोर होना स्वाभाविक परिघटना है—छात्रों को बताएँ कि अधिकांश सफल व्यक्तियों को भी जीवन में कभी-न-कभी कमजोर आत्मविश्वास का सामना करना ही पड़ता है। जीवन में प्रगति करने के लिए इस तरह का अनुभव होना कोई असामान्य बात नहीं है। ऐसे मौकों पर छात्रों को अपने जीवन के अनुभव के बारे में बताएँ।

छात्रों के मन में उत्साह बढ़ाने की कोशिश करें—छात्रों के समूह को अभ्यास के लिए आमंत्रित करते हुए प्रत्येक छात्र से पूछें कि किन बातों के चलते उन्हें खुद पर गर्व महसूस होता है। छात्रों को ऐसी कई सकारात्मक बातों का पता चलेगा जिससे उनका आत्मविश्वास मजबूत होगा।

छात्रों को अपनी अनुभूतियाँ बाँटने के लिए प्रेरित करें—छात्रों को अपनी अनुभूतियों की चर्चा करने के लिए उत्साहित करें। ऐसा करते हुए उनके मन की कुंठाएँ बाहर निकलेंगी और उनके भीतर सकारात्मक अनुभूतियों का संचार होगा।

□

परीक्षा उत्तीर्ण होने में छात्रों की मदद कैसे करें?

परीक्षा में कामयाबी विषयों के ज्ञान के साथ-साथ परीक्षा की विधियों की सही जानकारी पर भी निर्भर करती है। जब परीक्षा प्रणाली में तेजी से बदलाव आता रहता है वैसी स्थिति में कभी-कभी छात्रों का सही मार्गदर्शन कर पाना कठिन हो जाता है। नीचे कुछ सूत्र बताए गए हैं जिन्हें आजमाकर आप छात्रों को परीक्षा में सफलता प्राप्त करने में मदद कर सकते हैं—

जानकारी से आत्मविश्वास पैदा होता है—छात्रों को प्रश्न-पत्रों के स्वरूप और बनावट से परिचित करवाएँ। पुराने प्रश्न-पत्रों के आधार पर छात्रों को होम वर्क देकर आप उन्हें प्रश्न-पत्र के स्वरूप से परिचित करवा सकते हैं।

परीक्षा का मूल मंत्र बताएँ—छात्रों को याद दिलाएँ कि परीक्षा में लिखित रूप से प्रश्नों का उत्तर देने की उनकी दक्षता सर्वाधिक अहमियत रखती है और कोई भी व्यक्ति वैसे उत्तरों को लिखने का अभ्यास करते हुए दक्षता का विकास कर सकता है।

परीक्षा के दौरान उचित समय प्रबंधन के बारे में छात्रों को बताएँ—छात्रों को बताएँ कि अगर वे एक ही प्रश्न का उत्तर लिखने में काफी समय लगाएँगे तो अंत में दो प्रश्नों का उत्तर लिखने के लिए उनके पास समय नहीं रह जाएगा। इस तरह समय का ध्यान नहीं रखने पर वे अधिक अंकों को गँवा बैठेंगे।

पुराने प्रश्न-पत्रों का विश्लेषण करने में छात्रों की सहायता करें—छात्रों से कहें कि वे प्रश्न-पत्रों की शैली को समझने का प्रयास करें। प्रश्नों में शामिल अहम शब्दों को पहचानने के लिए उन्हें प्रेरित करें, जैसे 'क्यों', 'कैसे', 'कब',

'तुलना करो', 'व्याख्या करो', 'वर्णन करो' और 'चर्चा करो'।

विवेकपूर्ण निर्णय की अहमियत के बारे में बताएँ—जब छात्रों के सामने प्रश्नों में से चयन करने का विकल्प खुला होता है, तब उन्हें बताएँ कि सोच-समझकर प्रश्नों का चयन करना कितना महत्त्वपूर्ण हो सकता है। ऐसा करने के लिए प्रत्येक प्रश्न को इत्मीनान के साथ सावधानीपूर्वक एक से ज्यादा बार पढ़ना जरूरी होता है।

प्रश्नों की पड़ताल करना जरूरी है—छात्रों को बताएँ कि किसी प्रश्न का उत्तर लिखते समय प्रश्न को कई बार पढ़ते रहना जरूरी है। ऐसा करने पर उन्हें प्रश्न के मूल स्वरूप का ध्यान रहेगा और उत्तर लिखते समय वे किसी भी प्रकार के भटकाव से बच पाएँगे।

अपनी कोशिश को प्रदर्शित करना जरूरी है—छात्रों को बताएँ कि गणितीय प्रश्नों के मामले में परीक्षक यह जानना चाहता है कि छात्र ने उत्तर निकालने के लिए किस तरह से प्रयास किया। अगर परीक्षक को किसी एक हिस्से में गलती नजर आती है तो दूसरे सही हिस्से के लिए वह नंबर दे सकता है। मगर प्रक्रिया को देखे बगैर वह कोई नंबर नहीं दे पाएगा।

किसी एक सवाल पर ठिठकना ठीक करना—अगर छात्र कुछ भूल जाने के कारण किसी प्रश्न के सामने ठिठक जाता है तो उसे अगले प्रश्न का उत्तर लिखने के लिए प्रेरित करें। किसी एक प्रश्न को लेकर तनावग्रस्त होने की जगह छात्र को ऐसे प्रश्न का उत्तर लिखने में जुट जाना चाहिए जिसका उत्तर वह भली-भाँति जानता हो। समूचे प्रश्न-पत्र को हल कर अंक हासिल करना अहम होता है, महज एक प्रश्न का सही उत्तर लिखना अहम नहीं होता।

छात्रों को बताएँ कि परीक्षक भी मनुष्य होते हैं—वे भी शिक्षकों की तरह ही होते हैं जो सही उत्तर के लिए अंक देते हैं, ऐसा नहीं है कि वे उत्तर-पुस्तिका में सिर्फ गलतियाँ ढूँढ़ते रहते हैं। उन्हें स्पष्ट और सुंदर लिखावट में लिखे सटीक उत्तर पसंद आते हैं।

□

रचनात्मक बनने में छात्रों की मदद करें

पाठ्यक्रम से जुड़े विषयों को कक्षा में पढ़ाते हुए शिक्षक अकसर इस बात को भूल जाते हैं कि वे अपने व्यवहार के जरिए छात्रों की रचनात्मकता या कल्पनाशीलता की दक्षता का विकास कर सकते हैं। पाठ के संबंध में आपके मन में एक निश्चित धारणा हो सकती है और आप लीक से हटकर कोई शैली आजमाने की बात नहीं भी सोच सकते हैं। कई बार जब पाठ को तकनीकी रूप से कमजोर तरीके से पेश किया जाता है तो हम इसकी मौलिकता या विलक्षणता से वंचित हो सकते हैं।

कोई कार्य या प्रोजेक्ट निर्धारित करते समय विस्तृत परिचय दें या प्रेरक वक्तव्य दें—इस तरह छात्रों के मन में कार्य या प्रोजेक्ट को पूरा करने के लिए कई तरह के विचार पैदा होंगे और इस तरह परिणाम में भी भिन्नता दिखाई देगी।

नए विचार और मौलिकता की प्रशंसा करें—भले ही किसी छात्र का सुझाया गया हल आपके सोचे गए हल से मेल नहीं खाता हो, फिर भी उसकी मौलिकता को स्वीकार करें।

अगर छात्र का कार्य तकनीकी रूप से कमजोर है और प्रस्तुति में भी विशेषता नहीं है, इसके बावजूद छात्र की सोच और चिंतन के प्रति सकारात्मक रूप से प्रतिक्रिया जाहिर करें और छात्र की आत्म-अभिव्यक्ति की दक्षता को विकसित करने में सहायता करें।

सजगता के साथ सवाल पूछें और विविध प्रकार के जवाबों को स्वीकार करें—इस तरह का सवाल पूछने से बचें जिनका सिर्फ एक ही सही जवाब हो सकता है।

प्रयोग करने, गलतियाँ करने और विचारों की खोज करने के लिए

छात्रों को पर्याप्त समय दें—जब छात्रों को किसी नए क्षेत्र में नई तकनीक या सामग्री के साथ कार्य करना हो, तो उन्हें नई संभावनाओं की तलाश करने का मौका दें।

छात्रों को 'रफ वर्क' करने के लिए प्रोत्साहित करें—छात्र कॉपियों में रफ कार्य करते हुए खुद को अधिक रचनात्मक महसूस कर सकते हैं। बाद में उन्हें प्रस्तुति से पहले अंतिम रूप दिया जा सकता है।

वैयक्तिक और सामूहिक रूप से विचार-विमर्श करें—छात्रों के विचारों को हमेशा अहमियत दें और उनकी आलोचना न करें।

इस तरह के कार्य निर्धारित करें जिनके परिणाम अलग-अलग हो सकते हैं—ऐसा करना जहाँ आपके छात्रों को उत्साहित करेगा, वहीं ऐसा करना आपको भी पसंद आएगा।

छात्रों से विभिन्न विचारों को लेकर समूह में कार्य करने के लिए कहें—उनसे सर्वश्रेष्ठ विचार चुनने के लिए न कहें, बल्कि समूह के श्रेष्ठ नतीजे को कार्य में आजमाने के तरीके ढूँढ़ने के लिए कहें।

छात्रों से किसी मसले को हल करने के लिए दोनों पहलुओं पर विचार करने के लिए कहें—तब क्या होगा जब सबकुछ पहले से सोचे हुए रूप में संभव होगा? 'तब क्या होगा जब सबकुछ विपरीत हो जाएगा?' इस तरह छात्रों से मौलिक सबक सीखने के लिए कहें।

□

छात्र विकास से संबंधित शिक्षक का कार्य

शिक्षक शिक्षा के विभिन्न उद्देश्यों की प्राप्ति में अपनी भूमिका को कितनी स्पष्टता से देखता है और इस कार्य की प्रभावशाली ढंग से पूर्ति के लिए अपनी तैयारी किस प्रकार करता है, इसी बात पर प्रभावशाली शिक्षण निर्भर करता है। इसके लिए सुनियोजित और सुनिश्चित प्रयास आवश्यक हैं।

ऐसा आम तौर पर माना जाता है कि अगर शिक्षक कक्षा के लिए पूरी तैयारी कर लेता है, सभी संभव सहायक सामग्री को प्राप्त कर लेता है, व्यावहारिक पक्ष पर ध्यान देता है, कक्षा में कायदे से पढ़ाता है तो शिक्षण की दृष्टि से जो कार्य आवश्यक था, उसकी कसौटी पर वह खरा उतरता है। हालाँकि इतना करना अच्छा है मगर छात्रों की दक्षता और विकास की दृष्टि से इससे वांछित परिणाम प्राप्त नहीं हो सकेंगे।

शिक्षक से अपेक्षाएँ स्पष्ट होंगी अगर हम उन सारे पहलुओं पर ध्यान दें जिनका क्रियान्वयन छात्रों के लिए आवश्यक है।

दक्षता की दृष्टि से अपेक्षित छात्रों की उपलब्धियाँ

(क) शिक्षण से छात्रों को उपयोगी ज्ञान प्राप्त होना चाहिए जो स्थायी रह सके। यह ज्ञान ऐसा हो जिसका तुरंत उपयोग हो सके या छात्र के भविष्य की प्रगति में सहायक हो।

(ख) शिक्षण क्रियाओं द्वारा छात्रों में तर्कपूर्ण चिंतन विकसित हो सके।

(ग) छात्र उपयोगी कौशल सीख सकें।

(घ) छात्र पढ़ने की अच्छी आदतें सीख सकें।

(ङ) छात्र विभिन्न स्रोतों से जिसमें पुस्तकें, समुदाय और परिवेश सम्मिलित

हैं, जानकारी और ज्ञान एकत्रित कर सकें।

ऊपर दिए गए उद्देश्यों से यह स्पष्ट हो जाता है कि केवल शिक्षण ही पर्याप्त नहीं है। बच्चों के विकास की अवस्थाओं में संबंधित विभिन्न क्रियाकलापों का आयोजन भी आवश्यक है। छोटे बच्चों को पढ़ानेवाले शिक्षक को बच्चों में अवधारणाओं का विकास, सामग्री का उपयोग, परिवेश का अध्ययन आदि सिखाना चाहिए।

प्राथमिक कक्षाओं में बच्चों को पढ़ना-लिखना और गिनती सिखानी होती है, किंतु शिक्षण यहीं तक सीमित नहीं रहना चाहिए। बच्चों को प्रकृति का अध्ययन करना चाहिए और अपने आप चीजों की जानकारी प्राप्त करनी चाहिए। उन्हें अपने विचारों को उजागर करने का मौका मिलना चाहिए। जैसे-जैसे वे पढ़ना सीखते हैं, उन्हें पढ़ना रोचक लगना चाहिए। बच्चों को उद्देश्यपूर्ण ढंग से पढ़ना, आत्माभिव्यक्ति के लिए लेखन और गणित में समस्याओं के हल ढूँढ़ना सिखाना चाहिए।

जैसे-जैसे बच्चे बड़े होते हैं, उनमें रुचियों का विस्तार करना चाहिए और अध्ययन प्रक्रिया में सक्रिय रूप से भाग लेना सिखाना चाहिए।

सेहत संबंधी मार्गदर्शन

(क) शिक्षा का अर्थ है छात्रों का सर्वांगीण विकास और इसलिए इसमें शारीरिक विकास भी शामिल है। स्कूल में बच्चों को सही आसन और बैठते, खड़े होते और चलते समय शरीर की सही मुद्रा सिखाई जानी चाहिए। बच्चों को यह भी सिखाना चाहिए कि किताब को कितनी दूरी पर रखा जाए जिससे आँखों पर जोर न पड़े।

(ख) छात्रों को दैनिक जीवन में स्वास्थ्य के मूलभूत तरीकों को सिखाना चाहिए, जैसे वैयक्तिक और परिवेश की स्वच्छता, शौचालय का उचित ढंग से उपयोग इत्यादि।

(ग) छात्रों को प्राथमिक चिकित्सा का प्रारंभिक ज्ञान होना चाहिए जैसे कटने या चोट लगने पर क्या करना ठीक रहेगा।

इस प्रकार शिक्षक छात्रों को सेहत के मामले में जागरूक बना सकते हैं। बच्चों के आसन और स्वास्थ्य संबंधी आदतों पर नजर रखनी चाहिए और स्वच्छ तथा स्वस्थ तरीकों को अपनाने के लिए प्रेरित करना चाहिए।

भावनात्मक और सामाजिक विकास संबंधी मार्गदर्शन

(क) छात्रों को विभिन्न भावनात्मक और सामाजिक परिस्थितियों में सामंजस्य करना सीखना चाहिए।

(ख) छात्रों को संवेगों पर नियंत्रण करना सीखना चाहिए।

(ग) छात्र मित्र बना सकें और मित्रता को कायम रख सकें।

(घ) वे आत्मनिर्भर होना, पहल करना सीख सकें और दूसरों के लिए मददगार साबित हो सकें।

बच्चे जब पहले स्कूल आते हैं तब शिक्षक की मुख्य चिंता यह रहती है कि नए माहौल में तालमेल कायम करने में और अपने आपको सुरक्षित महसूस करने में उनकी मदद की जा सके। शिक्षक को स्नेहपूर्ण और मिलनसार होना चाहिए, जो बच्चों की घबराहट को शांत कर सके, उनकी भावनात्मक जरूरतों को समझ सके और सभी बच्चों को स्कूल में खुश रहने में मदद कर सके। शिक्षकों को मिलकर खेलने और संवेगों पर नियंत्रण प्राप्त करने में बच्चों का मार्गदर्शन करना चाहिए।

जैसे-जैसे बच्चे बड़े होते हैं उनके मित्र बनते हैं और वे अपना गुट बनाते हैं। शिक्षक को देखना चाहिए कि इन गुटों के क्रियाकलाप स्वस्थ हैं और कहीं हानिकारक तो नहीं हैं। जो बच्चे किसी गुट द्वारा स्वीकार नहीं किए जाते और जो रोब जमाते हैं, उनकी वह मदद कर सके। कुछ बच्चे सदैव अधिकारी वर्ग से टकराते हैं। शिक्षक को उनकी समस्या समझनी चाहिए और स्कूल की जरूरतों के साथ तालमेल कायम करने में उनकी मदद करनी चाहिए।

बच्चों को स्वतंत्र रूप से कार्य करने और दायित्व लेने के अवसर प्रदान करने चाहिए। पाठ्योत्तर क्रियाकलापों द्वारा उनकों ऐसे अवसर प्रदान करने चाहिए जिनमें पहल करना, नेतृत्व करना, जिम्मेदारी लेना, निर्णय लेना सीखा जा सके और छोटी-छोटी भूलों से भी वे सबक प्राप्त कर सकें।

नैतिक विकास संबंधी मार्गदर्शन

(क) छात्र सही और गलत में फर्क कर सकें और जो सही रास्ता है उस पर चलने का संकल्प ले सकें।

(ख) छात्र वांछित मूल्य जैसे ईमानदारी, दया, न्याय आदि को अर्जित कर सकें।

(ग) छात्र दूसरों की आवश्यकताओं और अधिकारों का सम्मान करें और सभी की भलाई में विश्वास करें।

(घ) छात्र बुरी आदतों को सीखने से बचें।

शिक्षक को अपना कार्य निष्ठा और ईमानदारी के साथ करना चाहिए। यह आवश्यक है कि शिक्षक छात्रों के साथ न्यायपूर्ण बर्ताव करे। छात्रों की दृष्टि से भी इसका बर्ताव न्यायपूर्ण लगे। कभी-कभी गलतफहमी के कारण छात्रों को लगता है कि उनके साथ न्याय नहीं किया गया। इसलिए अंक, पुरस्कार और दंड देने के नियम स्पष्ट रूप से छात्रों को बता देना चाहिए।

दूसरों का ध्यान रखने और मदद करने का उदाहरण स्वयं शिक्षक को प्रस्तुत करना चाहिए। कहानियों और घटनाओं के जरिए दूसरों का नजरिया हमदर्दी के साथ समझने में छात्रों की मदद करनी चाहिए। छात्रों को अवांछित आदतों से बचाना चाहिए। उदाहरण के लिए वे परीक्षा में नकल करने या धोखाधड़ी करने की आदत न सीख पाएँ। यह भी संभव हो सकता है जब शिक्षक शिक्षण के उद्देश्यों की प्राप्ति सुनिश्चित करे और जब परीक्षा ली जाए तब छात्र अपने आपको ऐसी परिस्थिति में पाएँ जिसमें धोखाधड़ी का सहारा लेना उन्हें असंभव लगे। परीक्षण ऐसा होना चाहिए जिसमें अनुचित तरीकों का प्रयोग कठिन हो।

सामुदायिक जीवन से संबंधित मार्गदर्शन

(क) छात्र मिलकर काम करना सीखें।

(ख) वे जिम्मेदारी लेना सीखें।

(ग) वे लोकतांत्रिक प्रक्रिया सीखें।

(घ) वे समुदाय में समस्याओं का पता लगाना सीखें।

इन उद्देश्यों की पूर्ति के लिए स्कूल के सामुदायिक जीवन को संगठित करना होगा। मान लिया जाए कि स्कूल ने सामुदायिक जीवन को आयोजित करने के लिए स्कूल में प्रतिनिधियों के चुनाव की व्यवस्था अपनाई है। स्कूल की प्रारंभ की तीन या चार सभाओं में शिक्षक स्कूल परिषद के लिए प्रतिनिधि चुनने की विभिन्न विधियाँ बताएँगे, जैसे—

(1) नामांकन द्वारा।

(2) कक्षाओं के अनुसार अलग-अलग प्रतिनिधियों का चुनाव करना।

(3) पूरे स्कूल में चुनाव करवाना।

शिक्षक प्रत्येक विधि के गुण और दोष बताएगा जिससे छात्र स्वयं सटीक विधि का चुनाव कर सकें। शिक्षक संसदीय प्रणाली के चुनाव के बारे में भी बताएगा, जिससे छात्र चुनाव की धारणा को अच्छी तरह समझ सकें। उन्हें ग्राम

पंचायत और नगरपालिका आदि के गठन के बारे में भी जानने का मौका मिलेगा। ऐसे व्यावहारिक अनुभवों से विभिन्न क्षेत्रों में धारणाओं और प्रक्रियाओं का स्पष्ट ज्ञान प्राप्त हो सकेगा।

छात्र विकास में अभिभावक-शिक्षक सहयोग की अहमियत

शिक्षक को सभी छात्रों, उनके अभिभावकों और आम लोगों के साथ संपर्क रखना चाहिए। प्रत्येक शिक्षक को यह समझना चाहिए कि इन संबंधों पर उसकी सफलता काफी हद तक निर्भर करती है। जब हम कहते हैं, 'सभी छात्र' तो इसका मतलब यह है कि शिक्षक सभी छात्रों के प्रति चाहे वे गरीब हों या अमीर, सामान्य योग्यतावाले हों या बुद्धिमान, किसी भी जाति के हों, बिना किसी भेदभाव के व्यवहार करता है। शिक्षक को हमेशा छात्र की भलाई के बारे में सोचना चाहिए। शिक्षक को प्रत्येक छात्र के परिवार से परिचित होना चाहिए। इस संपर्क के द्वारा वह अपने शिक्षण को अधिक उपयोगी बना पाएगा। अभिभावक-शिक्षक सहयोग शिक्षण को प्रभावशाली बनाने में बहुत महत्त्वपूर्ण कारक है।

□

अभिवृत्तियों और मूल्यों का विकास कैसे करें

जो अभिवृत्तियाँ और मूल्य बच्चे विकसित करते हैं वे उनके व्यक्तित्व में बहुत महत्त्वपूर्ण कार्य करते हैं। बच्चे कुछ अभिवृत्तियाँ और मूल्य लेकर स्कूल जाते हैं। जैसे-जैसे वे बड़े होते हैं उनमें परिवर्तन आ सकता है और नई अभिवृत्तियाँ और मूल्य सीखे जा सकते हैं।

अभिवृत्तियों का स्वरूप

प्रतीक को स्कूल अच्छा लगता है। वह स्कूल आना पसंद करता है। रूपक को स्कूल नापसंद है, जैसे ही वह स्कूल के पास आता है, बहुत दुःखी हो जाता है। हम कह सकते हैं कि स्कूल के प्रति प्रतीक की सकारात्मक अभिवृत्ति है और रूपक की नकारात्मक।

जया को प्रशिक्षण कार्यक्रम पसंद है और उसे उसमें मजा आता है। कमलेश को यह अच्छा नहीं लगा और वह खिन्न है कि उसने प्रशिक्षण में प्रवेश क्यों लिया। अभिवृत्तियों में सुख या दुःख, पसंदगी या नापसंदगी की भावना रहती है। यह दृढ़ या कमजोर हो सकती है। उदाहरण के लिए शीला को भी प्रशिक्षण कार्यक्रम पसंद है, किंतु इतना नहीं जितना जया को। इसलिए हम कह सकते हैं कि शीला की प्रशिक्षण के प्रति सकारात्मक अभिवृत्ति तो है, किंतु है यह कमजोर।

अभिवृत्तियों का संबंध व्यक्ति के किसी चीज के बारे में सोचने और विश्वास करने से है। जया सोचती है कि प्रशिक्षण कार्यक्रम अच्छा है और वह उससे कुछ उपयोगी बात सीख रही है। कमलेश सोचता है कि जो कुछ भी पढ़ाया जा रहा है वह बेकार है।

अभिवृत्तियाँ आचरण को प्रभावित करती हैं। प्रतीक स्कूल जाने को सदैव तैयार रहता है। रूपक कोई बहाना करके स्कूल जाने से बचना चाहता है। जया परिश्रम कर रही है और प्रशिक्षण में अच्छा कार्य करना चाहती है। कमलेश को इसमें कोई दिलचस्पी नहीं है और यदि उसे कोई विकल्प मिला तो वह इसे छोड़ देगा।

लोगों की चीजों, व्यक्तियों और समूहों के प्रति विभिन्न अभिवृत्तियाँ होती हैं। उनका व्यवहार बहुत कुछ उनकी अभिवृत्तियों द्वारा निर्धारित होता है। कुछ सभी वर्गों के लोगों के साथ घुल-मिल जाते हैं, क्योंकि उनकी सभी समुदायों के प्रति सकारात्मक अभिवृत्तियाँ हैं। कुछ स्वयं को अपने ही समुदाय तक सीमित रखते हैं।

मूल्यों का स्वरूप

दो डॉक्टरों ने साथ-साथ प्रशिक्षण पूरा किया है। दोनों करीब-करीब समान योग्यता के हैं। एक संपन्न समुदाय में अपना व्यवसाय शुरू करता है, जहाँ वह ऊँची फीस लेता है। दूसरा एक गरीब इलाके में दवाखाना खोलता है, जहाँ वह उन लोगों की मदद करता है जो किसी दूसरे डॉक्टर के पास जाने का खर्चा बरदाश्त नहीं कर सकते। ऐसा क्यों? एक डॉक्टर रुपयों को महत्त्व देता है, दूसरा लोगों की मदद करने के अवसरों को महत्त्व देता है। इसी प्रकार एक व्यक्ति पुजारी बनना चाहता है, क्योंकि वह धर्म को सर्वाधिक महत्त्व देता है दूसरा कलाकार बनना चाहता है, क्योंकि वह कलात्मक मूल्य को प्रधानता देता है। इसके यह अर्थ नहीं हुए कि पुजारी को कला के प्रति कोई लगाव नहीं है या कलाकार की धर्म के प्रति रुचि नहीं है, किंतु जब चुनने का प्रश्न आएगा तब एक धर्म को अधिमान देगा और दूसरा कला को।

मूल्य वह महत्त्व है जो व्यक्ति किसी चीज को देता है। जब किसी चीज को व्यक्ति महत्त्व देता है तो वह उसको पाने के लिए प्रयास करता है। एक व्यक्ति रुपए के लिए, ज्ञान के लिए या दूसरों की मदद करने के लिए कार्य कर सकता है और यह उसके मूल्यों पर निर्भर करेगा। इसी प्रकार एक व्यक्ति ईमानदार या हौसलेवाला हो सकता है यदि वह इन गुणों को महत्त्व देता है।

यदि व्यक्ति अपने मूल्यों को प्राप्त कर लेता है तो वह खुशी का अनुभव करता है। जो व्यक्ति रुपए को महत्त्व देता है, वह रुपए प्राप्त करने पर खुश होगा। एक व्यक्ति जो ईमानदारी को महत्त्व देता है, यदि अपने मानदंडों के अनुरूप कार्य

नहीं कर पाता तो दुःखी होता है। इस प्रकार अभिवृत्तियों के समान मूल्य भी व्यवहार को प्रभावित करते हैं।

अभिवृत्तियों और मूल्यों में संबंध

व्यक्ति के भौतिक या मनोवैज्ञानिक पर्यावरण में किसी चीज की ओर अभिवृत्तियाँ हो सकती हैं। वे किसी व्यक्ति, समूह, संस्था या क्रियाकलाप की ओर हो सकती है। मूल्य आदर्श या उद्देश्य हैं जिन्हें प्राप्त करने के लिए व्यक्ति प्रयास करता है। मूल्य अभिवृत्तियों की अपेक्षा अधिक व्यापक होते हैं। इनके आधार पर व्यक्ति निर्णय करता है कि किसी चीज को अपेक्षाकृत कितना महत्त्व दिया जाए या नहीं दिया जाए।

अभिवृत्तियाँ और मूल्य एक-दूसरे से संबंधित हैं। एक व्यक्ति जो ज्ञान की प्रगति को मूल्यवान मानता है, अध्ययन के प्रति सकारात्मक अभिवृत्ति होगी। एक व्यक्ति जो सामाजिक न्याय को महत्त्वपूर्ण मानता है, उसकी अभिवृत्ति सभी समुदायों के प्रति सकारात्मक होगी, विशेषकर वंचित और कमजोर वर्गों के प्रति, जिनकी वह मदद करना चाहेगा। एक व्यक्ति जो अपनी सामाजिक प्रतिष्ठा को मूल्यवान मानता है, निम्न वर्ग के लोगों को उपेक्षा की दृष्टि से देखता है और उनके प्रति नकारात्मक अभिवृत्ति व्यक्त करता है। जो अभिवृत्तियाँ व्यक्ति के सर्वोत्तम मूल्यों से संबंधित हैं, वे उसके व्यवहार को निर्धारित करने में अधिक प्रभावी होंगी।

अभिवृत्तियों और मूल्यों का विकास

अभिवृत्तियाँ और मूल्य अधिकतर हम दूसरों से सीखते हैं। बच्चे उन लोगों की अभिवृत्तियाँ अपनाते हैं जिनके वे संपर्क में आते हैं, विशेषकर उनके जिनके साथ वे एकात्मीकरण (आईडेंटीफाई) करते हैं। क्योंकि एकात्मीकरण का अभिवृत्तियों और मूल्यों के निर्माण में महत्त्वपूर्ण योग है, इसलिए इसके स्वरूप और स्थितियाँ, जो इसे बढ़ाती हैं, उनका परीक्षण करना आवश्यक है।

एकात्मीकरण का स्वरूप

एकात्मीकरण को परिभाषित करने के लिए हम कह सकते हैं कि यह वह क्रिया है जिसमें अन्य व्यक्ति या समूह की भावना और आचरण ऐसे ढाला जाता है जैसे कि ये गुण व्यक्ति के अपने स्वयं के हों। सर्वप्रथम एकात्मीकरण माता-पिता या उनके स्थान जो व्यक्ति हो उसके साथ होता है। बच्चे अपने माता-पिता के

विचार अपना लेते हैं और जो माता-पिता सही और गलत मानते हैं वह वे भी सही और गलत मानने लगते हैं। वे अपने माता-पिता की विशेष योग्यताओं पर गर्व करते हैं और कोई भी अपमान इतना दुःखदायी नहीं है जितना किसी के द्वारा माता-पिता की आलोचना करना। जानकर या अनजाने में वे माता-पिता के व्यवहार का अनुकरण करते हैं।

एकात्मीकरण शिक्षकों के साथ भी हो सकता है। यदि शिक्षकों को छात्रों के व्यवहार को प्रभावित करना है तो कुछ हद तक एकात्मीकरण आवश्यक है, किंतु इसके उतने सबल होने की संभावना नहीं है जितना माता-पिता के प्रति होगी।

व्यक्ति विभिन्न समूहों और संस्थाओं के साथ भी तादात्म्य स्थापित करते हैं। इनमें हैं अपनी आयु के स्कूल के सहपाठियों का समूह, स्कूल, अपने धर्म या राज्य के समूह या अपना देश। इस तादात्म्यता का व्यक्ति की वफादारी और आचरण पर दूरगामी प्रभाव पड़ता है।

एकात्मीकरण को प्रभावित करनेवाली स्थितियाँ

शिक्षाशास्त्री बंदुरा और उनके सहयोगियों ने उन स्थितियों का अध्ययन किया है जो एकात्मीकरण को पोषित करती हैं। एक तो है समानता का बोध। व्यक्ति उन लोगों से एकात्मीकरण करेंगे जिन्हें वे अपने समान देखते हैं। सामान्यतया लड़के अपने पिता के साथ एकात्मीकरण की ओर प्रवृत्त होते हैं और लड़कियाँ अपनी माता के साथ। बच्चे उन वयस्कों के साथ एकात्मीकरण करने की ओर प्रवृत्त होते हैं जो उन्हें युवा लगते हैं और जिनकी रुचियाँ उनके समान होती हैं।

एक दूसरी शर्त है कि व्यक्ति स्नेही और पुरस्कृत करनेवाला लगे। बच्चे माता-पिता, शिक्षकों और अन्य वयस्कों से अधिक एकात्मीकरण करेंगे जिन्हें वे स्नेही और अपना शुभचिंतक मानते हैं।

तीसरा, उन व्यक्तियों के साथ एकात्मीकरण अधिक होता है जो खुशहाल दिखाई देते हैं। दुर्भाग्यवश अपने देश में अधिक शिक्षक इस दृष्टि से अनुकूल स्थिति में नहीं हैं, किंतु इससे अधिक महत्त्वपूर्ण बात तो यह है कि वे बच्चों को प्रसन्नचित्त दिखाई दें।

एकात्मीकरण उनके साथ होता है जिनके पास अधिकार और प्रतिष्ठा है। जब हमारे देश पर अंग्रेजों का शासन था तब भारतीय अंग्रेजों के साथ एकात्मीकरण करते थे। लड़कियाँ अकसर पुरुषों के साथ एकात्मीकरण करती हैं जबकि लड़के शायद ही कभी स्त्रियों के साथ एकात्मीकरण करेंगे, क्योंकि सामान्यतया पुरुषों में

अधिकार और प्रतिष्ठा दिखाई देती है। सौभाग्य से छोटे बच्चों की दृष्टि में शिक्षक के पास अधिकार और प्रतिष्ठा दोनों ही हैं, जो एकात्मीकरण के लिए अनुकूल परिस्थिति प्रस्तुत करते हैं।

एकात्मीकरण करनेवाले की कुछ विशेषताएँ हैं जो एकात्मीकरण को बढ़ाती हैं। जो लोग असुरक्षित अनुभव करते हैं और जिनमें हीनता की भावना है, अधिक तत्परता से एकात्मीकरण करते हैं। जब लोगों में संवेग उत्तेजित हो जाते हैं या जब कोई आम खतरे का भय हो, तब एकात्मीकरण अधिक होता है, जैसे युद्ध के समय लोग देश के साथ पूर्णरूपेण तादात्म्य करते हैं।

अब हम देखेंगे कि अभिवृत्तियों और मूल्यों को निर्मित करनेवाले कौन से कारक हैं।

अभिवृत्तियों का विकास

जैसे पहले बताया गया है बच्चे अपने आस-पास के लोगों की अभिवृत्तियाँ अपना लेते हैं, विशेषकर उनकी जिनके साथ वे एकात्मीकरण करते हैं। क्योंकि एकात्मीकरण सबसे घनिष्ठ माता-पिता के साथ होता है, माता-पिता का बच्चे की अभिवृत्तियों के निर्माण में काफी प्रभाव पड़ता है। स्वत: यदि माता-पिता किसी समुदाय को तुच्छ समझते हैं तो बच्चे भी ऐसा ही सोचते हैं। यदि माता-पिता समझते हैं कि स्कूल एक अच्छी संस्था है तो बच्चे भी स्कूल सकारात्मक अभिवृत्ति लेकर जाएँगे। बाद में उनकी अभिवृत्तियाँ शिक्षकों, सहपाठियों और अन्य जिनके वे संपर्क में आते हैं, उनसे प्रभावित होंगी।

एकात्मीकरण का एक प्रभाव यह भी होता है कि यदि व्यक्ति समूह या संस्था से एकात्मीकरण करता है, वह उनके प्रति सकारात्मक अभिवृत्तियाँ विकसित करता है।

जानकारियाँ प्राप्त करना

किसी व्यक्ति या चीज के बारे में जानकारी अभिवृत्ति पर प्रभाव डालती है। यदि बच्चे सुनते हैं कि किसी समुदाय के व्यक्ति गंदे या चालाक हैं, वे उस समुदाय के प्रति नकारात्मक अभिवृत्ति बनाते हैं। इसके विपरीत, यदि किसी समूह के बारे में अच्छी बातें सुनते हैं, जैसे वे दूसरों की मदद करते हैं, ईमानदार हैं इत्यादि, तो उस समूह के प्रति सकारात्मक अभिवृत्ति बनती है। व्यक्तियों और समुदायों के बारे में माता-पिता, शिक्षकों और हमजोलियों की टिप्पणियाँ तथा जो

धारणाएँ किताबों में वे पढ़ते हैं, उनके आधार पर अभिवृत्तियाँ बनती हैं। उदाहरण के लिए कहानी के नायक और नायिकाएँ सदैव सुंदर होते हैं, खलनायक भद्दा होता है और सौतेली माँ निर्दय और बदमिजाज होती है। अफ्रीका और एशिया के बारे में पाश्चात्य देशों में बनी फिल्मों और कहानियों में केवल गोरा आदमी को समझदार व्यक्ति दिखाया जाता है। ऐसी बातों का कोई वास्तविक आधार नहीं होता है, किंतु ये बच्चों की अभिवृत्तियों को प्रभावित करते हैं।

प्रिय और अप्रिय अनुभव

एक स्कूल में दो पारसी लड़कियाँ पढ़ती हैं। एक नवीं कक्षा में है। वह बहुत मृदु स्वभाव की है और दूसरों की मदद करने को तत्पर रहती है। उसके साथ इन सुखद अनुभवों के कारण उसकी कक्षा की लड़कियाँ उसे पसंद करती हैं और पारसियों के प्रति उनकी सकारात्मक धारणाएँ बनती हैं। दूसरी लड़की पाँचवीं कक्षा में पढ़ती है। वह बहुत स्वार्थी और झगड़ालू है। उसकी कक्षा की लड़कियाँ उसे पसंद नहीं करतीं और उनकी पारसियों के प्रति भी नकारात्मक अभिवृत्ति बन जाती है। अपने अनुभव के आधार पर नवीं की लड़कियों और पाँचवीं की लड़कियों के, एक ही समुदाय के प्रति, बिलकुल विपरीत अभिवृत्तियाँ बनती हैं। इस प्रकार हम देखते हैं कि अभिवृत्तियाँ बिलकुल असंगत हो सकती हैं और पूर्वग्रह को जन्म दे सकती हैं।

एक स्कूल में आठवीं के छात्रों को इतिहास की कक्षा अच्छी लगती थी और बहुत से छात्र इतिहास को पसंद करने लगे। जब वे नवीं कक्षा में आए, उनका इतिहास का शिक्षक बहुत कठोर था। इतिहास की कक्षा में छात्रों को डर लगने लगा और इतिहास के प्रति अरुचि होने लगी। आठवीं कक्षा के उनके प्रिय अनुभवों से विषय के प्रति पसंदगी उत्पन्न हुई और नवीं के अप्रिय अनुभवों के कारण नापसंदगी। इस प्रकार प्रिय और अप्रिय अनुभव अभिवृत्तियों पर असर डालते हैं।

आवश्यकताएँ और इच्छाएँ

आवश्यकताएँ और इच्छाएँ अभिवृत्तियों पर प्रभाव डालती हैं। प्रतीक टीम के साथ खेल खेलना सीखना चाहता है। स्कूल उसे यह अवसर देता है और इसलिए उसे स्कूल पसंद है। रूपक को घर पर खेलना पसंद है। स्कूल उसे घर से दूर करता है और इसलिए स्कूल उसे नापसंद है।

मूल्यों का निर्माण

दूसरों का प्रभाव

अभिवृत्तियों के समान मूल्य भी उन लोगों से प्रभावित होते हैं जिनसे व्यक्ति एकात्मीकरण करता है। क्योंकि माता-पिता से एकात्मीकरण सबसे मजबूत होते हैं। माता-पिता का सबसे अधिक प्रभाव मूल्यों पर पड़ता है, विशेषकर प्रारंभिक वर्षों में। यदि माता-पिता सादगी को मूल्यवान मानते हैं, बच्चे भी इस मूल्य को अपनाएँगे। इसी प्रकार, अनेक मूल्य हैं जैसे ज्ञान, दौलत, प्रतिष्ठा या दूसरों की मदद करना और इनमें से कोई भी बच्चे अपने माता-पिता के मूल्यों का अनुसरण करके अपना लेंगे।

बाद में बच्चे उन लोगों के मूल्यों से प्रभावित होंगे जिनका उनसे संपर्क घर के बाहर होता है, विशेषकर शिक्षक और सहपाठी।

जिन व्यक्तियों के बारे में वे पढ़ते हैं या सुनते हैं उनके मूल्यों का भी बच्चों पर प्रभाव पड़ता है, यदि वे उनसे एकात्मीकरण करते हैं। किताबें, कॉमिक्स, टीवी, इंटरनेट, फिल्म सभी विभिन्न मान्य व्यक्तियों की तसवीरें प्रस्तुत करते हैं। बच्चे उन लोगों के साथ एकात्मीकरण करेंगे जिनमें उन्हें कुछ समानता दिखाई देती है, जिनके पास अधिकार और प्रतिष्ठा है, और जो जीवन की साधन-सुविधाओं का उपयोग कर रहे हैं। अत: कहानियों की पुस्तिकाएँ जिनमें नायक शक्तिशाली, सफल और भलाई के कार्य करनेवाला दिखाया गया है उनका अपना लाभ है। इसी प्रकार कहानियाँ, जिनमें अच्छाइयाँ पुरस्कृत और बुराइयाँ दंडित होती हैं, के अपने लाभ हैं।

आवश्यकताएँ

मूल्य आवश्यकताओं के आधार पर भी निर्मित होते हैं। यदि हमें किसी चीज का अभाव महसूस होता है तो वह हमारे लिए महत्त्वपूर्ण होगी। गरीब घर के बच्चे भोजन को मूल्यवान मानते हैं, जबकि धनी वर्ग के बच्चों को भोजन करने के लिए फुसलाना पड़ता है। जिन्हें सुरक्षा की आवश्यकता है वे सुरक्षा को मूल्य देंगे। जिन्हें सम्मान चाहिए वे उसके लिए कार्य करेंगे। यदि मूल आवश्यकताओं की पूर्ति नहीं होती तो उत्कृष्ट मूल्य निर्मित करना कठिन होगा। उदाहरण के लिए अकसर शिक्षक से सम्मान प्राप्त करने के लिए बच्चा कार्य करता है, न कि कार्य में रुचि के कारण। एक व्यक्ति जिसे सुरक्षा चाहिए वह ऐसी नौकरी करेगा जिसमें सुरक्षा है, जबकि दूसरा, जो सुरक्षित अनुभव करता है, ऐसी नौकरी पसंद करेगा जिसमें वह अपनी योग्यताओं का लाभ उठा सके।

संतोषप्रद अनुभव

संतोषप्रद अनुभवों से मूल्य विकसित होते हैं। प्रारंभिक वर्षों से जैसे बच्चा चलना, बोलना सीखता है उसकी प्रशंसा होती है। स्कूल में कार्य निष्पादन पुरस्कृत होता है, इसलिए बच्चा कार्य निष्पादन को मूल्यवान मानने लगता है। यदि बच्चों के आपसी संबंध अच्छे हैं तो वे मानवीय संबंधों को मूल्यवान मानने लगते हैं। कोई भी बच्चा जन्म से धन-दौलत को मूल्यवान नहीं मानता, किंतु जैसे-जैसे वे बड़े होते हैं, वे देखते हैं कि रुपया बहुत संतोष प्रदान करता है, इसलिए सभी मनुष्य रुपए को कुछ कम या अधिक मूल्यवान मानने लगते हैं।

नैतिक शिक्षण

नैतिक मूल्यों को मन में स्थापित करने का माता-पिता और शिक्षकों का परंपरागत तरीका मौखिक शिक्षण है। यह कहाँ तक प्रभावी होता है यह स्पष्ट नहीं है। यदि बच्चे किसी व्यक्ति के प्रभुत्व को स्वीकार करते हैं, तो शायद उसके कहने का अधिक प्रभाव पड़ेगा। ऐसे व्यक्ति माता-पिता, शिक्षक या सामाजिक और धार्मिक नेता हो सकते हैं। फिर भी कहने की आवश्यकता नहीं है कि यदि ये व्यक्ति जो उपदेश देते हैं उसका अच्छा उदाहरण प्रस्तुत नहीं करते, तो बच्चे ऊपरी तौर से उन्हें स्वीकार कर लें, किंतु सचमुच में स्वीकार नहीं करेंगे।

उपसंहार

संक्षेप में अभिवृत्तियों में किसी चीज, व्यक्ति या समूह के प्रति प्रिय या अप्रिय भावनाएँ, पसंदगी या नापसंदगी होती है। ये व्यक्ति के विश्वासों से संबंधित रहते हैं और आचरण को प्रभावित करते हैं। मूल्य वह महत्त्व है जो व्यक्ति किसी चीज को देता है।

अभिवृत्तियाँ दूसरों से सीखी जाती हैं। इन पर जो जानकारी प्राप्त होती है, जो प्रिय और अप्रिय अनुभव होते हैं, जो संतोष प्राप्त होता है या आवश्यकता पूरी नहीं होती, उनका प्रभाव पड़ता है। मूल्य दूसरों से सीखे जाते हैं, कुछ का आधार आवश्यकताएँ होती है। इन पर संतोषप्रद अनुभवों का प्रभाव पड़ता है और उन लोगों की शिक्षा, जो प्रभुता में हैं सरलता से स्वीकार की जाती है।

□

मनोकौशल का विकास

एक तबला वादक को देखिए—उसकी उँगलियाँ तबले पर कैसे चलती हैं। इसके पीछे उसका वर्षों का अभ्यास है। हममें से जिनको तबला बजाना नहीं आता, शायद ही एक बोल भी निकाल सकें। हम अपनी उँगलियाँ एक व्यवस्थित ढंग से उतनी तेज नहीं चला पाएँगे, किंतु इसमें केवल उँगलियों की पेशियों का ही प्रशिक्षण नहीं है। तबला बजाने में कुछ और बातें भी आती हैं। एक तो यह समझ में आना चाहिए कि तबले के अलग-अलग भागों से विभिन्न स्वर किस प्रकार निकाले जाते हैं। इसके साथ-साथ संगीत की समझ भी, जिसमें लय, ताल, राग और स्वर का ज्ञान आते हैं, होनी चाहिए। मन और शरीर दोनों ही इस दक्षता में शामिल हैं।

हॉकी, क्रिकेट या कबड्डी जैसे खेल कैसे सीखते हैं? खेल के नियमों को सीखना जरूरी होता है। केवल नियमों को समझना ही काफी नहीं होता, खेल के नियमों को पढ़कर ही हम खिलाड़ी नहीं बन सकते। दक्षता हासिल करने के लिए अभ्यास आवश्यक है।

कुछ आदतें हमारे जीवन का अंग बन जाती हैं। हम उन्हें बार-बार करके सीखते हैं। एक शिष्ट व्यक्ति खाँसी आने पर अपने मुँह के आगे हाथ या रूमाल रखता है। ऐसा करने के लिए उसे सोचना नहीं पड़ता, बल्कि आदत के कारण स्वतः ऐसा हो जाता है। अब यह केवल हाथ की क्रिया नहीं है बल्कि एक आदत है जो इसलिए बनी है कि उसने इस बात को समझ लिया था कि वह दूसरों को रोगाणु से बचाने का एक तरीका है। पहले उसने जानकर ऐसा किया और बाद में उसने आदत का रूप ले लिया।

ये सभी कौशल के रूप हैं, जिनमें समझ और पेशियों का प्रशिक्षण सम्मिलित

हैं और इन्हें मनोकौशल का विकास कहते हैं। कौशल और आदतें इसी प्रकार से सीखी जाती हैं। दैनिक जीवन में हमें इस प्रकार के कौशल की काफी आवश्यकता पड़ती है। प्रातः हम कपड़े पहनते हैं और इस कार्य में हमें यह नहीं सोचना पड़ता कि कपड़ों को कैसे पकड़े और पहनें, कैसे कंघी करें इत्यादि।

कौशल

सभी मनुष्यों को बहुत सारे कौशल सीखने पड़ते हैं। चलना, दौड़ना, साइकिल चलाना, बुनना, पढ़ना, लिखना—ये सब कौशल के उदाहरण हैं। कुछ कौशल जैसे चलना आवश्यक है। अन्य ऐसे हो सकते हैं जो कि आवश्यक तो नहीं, किंतु जीवन को सुगम बनाते हैं और जिनको जानने से समय तथा परिश्रम की बचत होती है।

जब एक कौशल भली प्रकार सीख लिया जाता है तब उसे करने में गति और कुशलता आ जाती है तथा व्यक्ति उसे सुगमता से कर लेता है। खेल में हम देखते हैं कि कुशल खिलाड़ी तेज गति से खेलते हैं, जो सुचारु दिखाई देता है। ऐसा लगता है कि जो कार्य वे कर रहे हैं वह बहुत सुगम है। जब हम स्वयं उसे करने का प्रयास करते हैं तब हमें पता लगता है कि कार्य कितना कठिन है।

यह बहुत महत्त्वपूर्ण है कि बच्चों की उन कौशलों को सीखने में मदद की जाए जो जीवन के लिए अहमियत रखते हैं। यह भी आवश्यक है कि वे प्रारंभ से सही ढंग से उन्हें करना सीखें। प्रारंभिक अवस्था में गलत सीखना बाद में एक अड़चन बन जाता है, क्योंकि गलतियों को भुलाना कठिन होता है। उदाहरण के लिए अगर बच्चे ने अस्पष्ट लिखावट का अभ्यास किया है तो बाद में उसकी लिखावट में सुधार लाना कठिन हो जाता है।

कौशल का विकास

किसी कौशल को तब सिखाया जा सकता है जब बच्चा उसे सीखने के लिए तत्पर हो। किसी बच्चे को कोई कौशल जबरदस्ती सिखाने की कोशिश करने से, जबकि बच्चा इसके लिए तैयार नहीं है, कोई लाभ नहीं होता। वास्तव में तो इससे वह हतोत्साहित हो जाता है और जब उसमें तत्परता विकसित हो भी जाएगी तब भी उसे प्रत्यत्न करने के प्रति भय बना रहेगा।

जब तक वह तत्पर न हो, रुकना और तत्परता विकसित करने में उसकी सहायता करना, अच्छा रहेगा। उदाहरण के लिए, जिन बच्चों का किताबों से संपर्क

नहीं हुआ या पेंसिल का प्रयोग करने का अवसर नहीं मिला है, उन्हें किताबें देखने के लिए देकर और पेंसिल से कागज पर जैसी रेखाएँ वे खींचना चाहें वैसी रेखाएँ खींचने की अनुमति देकर, उनकी तत्परता विकसित करने में सहायता की जा सकती है।

जिन कौशलों की आवश्यकता खेलने, तैरने, नृत्य करने, पढ़ने, लिखने और इसी प्रकार के कार्य करने में पड़ती है, प्रत्येक में हमें यह देखना चाहिए कि बच्चा कब सीखने के लिए तत्पर होता है। जब तत्पर हो, हम कौशल सिखाना प्रारंभ कर सकते हैं। इसमें निम्नलिखित क्रियाएँ शामिल हैं—

1. मौखिक निर्देश—मौखिक निर्देश संक्षिप्त होना चाहिए। लिखना सिखाने के लिए एक-दो वाक्यों में निर्देश दिया जा सकता है, जैसे, 'अपनी कलम पहली पंक्ति पर रखो' या 'अपनी किताब में देखो अक्षर कैसे बना है' या 'इस रेखा को लंबा खींचो।'

यह आवश्यक नहीं कि निर्देश प्रारंभ में ही दिए जाएँ। निर्देश कभी भी आवश्यकतानुसार दिए जा सकते हैं, किंतु वे संक्षिप्त और स्पष्ट होने चाहिए। बड़े छात्रों को अधिक विस्तृत निर्देश दिए जा सकते हैं।

2. प्रतिरूपेण—प्रतिरूपेण किसी कार्य को करने के ढंग का प्रदर्शन है। एक प्रशिक्षक यह प्रदर्शित कर सकता है कि गेंद जाल में कैसे फेंकनी है। कूदने की तैयारी में पैर कैसे रखना चाहिए।

3. शारीरिक परिचालन—कभी-कभी बच्चे का शारीरिक परिचालन करना सहायक होता है। हो सकता है कि गेंद फेंकने में बच्चा अपने हाथ को ठीक से नहीं घुमा रहा हो। ऐसी स्थिति से प्रशिक्षक बच्चे के हाथ को पकड़कर सही ढंग से गेंद फेंकना सिखा सकता है। लिखना सिखाने में शिक्षक को कभी-कभी बच्चे का हाथ पकड़कर सही परिचालन सिखाना होता है।

4. भूलों को रोकना और सुधारना—प्रारंभ से सही संचालन का सीखना बहुत महत्त्वपूर्ण है। यदि गलतियाँ होती हैं और वे बार-बार होती हैं तो उन्हें भुलाना कठिन हो जाता है। उदाहरण के लिए, यदि एक बार गलत अक्षर बच्चा सीख लेता है, तो उसे सही करना कठिन हो जाता है। अक्षरों को सही बनाने में रेखाएँ भी मदद कर सकती हैं।

5. अभ्यास—सभी जानते हैं कि कौशल के लिए अभ्यास की आवश्यकता होती है, किंतु अभ्यास केवल दोहराना ही नहीं है। दोहराने में भूलें मिटनी चाहिए और कार्य करने में सुधार होना चाहिए।

गति और परिशुद्धता प्राप्त करने के लिए अभ्यास की आवश्यकता होती है। एक बार जब बच्चों ने सही परिचालन सीख लिया तब गति पर ध्यान देना चाहिए। किंतु शिक्षक को इस बात की ओर सावधान रहना चाहिए कि गति के कारण जो भूलें हों उनका सुधार होता रहे।

अभ्यास छोटे काल खंडों में करना चाहिए। बीच में किसी अन्य क्रियाकलाप में बच्चों को लगाया जा सकता है। यदि अभ्यास बिना रुके बहुत देर के लिए चलता है तो थकान आ जाती है, जिसके कारण गलतियाँ होने लगती हैं। यहाँ तक कि कार्य के प्रति अरुचि भी उत्पन्न हो सकती है। अभ्यास की अवधि क्रियाकलाप और बच्चों की उम्र पर निर्भर करेगी। कम उम्र के छात्रों के लिए अभ्यास की अवधि भी कम होनी चाहिए।

किसी कौशल को सीखने में यह देखा गया है कि अभ्यास करते रहने पर भी ऐसी समयावधि आती है जब प्रगति प्रत्यक्ष में दिखाई नहीं देती। ऐसी अवधि में भी अगर छात्र अपने प्रयास को जारी रखता है तो कुछ समय बाद प्रगति दिखाई देती है।

प्रारंभ में यदि कार्य जटिल है, तो बहुत कम प्रगति होती है। एक छोटा बच्चा जो लिखना सीख रहा है। अक्षर बनाने में काफी समय लेता है। कभी-कभी प्रगति इसलिए नहीं होती चूँकि छात्र गलत विधि अपना रहा होता है।

6. प्रोत्साहन—कौशल के सीखने में आत्मविश्वास का अहम योगदान होता है। एक कुशल व्यक्ति यह नहीं सोचता कि वह किस प्रकार का संचालन कर रहा है। उसका निष्पादन स्वचालित होता है। वास्तव में यदि वह अपने संचालन की ओर ध्यान देता है तो गलती होने की संभावना बढ़ जाती है। प्रोत्साहन के जरिए बच्चों में आत्मविश्वास का संचार करना चाहिए।

आदतें

एक व्यक्ति ने अपनी घड़ी मरम्मत के लिए दी है। किंतु जब भी वह समय जानना चाहता है, वह अपनी कलाई की ओर देखता है। घड़ी उसकी कलाई पर नहीं बँधी है, मगर उसकी आदत है कि जब भी वह समय जानना चाहता है, वह अपनी कलाई की ओर देखता है। वह काफी दिनों से इसी तरह समय देखता रहा है और इसलिए यह उसकी आदत बन गई है।

हम जीवन में बहुत सी आदतें सीखते हैं। व्यक्ति किस प्रकार बैठता, खड़ा होता, चलता और बोलता है, उसकी आदत पर निर्भर करता है। शिष्ट और अशिष्ट

व्यवहार भी आदतों पर निर्भर करता है। कुछ आदतें अच्छी होती हैं, कुछ बुरी और कुछ न बुरी न अच्छी।

जो आदतें बचपन में बन जाती हैं, संपूर्ण जीवन चलती हैं। इसलिए यह महत्त्वपूर्ण है कि बच्चे अच्छी आदतें सीखें और बुरी आदतों से बचें।

आदतों का विकास

आदतें पुनरावृत्ति से बनती हैं। हम कुछ व्यवहारों को बार-बार दोहराते हैं तो वे आदतों का रूप ले लेते हैं। कुछ आदतें अनजाने में बन जाती हैं और हमें पता भी नहीं चलता कि वे बन रही हैं।

सीखनेवाले को कोई अच्छी आदत विकसित करने में लिए दृढ़ संकल्प करना चाहिए और जल्दी-से-जल्दी संकल्प पर अमल करना चाहिए। शिक्षक छात्रों को आदतों की अहमियत और उनके विकास के लाभ बताकर संकल्प करने में मदद कर सकते हैं, जैसे सच बोलने की आदत।

लगातार अभ्यास से आदत बनती है जो स्वभाव का अंग बन जाती है। अगर हम बच्चों में किसी कार्य को करने की आदत डालना चाहते हैं तो हमें वह कार्य उनसे बार-बार करवाना चाहिए।

□

समझ का विकास

दीपिका घर में मिट्टी से खेल रही है। वह छोटे–छोटे प्याले, रकाबी, छोटे जानवर आदि बना रही है और उन्हें धूप में रखकर सुखा रही है। सरिता की माँ उसे मिट्टी में खेलने नहीं देती। जब दीपिका और सरिता दोनों नर्सरी में प्रवेश लेती हैं तो उन्हें प्लास्टेटीन दिया जाता है। सरिता को प्लास्टेटीन को आकार देने में कठिनाई होती है, जबकि दीपिका मिट्टी से खेलने के पूर्व अनुभव के कारण तुरंत प्लास्टेटीन के छोटे–छोटे खिलौने बनाने लगती है।

सरिता पेंसिल से रेखाएँ खींचती रहती है। दीपिका ने शायद ही कभी पेंसिल पकड़ी हो। जब शिक्षक उन्हें पेंसिल पकड़ाता है तो सरिता दीपिका की अपेक्षा अधिक आसानी से अक्षर बना लेती है।

बच्चों को बीजगणित में भिन्न के जोड़ और घटाव करने हैं। शिक्षक उन्हें बताता है कि यहाँ जो सिद्धांत है वह वही है जो अंकगणित के जोड़ने और घटाने में प्रयोग में आता है। शिक्षक उदाहरण देकर बताता है कि a/c+b/cd उसी प्रकार का जोड़ है जैसा 2/3+5/12। इस प्रकार उन्होंने सीखा कि बीजगणित सीखने में अंकगणित मदद करता है। जब एक परिस्थिति में या एक प्रकार की सामग्री में किसी दूसरी परिस्थिति में कार्य करने में मदद मिलती है, इसे सकारात्मक अंतरण कहते हैं। ऐसा नहीं कि केवल ज्ञान या कौशल समझ को आगे बढ़ाते हों, बल्कि अध्ययन और सीखने की विधियों का भी अंतरण होता है।

यदि बच्चों को एक लेखांश को याद करने का कोई अच्छा तरीका सिखाया गया है, तो यह देखा गया है कि अन्य लेखांश को याद करने में इससे मदद मिलती है। एक समस्या का समाधान ढूँढ़ना सीखने से अन्य समस्याओं का समाधान ढूँढ़ने में मदद मिलती है। हम कह सकते हैं कि बच्चे को किस तरह सीखना है यह सीख

सकते हैं और आगे आनेवाले कार्य के लिए यह बहुत महत्त्वपूर्ण है।

अंतरण को सुगम बनाने वाली स्थितियाँ

1. यदि दो कार्यों में कुछ समानता होती है तो अंतरण होता है। एक हिंदी भाषी बच्चा बँगला और अंग्रेजी दोनों सीख रहा है। उसे किसमें सरलता होगी? बँगला सीखने में, क्योंकि बँगला और हिंदी में बहुत से ऐसे शब्द हैं जो दोनों भाषाओं में प्रयुक्त होते हैं। छोटे बच्चों के लिए आरेखण और अक्षर बनाने में समानता है। भिन्न के जोड़ और घटाव में अंकगणित और बीजगणित में समानता है। इसलिए इन सभी में कार्य का अनुभव दूसरे कार्य में समानता है।

2. दो कार्यों के बीच समानता का होना ही पर्याप्त नहीं है। यह समानता शिक्षार्थी को दिखाई देनी चाहिए, यानी उसकी समझ में यह आना चाहिए कि दोनों में समानता है।

3. यदि शिक्षक केवल यह लिख देता है कि a/c+b/cd और बच्चों को बिना यह बताए कि जोड़ कैसे करना है, जोड़ने को कहता है, तो केवल कुछ तेज बच्चे इसमें और अंकगणित में स्वयं समानता जान सकेंगे। अन्य बच्चों के लिए शिक्षक को स्वयं बोर्ड पर अंकगणित और बीजगणित के जोड़ों को लिखना होगा और समानता समझानी होगी। समानता समझ में आने के बाद वे शायद अपने आप प्रश्न कर सकेंगे। यानी समझ का अंतरण हो सकेगा।

समझ का अंतरण अधिक होगा यदि शिक्षार्थी समझ का नई परिस्थितियों में उपयोग करने का इच्छुक है।

4. जब तक बच्चे बीजगणित में जोड़ के प्रश्न करना नहीं चाहते, वे अपने अंकगणित का ज्ञान उनके प्रयोग में नहीं करेंगे। प्रयास करने के लिए उनमें प्रेरणा होनी चाहिए। यदि उनकी आदत इस बात की पड़ी हुई है कि शिक्षक बताए कि कैसे जोड़ करना है। यहाँ ज्ञान का अंतरण नहीं हुआ बल्कि कार्य करने की आदत का अंतरण हुआ।

5. समझ का अंतरण शिक्षार्थियों की योग्यता पर निर्भर करेगा। शिक्षार्थी जितना बुद्धिमान होगा उतनी ही अधिक संभावना अंतरण होने की है।

तेज बच्चे अपने आप जान पाएँगे कि बीजगणित के जोड़, जो उन्हें करने हैं, अंकगणित के जोड़ के समान हैं जो उन्होंने पहले किए हैं और बिना शिक्षक की सहायता के कर लेंगे। अन्य बच्चों के लिए शिक्षक को दोनों को साथ-साथ प्रस्तुत करना, यानी 2/3+5/12 और a/c+b/cd और इसी प्रकार के अन्य जोड़ बोर्ड पर

लिखने होंगे। शिक्षक को समानता भी बरतनी होगी, इस सहायता के बाद अधिकांश बच्चे बीजगणित के प्रश्न कर लेंगे, किंतु संभवतया धीमी गति से सीखनेवाले बच्चे अभी कर नहीं पाएँ। शिक्षक को उन्हें बताना पड़ेगा कि प्रश्नों को कैसे हल करें।

जेम्स वाट का आविष्कार अंतरण में योग्यता की भूमिका का अच्छा उदाहरण है। कितने ही पुरुषों ने उबलते हुए पानी की भाप से ढक्कन को ऊपर उठते हुए देखा होगा, किंतु एक व्यक्ति, जेम्स वाट, एक दूसरी परिस्थिति में जहाँ भाप इंजन को ढकेलती है, इसका अंतरण कर सका और इस प्रकार भाप इंजन का आविष्कार हुआ।

6. जितना अच्छा पहला कार्य सीख जाएगा उतनी ही अधिक संभावना है कि समझ का अंतरण नई परिस्थिति में होगा।

जिन बच्चों ने अंकगणित में जोड़ना और घटाना सही मायनों में सीख लिया है वे बीजगणित के उसी प्रकार के प्रश्नों को करने में अंतरण कर लेंगे। एक बच्चा जो पेंसिल से रेखाएँ खींचता रहा है, यदि वह पेंसिल से जैसी आकृति चाहता है वैसी बना लेता है, तो इस अनुभव से लिखना सीखने में मदद मिलेगी।

7. आधारभूत सिद्धांतों को समझ लेना यानी सामान्यीकरण पर पहुँच जाना समझ के विकास में सहायक होता है।

केवल इतना सोच लेना कि भाप ढक्कन को ऊपर उठाती है, पर्याप्त नहीं होगा, बल्कि यह समझना चाहिए कि भाप में ढकेलने की शक्ति है।

यदि एक बच्चा यह सीखता है कि शिमला दिल्ली से अधिक ऊँचाई पर है और दिल्ली से अधिक ठंडा है, डलहौजी ऊँचाई पर बसा है और वह भी ठंडा है, इससे वह मसूरी की जलवायु के बारे में, चाहे उसे यह भी बता दिया जाए कि मसूरी ऊँचाई पर है, कोई निष्कर्ष नहीं निकाल पाएगा जब तक वह यह सामान्यीकरण नहीं समझ जाता है कि जो स्थान ऊँचाई पर स्थित है, वह मैदानी इलाकों से अधिक ठंडा है।

8. जब बच्चे सिद्धांतों को बताए जाने के बजाय स्वयं सिद्धांतों का पता लगा लेते हैं तब अंतरण की संभावना बढ़ जाती है।

उत्तोलक के सिद्धांत का बच्चे स्वयं पता लगा सकते हैं। ढेंकी के खेल में या उत्तोलक द्वारा वजन उठाने से, सिद्धांत स्वयं समझ में आ सकता है। ढेंकी के खेल में यदि एक तरफ भारी बच्चा और दूसरी ओर हलका बच्चा हो, तो बच्चों को अपने आप समझ में आ सकता है कि भारी बच्चे को केंद्र के समीप होना चाहिए।

इसी प्रकार बच्चे लंबी भुजा, छोटी भुजा से बारी-बारी से वजन उठाने का

प्रयास करें और दोनों स्थितियों में वजन उठाने में अंतर का अनुभव करें तो इससे भी उत्तोलक का सिद्धांत स्वयं समझ में आ सकता है, ऐसी स्थिति में वे सिद्धांत का उपयोग नई परिस्थितियों में कर सकेंगे।

9. बच्चों को एक सिद्धांत का विभिन्न परिस्थितियों में उपयोग का जितना अधिक अनुभव होगा उतना ही नई परिस्थितियों में उसका उपयोग करना सरल होगा।

उदाहरण के लिए, यदि बच्चों को उत्तोलक (लीवर) का अनुभव केवल ढेंकी (सीसो) के खेल में है तो हो सकता है कि नई परिस्थितियों में वे इसका उपयोग नहीं कर सकें, किंतु यदि उत्तोलक द्वारा उन्होंने वजन उठाने की कोशिश की है, दरवाजे को खोलने में दरवाजे के कब्जे से विभिन्न दूरी पर हाथ रखकर धक्का दिया है और इसी प्रकार के अन्य अनुभव भी किए हैं, तो इस बात की अधिक संभावना है कि नई परिस्थितियों में जैसे चक्के को सरलता से घुमाने में या डिब्बों का ढक्कन चम्मच से खोलने में उत्तोलक के सिद्धांतों का उपयोग कर सकेंगे।

ऋणात्मक अंतरण

कभी-कभी जो हमने सीख लिया है वह नया कार्य सीखने में कठिनाई पैदा करता है। मान लीजिए कि एक दिन यातायात के नियम बदले जाते हैं और हमसे कहा जाता है कि लाल बत्ती का मतलब है 'जाओ' और हरी का 'रुक जाओ'। जो चालक वर्षों से लाल बत्ती पर रुक रहे हैं और हरी बत्ती पर गाड़ी चला रहे हैं, उनसे निश्चय ही गलतियाँ होंगी।

यदि एक बार बच्चा किसी शब्द की गलत वर्तनी सीख लेता है तो उसे सही करना कठिन होता है, विशेष रूप से यदि बच्चा इसे काफी समय से लिख रहा हो। इसी प्रकार बच्चे ने यदि अक्षरों की आकृति गलत ढंग से बनाना सीखा है तो प्रारंभ में ठीक ढंग से लिखना सिखाने की अपेक्षा गलत ढंग से सही करना कठिन होता है। अध्ययन और सीखने के गलत ढंग आगे की पढ़ाई में बाधा बनते हैं। यदि बच्चों को समझने के बजाय रटकर याद करने की आदत पड़ गई तो यह आगे समझकर सीखने में रुकावट बनेगी।

अंतरण का महत्व

1. स्कूल के शिक्षण का जीवन की वास्तविक परिस्थितियों से संबंध होना चाहिए।
2. बच्चों के लिए जो उन्होंने पहले सीखा है और नए सीखने के कार्य के बीच

समानताओं और संबंधों को देखने के लिए पथ प्रदर्शन करना चाहिए।

3. बच्चों को निहित सिद्धांतों का पता लगाने और सामान्यीकरण तक पहुँचने में सहायता करनी चाहिए।
4. यह सुनिश्चित करना चाहिए कि बच्चों को इन सिद्धांतों का सम्यक ज्ञान हो जाए।
5. सिद्धांतों का उपयोग जितनी विविध परिस्थितियों में संभव हो सके, उनमें करने के लिए अवसर देना चाहिए।

□

ज्ञान का अर्जन

स्कूल का प्रमुख कार्य छात्रों को ज्ञान अर्जित करने में मदद करना है। कक्षा का कार्य, होम वर्क—ये सब ज्ञान प्रदान करने के लिए होते हैं। यह सही है कि छात्र स्कूल के अंदर और बाहर भी अनुभव द्वारा ज्ञान अर्जित करते हैं। वास्तव में हम जीवनपर्यंत ज्ञान अर्जित करते हैं, किंतु स्कूल की पढ़ाई की रूपरेखा विशेष रूप से ज्ञान प्रदान करने के लिए तैयार की जाती है और शिक्षक का महत्त्वपूर्ण कार्य ज्ञान प्रदान करना है।

ज्ञान का अर्थ अपने चारों ओर की दुनिया की जानकारी और समझ है। यह विभिन्न प्रकार से प्राप्त होता है—जीवन के अनुभव द्वारा, कक्षा में, शिक्षण द्वारा, पुस्तकों में, टीवी और इंटरनेट से। पुस्तकों और कक्षा में शिक्षण से जो जानकारी प्राप्त होती है उसका माध्यम भाषा है। इन माध्यमों को बच्चे समझ सकेंगे, यदि उन्हें उन शब्दों के अर्थ समझ में आते हैं जिसका प्रयोग होता है, जैसे जब शिक्षक किलोग्राम, जलवायु, वनस्पति की बात करता है तो बच्चों की समझ में यह आना चाहिए कि इनका क्या अर्थ है।

अवधारणाएँ

कोई वस्तु क्या है, उसके मूलभूत अर्थ को समझना अवधारणा है। जब हम जानवर या पेड़ की बात करते हैं, हम जानते हैं कि इनका क्या अर्थ है। अवधारणा वस्तुओं या विचारों की किसी श्रेणी से संबंधित होती है जिनमें एक या एक से अधिक आम विशेषताएँ होती हैं।

जब बच्चा प्रारंभ में सोचता है कि माँ का अर्थ केवल उसकी माँ है, उस समय उसने माँ की अवधारणा नहीं सीखी है, इसी प्रकार जब वह फूल देखता है

और 'फूल' कहना सीखता है, तो उसके मन में फूल का अर्थ केवल एक विशेष फूल तक ही सीमित हो सकता है।

जब उसकी समझ में यह बात आती है कि समान वस्तुओं की एक विशेष श्रेणी को फूल कहते हैं और वह नए फूलों को पहचान लेता है, तब हम कह सकते हैं कि उसने फूलों की अवधारणा को प्राप्त कर लिया।

बच्चे अपने चारों ओर की वस्तुओं जैसे दूध, पानी, पेड़, बिल्ली, कुत्ता आदि की सरल अवधारणाएँ प्राप्त कर लेते हैं। बाद में उन्हें ऐसी अवधारणाएँ सीखनी होती है जो उनके समीप नहीं होतीं और जिनके साथ उनका कोई संपर्क नहीं हुआ होता, जैसे समुद्र, पहाड़ या हिमपात। इसके अलावा उन्हें संबंधात्मक अवधारणाएँ जैसे आधा, अधिक बड़ा आदि भी सीखनी होती है। जैसे-जैसे बच्चे बड़े होते हैं उन्हें अमूर्त अवधारणाएँ सीखनी होती हैं, जैसे अच्छाई, दया, ईमानदारी।

बच्चों को अवधारणाओं के बारे में क्या सीखना चाहिए

बच्चा जब कुत्ते को देखता है और उसे बताया जाता है कि वह कुत्ता है तो इससे वह सचमुच कुत्ते की अवधारणा सीख नहीं लेता। हो सकता है कि उसके मन में केवल यह धारणा बने कि यह अमुक जानवर का नाम है। जब वह सारे कुत्तों को देखता है, जो छोटे और बड़े और विभिन्न शक्ल-सूरत के होते हैं, तब उसकी समझ में आता है कि कुत्ता किसे कहते हैं।

अब यदि वह बिल्ली को देखता है तो पहले वह सोचता है कि यह कुत्ता है, मगर बाद में कुत्ते, बिल्ली और अन्य जानवरों के बीच अंतर समझ में आ जाता है। इसलिए कुत्ते की अवधारणा सीखने में उसे यह सीखना होता है कि कुत्ता क्या है, कुत्ते विभिन्न प्रकार के होते हैं, किंतु कुछ विशेषताएँ सभी कुत्तों में होती हैं।

इसी प्रकार त्रिकोण की अवधारणा सीखने में बच्चा सीखता है कि त्रिकोण एक ऐसी जगह है जो तीन रेखाओं से घिरी हुई है। उसे पता चलेगा कि त्रिकोण विभिन्न आकृति के हो सकते हैं।

त्रिकोण की मूलभूत विशेषताएँ दो हैं—(1) तीन भुजाएँ होंगी और (2) प्रत्येक जुड़वाँ भुजा एक बिंदु पर मिलेगी, जिनसे एक जगह घिरेगी। आकृति त्रिकोण की मूलभूत विशेषता नहीं है।

इसी प्रकार बच्चे प्रत्येक अवधारणा की मूलभूत विशेषता सीख सकते हैं, उसके विभिन्न रूप पहचान सकते हैं और उसका अन्य वस्तुओं से विभेदीकरण कर सकते हैं।

जितनी अधिक मूलभूत विशेषताएँ एक अवधारणा में होंगी उतना ही उसे समझना कठिन होगा। उदाहरण के लिए समाद्विबाहु त्रिभुज की अवधारणा लीजिए। त्रिभुज की अपेक्षा इसे समझना कुछ कठिन है, क्योंकि एक विशेषता को बढ़ा दिया गया है। इसी प्रकार प्राणी की अवधारणा पत्थर की अवधारणा से अधिक कठिन है, क्योंकि प्राणी में मूलभूत विशेषताएँ पत्थर से कहीं अधिक हैं।

□

छात्रों से संवाद कैसे करें

जब कोई छात्र आपसे बात कर रहा हो तब आपको ध्यान से उसे सुनना चाहिए। छात्रों से संवाद की प्रक्रिया को बढ़ावा देकर आप उन्हें अधिक सीखने के लिए प्रेरित कर पाएँगे—

प्रत्येक छात्र का नाम पुकारते हुए सवाल पूछने के लिए आमंत्रित करें-उन्हें अपने प्रश्नों की व्याख्या करने के लिए भरपूर मौका दें। इस तरह दूसरे छात्र भी उत्तर सुनने में दिलचस्पी ले सकेंगे।

छात्र के पूछे गए प्रश्न का सदुपयोग करें—कक्षा के सभी छात्रों से पूछें कि क्या वे किसी एक छात्र द्वारा पूछे गए प्रश्न का उत्तर दे सकते हैं। छात्रों को उत्तर देने के लिए प्रोत्साहित करें।

छात्रों के 'गलत' जवाब का मजाक न उड़ाएँ—शालीनता के साथ बता दें कि उत्तर सही नहीं है और फिर दूसरे छात्रों को उत्तर देने के लिए आमंत्रित करें।

रोचक अंदाज में संवाद पूछें—ऐसे दरशाएँ मानो सवाल के जवाब के बारे में आप ठीक से नहीं जानते। छात्रों से सवाल पूछकर निष्कर्ष सामने लाने का प्रयास करें।

छात्रों को सवाल पूछने के लिए प्रोत्साहित करें—छात्रों से ऐसे सवाल पूछने के लिए कहें जिन्हें वे पूरी कक्षा के लिए उपयोगी समझते हों। जब छात्र स्वयं सवाल पूछेंगे तो ज्यादा-से-ज्यादा छात्र जवाब देना चाहेंगे।

मार्गदर्शक के रूप में उपलब्ध रहें—ऐसी व्यवस्था करें कि प्रत्येक छात्र बारी-बारी से आपके पास आकर दिल की बात कह पाए या पूछ सके। उनसे की गई बातचीत के मुख्य बिंदुओं पर बाद में कक्षा में चर्चा करें।

छात्रों को बताएँ कि आप हर मामले में उनकी सहायता करने के लिए

तत्पर हैं—आप छात्रों से कहें कि वे किसी भी विषय के बारे में आपसे सवाल पूछ सकते हैं या अपनी राय जाहिर कर सकते हैं। यह भी स्पष्ट कर दें कि जो उत्तर आप नहीं जानते उसके लिए भी आप विशेषज्ञ की खोज कर सकते हैं।

अपने निजी जीवन के चुनिंदा अनुभवों को छात्रों के साथ बाँटें—बीच-बीच में अपने निजी जीवन के चुनिंदा अनुभवों की चर्चा छात्रों के साथ करें। इस तरह छात्र महसूस कर पाएँगे कि आपके भीतर भी अनुभूतियाँ और जज्बात हैं। मगर निजी अनुभवों को बाँटते समय ध्यान रखें कि कहीं अतिरेक के चलते छात्रों को ऊब न महसूस हो।

निरर्थक प्रश्नों को स्वीकार करें—जब छात्र निरर्थक प्रश्न पूछते हैं या निरर्थक बातें करते हैं तो उन्हें हतोत्साहित न करें। उनके वैसे प्रश्नों के प्रति भी गंभीरता से बर्ताव करें।

सभी छात्रों को मौका दें—ऐसे छात्रों की पहचान करें जो प्रश्न नहीं पूछते या जो अपनी राय जाहिर नहीं करते। ऐसे छात्रों को चर्चा में भाग लेने के लिए प्रोत्साहित करें। उदाहरण के तौर पर ऐसे छात्रों को आप सामूहिक बहस संचालित करने का दायित्व सौंप सकते हैं।

□

छात्रों को कैसे दें अपनी राय

छात्रों को उपयोगी परामर्श देना अत्यंत महत्त्वपूर्ण कार्य है, लेकिन कभी कभी यह छात्र और शिक्षक दोनों के लिए कड़वा अनुभव भी साबित हो सकता है। नीचे बताए गए सूत्रों को अपनाकर आप अपनी राय को प्रभावशाली बना सकते हैं और उसके नकारात्मक प्रभावों को भी दूर कर सकते हैं—

छात्रों की अनुभूतियों का ध्यान रखे—याद रखें कि जब छात्र शिक्षक के मुँह से अपने बारे में कोई टिप्पणी सुन रहे होते हैं तो वे अपने आप तनावग्रस्त हो जाते हैं। वे शिक्षक की टिप्पणी को आधे-अधूरे ढंग से ग्रहण कर सकते हैं। वे मूल संदेश को भूलकर महज कुछ शब्दों को याद रख सकते हैं।

शारीरिक मुद्रा का सदुपयोग करें—लिखित राय देने की जगह छात्र को अपने सामने बुलाकर राय देना अधिक प्रभावशाली साबित होता है। ऐसा करते हुए चेहरे के भाव, स्वर की गंभीरता और शारीरिक मुद्रा का सकारात्मक ढंग से इस्तेमाल करें।

मूल संदेश पर जोर दें—आमने-सामने दी जानेवाली राय के मामले में अकसर ऐसा होता है कि पूरी बात छात्र के जेहन में उतर नहीं पाती। इसका अर्थ है कि छात्र आपकी कही गई सारी बातों को याद नहीं रख पाएगा, जैसा कि मानव स्वभाव होता है, वह आपकी राय के कुछ हिस्सों को याद रखेगा और कुछ हिस्सों को भूल जाएगा।

प्रतिक्रिया के जोखिम के प्रति सावधान रहें—जब आप छात्र को अपनी राय दे रहे होते हैं, उस समय उसकी मानसिक स्थिति पर निर्भर करेगा कि वह आपकी बातों को किस तरह ग्रहण करेगा। अगर उस समय वह सकारात्मक और आशावादी मन:स्थिति में होगा तो वह आपकी टिप्पणी के सकारात्मक पहलू को

याद रखेगा। अगर उस समय उसकी मन:स्थिति तनावग्रस्त और नकारात्मक रहेगी तो वह आपकी टिप्पणी के नकारात्मक पहलू को याद रखेगा।

आपका संदेश समझा जा रहा है या नहीं, जाँच कर लें—आमने-सामने अपनी राय जाहिर करने का एक लाभ यह है कि आप आपनी बातों के प्रभाव का अंदाजा छात्र के चेहरे को देखकर लगा सकते हैं। जब आपको लगे कि छात्र आपके मूल संदेश को नहीं समझ पा रहा है तो आप उसे विस्तार से अपनी बात समझा सकते हैं।

तय करे लें कि राय वैयक्तिक रूप से देना उचित रहेगा या सामूहिक रूप से—यह तय कर लेना उपयोगी साबित होगा कि कौन सी राय वैयक्तिक रूप से दी जाए और कौन सी राय सामूहिक रूप से। छात्र विशेष से संबंधित टिप्पणी वैयक्तिक रूप से करना उचित रहेगा, मगर आप गलतियों के बारे में वैयक्तिक तौर पर राय देने की जगह सामूहिक रूप से राय देना अधिक प्रभावशाली कदम साबित होगा।

संक्षिप्त टिप्पणी लिख लें—जब आपको कई बातें कहनी हो (वैयक्तिक रूप से नहीं बल्कि पूरी कक्षा के छात्रों से) तो मुख्य बिंदुओं को लेकर संक्षिप्त टिप्पणी लिख लेना उपयोगी साबित हो सकता है। आप इस संक्षिप्त टिप्पणी की प्रतिलिपियाँ तैयार कर छात्रों के बीच वितरित कर सकते हैं। इस तरह छात्रों को आपका नजरिया अच्छी तरह समझने में सहायता मिलेगी।

शुरुआत और अंत सकारात्मक हो—कई बार छात्र अपनी आलोचना को सुनना पसंद नहीं करते। ऐसे अवसर पर अपनी बात की शुरुआत सकारात्मक लहजे में करें और वक्तव्य का समापन सकारात्मक रूप से ही करें।

छात्र पर पड़नेवाले प्रभाव का ध्यान रखें—जब आप किसी छात्र को अपनी राय बता रहे होते हैं तो उसके चेहरे पर होनेवाली प्रतिक्रिया को आसानी से पढ़ सकते हैं। उनके चेहरे के भाव और शरीर की भाषा से आप समझ सकते हैं कि आपकी बातों का उनके ऊपर कैसा प्रभाव पड़ रहा है। अगर उनके चेहर पर घबराहट का भाव देखें तो तुरंत अपने लहजे को नर्म बनाने की कोशिश करें।

□

माता-पिता के साथ कार्य संचालन

बच्चों को प्रभावित करनेवाले अनेक कारक हैं, किंतु एक मूलभूत कारक, जिसके बारे में सभी विशेषज्ञ सहमत हैं, माता-पिता हैं। चाहे शारीरिक विकास हो, चाहे व्यक्तित्व, सामाजिक आचरण, आदतों, अभिवृत्तियों और मूल्यों का विकास हो, एक मानव को जीवन के प्रारंभ में, अच्छे या बुरे, जो भी आधार मिलते हैं, वे उस माहौल से प्राप्त होते हैं जो माता-पिता प्रदान करते हैं। माता-पिता संस्कृति को संप्रेषित करते हैं। ये प्रशिक्षक और प्रतिमान दोनों का ही काम करते हैं।

एक बच्चा विचार करना, भाषा का प्रयोग करना, अपने और दूसरे के बारे में धारणा बनाना, दुनिया और उसमें अपने स्थान का पता लगाना—ये सब माता-पिता के साथ अनुक्रिया के आधार पर सीखता है।

क्या माता-पिता जानते हैं कि उनका कितना गहरा प्रभाव बच्चों पर पड़ता है? क्या उनमें बच्चों को पालने का पर्याप्त ज्ञान और कुशलताएँ हैं? विभिन्न कार्यों के संपादन के लिए प्रशिक्षण कार्यक्रम हैं, जिनमें हमें कुशलताओं का विकास करने में मदद मिलती है, किंतु पितृत्व या मातृत्व के लिए, जिससे इतनी अधिक अपेक्षा की जाती है, व्यक्ति के सामने केवल सीमित अनुभव हैं कि कैसे उसके माता-पिता ने उसका पालन किया था या व्यवहार किया था। इन सीमित आधारों पर माता-पिता अपने बच्चों का लालन-पालन करते हैं। इसके साथ-ही-साथ माता-पिता का ध्यान अन्य समस्याओं की ओर भी रहता है, जैसे अपर्याप्त आवास, पारिवारिक संघर्ष, नौकरी के दायित्व, स्वास्थ्य संबंधी समस्याएँ और बढ़ती हुई महँगाई जिसके कारण जीवनयापन करना कठिन होता जा रहा है। इस तरह की कठिन परिस्थितियों का सामना करने में माता-पिता लगे रहते हैं। आश्चर्य नहीं कि

बच्चों के लालन-पालन में बहुत सी कमियाँ रह जाती हैं।

जहाँ तक बच्चों के पालन का प्रश्न है, यह मान लिया गया है कि माता-पिता को यह स्वाभाविक रूप से आता है, किंतु अध्ययनों ने यह दरशाया है कि अनेक माता-पिता की इस बड़े दायित्व के लिए अपर्याप्त तैयारी है। उन्हें बच्चों के शारीरिक विकास का या उनकी मानसिक आवश्यकताओं की बहुत कम जानकारी होती है।

बच्चों पर अपने सहपाठियों, संचार साधनों और परिवेश का प्रभाव पड़ता है, माता-पिता उसी प्रकार के अनुशासन और पालन की विधियों को अपनाकर, जिसमें वे बड़े हुए थे, एक दिन खुद को ऐसी स्थिति में पाते हैं जिसकी उन्हें अपेक्षा नहीं होती। पहले की अनेक बातें वर्तमान परिस्थितियों के अनुकूल नहीं होतीं।

एक बच्चा अन्य बच्चों को अपने माता-पिता से खुलकर विभिन्न विषयों पर विचार विनिमय करते हुए सुनता है। शिक्षक भी कक्षा में बच्चों को विचार करने, प्रश्न करने और विवेचना करने के लिए प्रोत्साहित करता है। ऐसा बच्चा यदि माता-पिता के किसी आदेश का, जिसे वह गलत समझता है, पालन नहीं करता, माता-पिता से पूछता है कि ऐसा वह क्यों करे, तो एक निरंकुश पिता इसे अनादर और अवज्ञा का कार्य समझेगा।

विभिन्न पालकों का बच्चों के प्रति अभिवृत्तियों और मनोभावों में अंतर होता है। कुछ माता-पिता बच्चों को स्वीकार करते हैं और कुछ तिरस्कार करते हैं। अनेक बार दोनों का मिश्रण होता है।

स्वीकरण : स्वीकार करनेवाले माता-पिता अपने बच्चों से स्नेह करते हैं और उनमें काफी रुचि लेते हैं। उनकी बच्चों से अपेक्षाएँ बच्चों के विकास के स्तर के अनुरूप होती है। बच्चा, जिसे स्वीकार किया जाता है, अधिकतर सहयोगशील, स्नेही, भावनात्मक दृष्टि से स्थिर, आत्मविश्वासी और प्रसन्नचित्त होता है।

अस्वीकरण : अस्वीकरण बच्चे की सुरक्षा के प्रति उदासीन करने के प्रति उससे अत्यधिक अपेक्षाएँ करने या स्पष्ट वैमनस्य करने में व्यस्त होता है। इसके कारण बच्चे में लाचारगी, कुंठा, विफलता या क्षोभ जैसे भाव उत्पन्न होते हैं।

यह स्पष्ट है कि माता-पिता की अभिवृत्तियों का बच्चों पर प्रभाव पड़ता है। जो बच्चे ऐसे घरों से आते हैं जहाँ माता-पिता की अभिवृत्तियाँ अनुकूल होती हैं वे अधिकतर प्रसन्न रहते हैं, स्नेही होते हैं और अपेक्षाकृत चिंताओं से मुक्त रहते हैं तथा समूह में स्वतंत्र सदस्यों के रूप में आचरण करते हैं।

बच्चे के स्कूल के कार्य में माता-पिता की अभिवृत्ति और रुचि में भी बहुत

अंतर मिलता है। ऐसे माता-पिता होते हैं जो बच्चे के स्कूल की पढ़ाई को लेकर अत्यधिक चिंतित रहते हैं और बच्चे से अत्यधिक अपेक्षा रखते हैं। बहुत से बच्चे इन दबावों का सामना नहीं कर पाते। ऐसे भी माता-पिता होते हैं जो बच्चों को सारी भौतिक सुविधाएँ मुहैया करवाते हैं, किंतु बच्चों की स्कूल की प्रगति में उनकी कोई दिलचस्पी नहीं होती और वे इस ओर बिलकुल ध्यान नहीं देते। उनमें से कुछ का कहना है कि वे इतने व्यस्त रहते हैं कि उनके लिए बच्चे की शिक्षा के लिए समय निकालना संभव नहीं होता।

इसके विपरीत कुछ माता-पिता ऐसे होते हैं जो बच्चे की मदद तो करना चाहते हैं मगर उनके समय की शिक्षण विधियों में इतना परिवर्तन आ चुका होता है कि बच्चे की पढ़ाई में मदद नहीं कर पाते और न ही प्रोत्साहन दे पाते हैं।

माता-पिता के सामने अन्य सुविधाएँ भी होती हैं। उनके मन में यह संशय बना रहता है कि वे बच्चों का सही ढंग से पालन कर रहे हैं अथवा नहीं। अगर उनके बच्चे का आचरण उनके सहयोगियों के बच्चों के आचरण से भिन्न होता है तो वे अकसर सोचते हैं कि कहीं उनसे कोई चूक तो नहीं हो रही। वे इस बात से भी चिंतित रहते हैं कि कहीं उनका बच्चा असामान्य तो नहीं है। विकास संबंधी समस्याओं से भी कुछ लोग चिंतित रहते हैं।

बच्चों के लालन-पालन में और उनके साथ अंतर्क्रिया में पालकों के बीच काफी व्यापक व्यक्तिगत अंतर मिलते हैं। कुछ माता-पिता बच्चों के पालन में जो समस्याएँ पैदा होती हैं, उनके प्रति जागरूक होते हैं और कुछ बच्चों के साथ अपने व्यवहार की कमजोरियों के बारे में अपनी अज्ञानता में ही खुश रहते हैं और बाकी में यह विश्वास रहता है कि जो कुछ वे कर रहे हैं वह बिलकुल सही है।

घर के बाद स्कूल दूसरी सामाजिक संस्था है जो बच्चों के जीवन पर दूरगामी प्रभाव डालती है। बच्चों का सबसे अच्छा विकास उस माहौल में होगा जहाँ स्कूल और घर के बीच विचारों और व्यवहार में समन्वय हो। यदि अपेक्षाओं, मूल्यों और व्यवहार में मूलभूत अंतर है तो बच्चे को लगेगा कि वह परस्पर विरोधी दिशाओं में खींचा जा रहा है।

शिक्षक स्कूल का मुख्य आधार है। जहाँ तक बच्चे के विकास, कल्याण और व्यक्तित्व निर्माण का प्रश्न है, माता-पिता और शिक्षकों के समान उद्देश्य हैं। शिक्षकों को माता-पिता की तुलना में यह लाभ है कि एक माता या पिता के रूप में अपने अनुभवों के अतिरिक्त, वे मानव व्यवहार की गतिशीलता से भी परिचित होते हैं और अनेक बच्चों को मार्गदर्शन देने का अनुभव उनके पास होता है। इसके

अलावा वे यह भी जानते हैं कि समुदाय में क्या साधन उपलब्ध हैं जिनसे माता-पिता और बच्चों की मदद की जा सकती है।

घर और स्कूल का बच्चे के विकास एवं स्कूल की सफलता में सम्मिलित दायित्व है और इसमें शिक्षकों की निर्णायक भूमिका है। घर या स्कूल दोनों ही में जो कुछ होता है, उसका बच्चे के समग्र व्यवहार पर प्रभाव पड़ता है। उदाहरण के लिए, यदि माता-पिता बच्चे की स्कूली प्रगति के लिए अत्यधिक चिंतातुर हैं तो इससे बच्चे में तनाव उत्पन्न होगा। हो सकता है कि उसका शैक्षिक प्रदर्शन अच्छा हो, किंतु संवेगात्मक दृष्टि से वह बेचैनी प्रदर्शित करता हो या उसके मन में यह धारणा विकसित हो जाए कि वह उतना होशियार नहीं है जितनी उसके माता-पिता उससे अपेक्षा करते हैं। यदि स्कूल में नकारात्मक ढंग से उसकी तुलना उसके सहपाठियों से की जाती है तो उसके मन में हीनता की भावना पैदा होती है और वह समूह से अलग-थलग रहने लगता है।

बच्चों को उस माहौल से अधिक लाभ होता है, जहाँ माता-पिता और शिक्षक एक-दूसरे पर भरोसा करते हैं और उनमें पारस्परिक विश्वास होता है। सम्मिलित प्रयास, सहयोग और आपसी भागीदारी से बच्चे के सर्वोत्तम गुणों को उजागर किया जा सकता है। पालक-शिक्षक सहयोग को एक उदाहरण के जरिए समझा जा सकता है। राजीव जब स्कूल में दाखिल हुआ तब स्कूली पढ़ाई में उसकी बहुत कम रुचि थी। वह चुप और अपने आपमें सीमित रहनेवाला छात्र था। अन्य बच्चों के साथ खेलने में उसकी रुचि नहीं थी और उसके चेहरे पर उदासी का भाव रहता था। शिक्षिका ने उसकी माँ से बात करने का निश्चय किया। माँ से पता लगा कि प्रारंभ में घर में सबकुछ ठीक था और राजीव बहुत खुश रहता था। शिक्षिका ने राजीव के बारे में अपनी चिंता उसकी माँ को बताई। शिक्षिका ने कहा, ऐसा लगता है कि राजीव किसी बात से परेशान है और उसे मदद की जरूरत है। आखिरकार माँ ने स्वीकार किया कि घर में समस्याएँ थीं। वे एक संयुक्त परिवार में रह रहे थे जिसके कारण कुछ समस्याएँ थीं और आपसी कलह होता रहता था। हाल में वे संयुक्त परिवार से अलग होकर एक छोटे घर में रहने लगे थे। शिक्षिका ने माँ को यह समझने में मदद की कि पारिवारिक कलह का प्रभाव राजीव पर पड़ रहा था। उसने सुझाव दिया कि उनको राजीव के साथ अधिक समय बिताना चाहिए, उसके कार्य में रुचि लेनी चाहिए और पड़ोस के बच्चों को घर जाने और राजीव के साथ खेलने के लिए प्रोत्साहित करना चाहिए।

बाद में माँ कई बार शिक्षिका से मिली और अब वह अधिक सजगता और

निस्संकोच अपनी बात कहती थी। धीरे-धीरे राजीव के व्यवहार में परिवर्तन दिखाई दिया। वह अब अधिक खुश और चुस्त दिखाई देता था और अपने परिवेश में उसने रुचि लेना प्रारंभ कर दिया था। शिक्षिका ने उसे प्रोत्साहित किया और माता-पिता ने भी उसके प्रयासों की प्रशंसा की। वर्ष के अंत तक कक्षा की पढ़ाई में राजीव का प्रदर्शन निखरता गया।

इस मामले में यह देखा जा सकता है कि राजीव को शिक्षिका से कोई सीधी सहायता नहीं मिली। राजीव के माता-पिता ने उसके दादा-दादी के घर से अलग रहने का निश्चय किया था। मगर इसके कारण काफी तनाव रहा और इस संबंध में उनकी मिश्रित भावनाएँ थीं। माँ को अपनी भावनाएँ शिक्षिका से सामने व्यक्त करने का अवसर मिला जो उसे स्वीकार करती थी। इससे उसके तनाव में कमी आई।

शिक्षक के लिए यह बहुत आवश्यक है कि वह बच्चे के समग्र व्यवहार का अध्ययन करे। हालाँकि अनेक व्यक्तिगत अंतर होते हैं, अनुभव के साथ शिक्षक ऐसे व्यवहार को पहचान सकता है जो सामान्य से बहुत अधिक भिन्न हों, जिन्हें माता-पिता के सामने लाना चाहिए और जिसमें बच्चे की मदद करने के लिए आवश्यक कदम उठाया जाना चाहिए। छात्रों के साथ शिक्षक का व्यवहार मैत्रीपूर्ण होना चाहिए। माता-पिता शिक्षक की चिंता में साथ देंगे यदि वह उनका विश्वास प्राप्त कर लेता है। शिक्षक को माता-पिता की बात सुननी चाहिए और बच्चे के बारे में जानकारी प्राप्त करनी चाहिए।

एक सहानुभूतिशील शिक्षक ही माता-पिता से संपर्क स्थापित कर सकेगा और उनमें परिवर्तन लाने की कोशिश कर सकेगा। यदि वह माता-पिता की आलोचना करेगा या उन पर दोषारोपण करेगा, तो शायद ही वह उनमें किसी प्रकार का परिवर्तन ला पाएगा। व्यवहार या अभिवृत्ति में परिवर्तन सरल बात नहीं है। व्यक्ति जब अपने आप आश्वस्त नहीं होता, वह परिवर्तन का प्रतिरोध करता है और नई विधियों को, जिनके बारे में वह अनिश्चित है, नहीं अपनाता।

शिक्षक को पहल करनी होगी और माता-पिता के साथ मिलकर कार्य करना होगा जिससे वे अपने बच्चों की समस्याओं को समझ सकें। शिक्षक को पालक के व्यक्तित्व का आदर करना चाहिए और उनसे जुटाई गई जानकारी को गोपनीय रखना चाहिए।

□

स्कूल में मार्गदर्शन और परामर्श

जब शिक्षा को केवल ज्ञान प्रदान करने का ही माध्यम न मानकर, उसे छात्र के सर्वांगीण विकास के साधन के रूप में देखा जाता है, तब यह स्पष्ट है कि मार्गदर्शन और परामर्श इसके प्रमुख अंग हैं। वास्तव में निष्ठावान शिक्षक तो सदैव अपने छात्रों का मार्गदर्शन करते रहते हैं। फिर, हमें अलग से मार्गदर्शन और परामर्श सेवा की क्यों आवश्यकता है? कारण यह है, स्कूल की नित्यचर्या में, शिक्षकों के अधिक कार्यभार और छात्रों को परीक्षा के लिए तैयार कराने के दायित्व के कारण, कुछ अन्य महत्त्वपूर्ण उद्देश्य दृष्टि से ओझल हो जाते हैं। इसलिए मार्गदर्शन सेवा इन उद्देश्यों को महत्व देने के लिए और उन पर कार्यान्वयन के लिए आवश्यक है।

मार्गदर्शन का उद्देश्य

मार्गदर्शन सेवा इसलिए विकसित की जाती है ताकि बच्चों की मदद की जाए जिससे वे प्रमुदित और स्वस्थ व्यक्तित्व विकसित कर सकें, अपनी समस्याओं से निपटना सीखें, अपनी योग्यताओं को विकसित करें और समाज में अपनी पहचान बनाएँ। ये ही शिक्षा के उद्देश्य भी हैं। इन उद्देश्यों की ओर विशेष रूप से ध्यान आकर्षित करना मार्गदर्शन का लक्ष्य है। विशिष्ट रूप से मार्गदर्शन कार्यक्रम के निम्नलिखित उद्देश्य होते हैं—

1. मार्गदर्शन बच्चों की योग्यताओं और रुचियों को विकसित करने में सहायक होता है। बहुत से बच्चे अपनी क्षमताओं के अनुरूप कार्य नहीं करते। कुछ को अपने अध्ययन में कठिनाई होती है, हालाँकि उनमें जिस प्रकार कार्य करने की अपेक्षा कक्षा में की जाती है, उसे करने की क्षमता होती है। कुछ अच्छा कार्य कर रहे हैं, किंतु उससे बेहतर कर सकते हैं।

ऐसे भी बच्चे होते हैं जिनमें विशेष योग्यता और प्रतिभा होती है जिसका विकास होना चाहिए। शिक्षक को यह पता लगाना चाहिए कि प्रत्येक बच्चे के भीतर किस

तरह की खूबियाँ छिपी हुई हैं। यानी वह कौन से कार्य कुशलतापूर्वक कर सकता है और उसकी विशेष अभिरुचियाँ क्या हैं। इनके आधार पर उसे उपयुक्त सीखने के अनुभव प्रदान करना चाहिए जिससे बच्चे का विकास उसकी योग्यताओं के अनुरूप हो सके।

2. मार्गदर्शन द्वारा, प्रत्येक बच्चे की, अपने आपको अधिक अच्छी तरह समझने में और अपने को स्वीकार करने में मदद करनी चाहिए। इससे वह अपने सबल और दुर्बल पक्षों को समझ सकेगा। वह इन्हें तभी जान सकेगा जब उसे अपनी योग्यताओं और रुचियों का परीक्षण विभिन्न क्रियाकलापों में करने का अवसर मिले। उसे अपने प्रदर्शन की सही जानकारी मिलनी चाहिए।

उसके अच्छे कार्य की सराहना करने के साथ-साथ उसकी कमजोरियों की ओर बिना हीनता की भावना पैदा किए इशारा करना चाहिए। यह भी याद रखना चाहिए कि आरंभिक अवस्था में योग्यताओं का विकास हो रहा है, यदि अभी कोई कार्य बच्चा नहीं कर पाता, जैसे निबंध लिखना या ज्यामिति की किसी धारणा को समझ पाना, तो उसे ऐसा नहीं लगने देना चाहिए कि इन कार्यों को वह कभी नहीं कर पाएगा। उसे प्रयास करने और अपने कार्य को अधिक बेहतर बनाने के लिए प्रोत्साहित करना चाहिए।

3. निर्देशन द्वारा बच्चों में व्यवहार के वांछनीय प्रतिमान विकसित करना चाहिए। शिक्षक को यह देखना चाहिए कि ऐसी आदतों को जैसे झूठ बोलना, धौंस जमाना, मचलना और पलायन करना, प्रारंभ से ही सुधारने का प्रयास किया जाए। बच्चों को स्वस्थ, खुश और सुखद व्यवहार करना तथा मित्रों के साथ मिलकर रहना सिखाना चाहिए। इससे साथ-साथ उन्हें शिष्टाचार, संवेगों पर नियंत्रण, दूसरों का लिहाज करना, अध्ययन और स्कूल के क्रियाकलापों में आनंद लेना सिखाना चाहिए।

4. मार्गदर्शन द्वारा बच्चों की चिंताओं और परेशानियों पर काबू पाने में मदद करनी चाहिए। सभी व्यक्तियों के जीवन में समस्याएँ पैदा होती हैं। बच्चों को यथार्थपरक ढंग से अपनी समस्याओं को देखना और उनके हल करने के तरीके ढूँढ़ना सिखाना चाहिए। उन्हें आत्मदया से बचकर जीवन का आत्मविश्वास के साथ सामना करना सिखाना चाहिए।

5. जैसे-जैसे बच्चे बड़े होते हैं, मार्गदर्शन द्वारा उन्हें उनसे संबंधित विभिन्न विकल्पों और अवसरों के बारे में जानकारी देनी चाहिए। उच्च शिक्षा में अवसर, मनोरंजन के साधन या अपनी योग्यता विकसित करने के तरीके आदि विकल्प हो सकते हैं। उन्हें इस बात पर विचार करना चाहिए कि शिक्षा पूरी करने के बाद वे किस कार्यक्षेत्र को चुनना पसंद करेंगे। उन्हें अपनी योग्यताओं और रुचियों का संबंध उन

अवसरों के संदर्भ में समझना चाहिए जो उन्हें प्राप्त हैं या जो भविष्य में प्राप्त होंगे।

हालाँकि मार्गदर्शन का उद्‍देश्य बच्चों को उनकी समस्याओं को हल करने में सहायता करना है, इसका संबंध केवल समस्याओं तक नहीं है बल्कि प्रत्येक बच्चे के सर्वोत्तम विकास में मदद करने से है। यह इस बात पर बल देता है कि प्रत्येक बच्चे को समझना चाहिए और मदद करनी चाहिए।

शिक्षक का दायित्व यह है कि वह अपनी कक्षा के प्रत्येक छात्र को जाने, उसके सबल और दुर्बल पक्षों और उसकी आवश्यकताओं को समझे तथा दिन-प्रतिदिन के संपर्क में उसकी सहायता करें। इसके साथ-साथ उसे बच्चों की विशिष्ट समस्याओं पर विशेष ध्यान और समय देना चाहिए।

मार्गदर्शन की अहमियत

प्राथमिक स्कूल में मार्गदर्शन क्यों महत्त्वपूर्ण है? उदाहरण से इस बात को स्पष्ट किया जा सकता है। मीनू अपनी कक्षा का कार्य नहीं कर पाती। उसने अपने पास बैठे हुए बच्चों के कार्य में बाधा डाली और लिखित कार्य में दूसरों की नकल की। शिक्षिका ने मीनू का करीब से अवलोकन किया। उसने देखा कि मीनू पीली और थकी हुई दिखाई देती थी। उसने पुराने अभिलेख देखे जिनसे पता लगा कि पहले मीनू कक्षा में अच्छा प्रदर्शन कर रही थी। शिक्षिका ने मीनू को बुलाकर उससे बातचीत की। मीनू ने बताया कि वह कुछ समय से बीमार थी और स्कूल से अनुपस्थित रही। अब जो कक्षा में पढ़ाया जा रहा था वह उसकी समझ में नहीं आ रहा था और वह शारीरिक थकान महसूस करती थी।

शिक्षिका ने जो कुछ मीनू नहीं पढ़ पाई थी उसे पूरा करने में उसकी सहायता की। शिक्षिका ने मीनू के माता-पिता से संपर्क कर उसके लिए पौष्टिक आहार का इंतजाम करवाया। इस तरह मीनू फिर पहले की तरह कक्षा में बेहतर प्रदर्शन करने लगी।

प्रारंभिक कक्षाओं में मार्गदर्शन की काफी अहमियत है। जो बच्चे यह नहीं समझ पाते कि कक्षा में क्या हो रहा है, शायद इसलिए कि वे कुछ दिन स्कूल नहीं जा सके या उनके सामने कोई शारीरिक या भावनात्मक समस्या थी। उनकी जितनी हो सके, मदद करनी चाहिए।

इसमें जितना विलंब होगा, उतना ही बच्चा पिछड़ जाएगा। इसी प्रकार धीमी गति से सीखनेवाले बच्चे की भी मदद करनी चाहिए। उन्हें ऐसा कार्य देना चाहिए जो उनकी योग्यता के अनुरूप हो, नहीं तो वे भी पिछड़ जाएँगे और हतोत्साहित हो जाएँगे।

□

व्यावहारिक पाठ की तैयारी कैसे करें

अगर ठीक से तैयारी न की जए तो व्यावहारिक पाठ का कक्षा में अराजकता की स्थिति पैदा होने का खतरा बना रहता है। अगर कोई प्रयोग आप पहले आजमा न चुके हों तो कक्षा में किसी तरह का जोखिम न उठाएँ।

सुरक्षा को प्राथमिकता दें—सुरक्षा के संबंध में विशेष सावधानी बरतने की जरूरत है। खासतौर पर नुकसानदेह सामग्रियों को लेकर सतर्कता बरतनी चाहिए। अगर प्रयोग के दौरान किसी तरह के जोखिम का सामना करना पड़े तो बेहतर होगा कि पहले आप सुरक्षा संबंधी प्रशिक्षण प्राप्त कर लें। वैसी स्थिति में संकट पैदा होने पर आप उस पर आसानी से काबू पा सकते हैं।

पाठ शुरू करने से पहले सामग्रियों की जाँच कर लें—यह सुनिश्चित कर लें कि सामग्रियों में किसी तरह की त्रुटि तो नहीं है। ऐसा नहीं करने पर आपको किसी जार का ढक्कन खोलने में ही काफी वक्त गँवाना पड़ सकता है और इस तरह छात्रों का उत्साह ठंडा भी हो सकता है।

लेबलवाले बॉक्स या ट्रे में सामग्रियों को रखें—ऐसा करने से पाठ को दोहराते समय आपको आसानी होगी और भविष्य में सामग्रियों की तरतीब से रखने के लिए अतिरिक्त समय खर्च नहीं करना पड़ेगा।

छात्रों की भागीदारी सुनिश्चित करें—छात्रों को उपकरण और सामग्रियाँ रखने दें और पाठ पूरा होने पर सारी चीजों को हटाने का दायित्व उन्हें सौंपे। इस तरह जहाँ आपका समय बचेगा वहीं छात्र संसाधनों की देखभाल करना सीखेंगे। सामग्रियों को रखने के लिए छात्रों को पर्याप्त समय दें। शुरू-शुरू में इसके लिए काफी समय की जरूरत हो सकती है।

सुनिश्चित करें कि आपके पास प्रत्येक छात्र के लिए सामग्रियाँ हैं—आप

यह सुनिश्चित करें कि कम-से-कम दो छात्रों के लिए एक सामग्री उपलब्ध है। जब तक छात्र व्यावहारिक प्रयोग से पूरी तरह नहीं जुड़ जाते तब तक अपेक्षित नतीजा सामने नहीं आ सकता।

कार्य के लिए संक्षिप्त और स्पष्ट निर्देश दें—ऐसे छात्रों से सवाल पूछें जो कार्य के प्रति एकाग्र नहीं हो पा रहे हों और सुनिश्चित करें कि वे आपके निर्देश को समझ गए हैं। कार्य संबंधी निर्देश को दोहराने से अन्य छात्र भी लाभान्वित होंगे।

प्रदर्शन को लंबा न होने दें—अगर आप किसी गतिविधि या प्रयोग को प्रदर्शित कर रहे हैं तो उसे अनावश्यक रूप से लंबा न होने दें, चूँकि छात्र स्वयं उन प्रयोगों को करने के लिए बेताब रहते हैं।

आचरण संबंधी नियम बनाएँ—रुकावट या अविवेकपूर्ण आचरण से जहाँ पाठ को पूरा करने में अड़चन आएगी वहीं जोखिम भी पैदा हो जाएगा, खासतौर पर रसायन या बिजली उपकरण संबंधी प्रयोग के दौरान काफी सावधानी बरतने की जरूरत होगी।

छात्रों से कहें कि वे शिक्षक पर निर्भर न रहें—छात्रों को स्वावलंबी और आत्मविश्वास से भरपूर बनने के लिए कहें और प्रयोग के दौरान एक-दूसरे की सहायता करने के लिए कहें। किसी कार्य को आरंभ करने से पहले आप स्रोत और रणनीति पर चर्चा कर सकते हैं और उसके बाद छात्रों से स्वतंत्र रूप से कार्य निष्पादन करने के लिए कह सकते हैं।

□

रोचक हैंड आउट सामग्रियाँ कैसे तैयार करें

कंप्यूटर, प्रिंटर और जेरोक्स मशीन उपलब्ध होने के कारण आज के दौर में सिर्फ पाठ्य-पुस्तकों पर निर्भर न रहते हुए हैंड आउट पठन सामग्रियों की लोकप्रियता बढ़ती गई है। नीचे कुछ सूत्र दिए जा रहे हैं, जिन्हें आजमाकर आप ऐसी हैंड आउट सामग्री तैयार कर सकते हैं जिसका छात्र सक्रिय रूप से उपयोग कर सकें। जब संसाधन सीमित हो तब आपको ऐसी सामग्री हैंड आउट का लेमीनेशन करवा लेना ठीक रहेगा।

आकर्षक और रोचक हैंड आउट तैयार करने की कोशिश करें—जहाँ तक संभव हो चित्रों और रेखांकनों को शामिल करें। ऐसा करने पर छात्र हैंड आउट की तरफ आकर्षित होंगे और उनका उपयोग करना चाहेंगे। पूरे पृष्ठ की सजावट कर देने से हैंड आउट को आकर्षक बनाया जा सकता है।

प्रत्येक हैंड आउट के विषय को स्पष्ट रूप से लिखें—स्पष्ट रूप से शीर्षक लिखें ताकि छात्र अलग-अलग हैंड आउट में फर्क कर सकें। बेहतर होगा कि हैंड आउट पर अनुक्रम संख्या लिखी हो और अलग से एक इंडेक्स का पन्ना हो। ऐसी स्थिति में सेट पूरा हो जाने पर क्रम के अनुसार छात्र हैंड आउट को फाइल में रख पाएँगे।

उद्देश्य प्रस्तुत करें—प्रत्येक हैंड आउट के आरंभ में उसके विषय के बारे में लिखें और स्पष्ट करें कि छात्र को उससे किस तरह का लाभ मिल सकता है। संक्षेप में आप हैंड आउट के उद्देश्य को रेखांकित कर सकते हैं।

हैंड आउट में छात्रों की भागीदारी सुनिश्चित करें—ऐसे कार्य और प्रश्नावली निर्धारित करें जिनके जरिए हैंड आउट को पढ़ते हुए छात्र सक्रिय रूप से भागीदारी कर सकें। कक्षा में किए जानेवाले कार्य के अलावा घर में किए जानेवाले कार्यों को

भी निश्चित किया जा सकता है।

छात्रों के लिखने के लिए खाली जगह छोड़ें—हैंड आउट में दिए गए प्रश्नों का उत्तर छात्र लिख सकें इसके लिए बॉक्स बनाकर छोड़ें। जब छात्र स्वयं हैंड आउट पर अपनी लिखावट में जवाब लिखेंगे तो उसके साथ जुड़ाव महसूस करेंगे।

हैंड आउट के संग्रह को सँभाल कर रखें—प्रत्येक हैंड आउट की मास्टर कॉपी की अलग फाइल बनाएँ और छात्रों के बीच वितरित की जानेवाली हैंड आउट की प्रतियों की अलग फाइल बनाएँ।

दूसरों की भी सहायता करें—अपने सहकर्मियों के लिए हैंड आउट सामग्री का एक अतिरिक्त सेट तैयार करें और उसे स्टाफ रूम के फाइलिंग कैबिनेट जैसे स्थान पर रखें। सहकर्मियों से कहें कि वे आपकी बनाई गई सामग्री का बेझिझक उपयोग कर सकते हैं।

ऐसी सामग्री बनाएँ जो अनुपस्थित छात्रों के लिए भी उपयोगी हो—आपके विषय के मुख्य बिंदुओं को लेकर हैंड आउट सामग्री तैयार करें, ताकि कक्षा में अनुपस्थित रहनेवाले छात्र भी उसका लाभ उठा पाएँ। परीक्षा से पहले इस तरह की सामग्री छात्रों को रिवीजन करने के काम आ सकती है।

हैंड आउट में आकलन का प्रावधान रखें—प्रत्येक हैंड आउट के अंत में स्व-आकलन का प्रावधान रखें। इस तरह छात्र अपने ज्ञान का परीक्षण कर पाएँगे। उन्हें इस तरह अपनी कमियों का अंदाजा भी लग सकेगा।

हैंड आउट को अपडेट करते रहें—हैंड आउट सामग्री को कंप्यूटर में सुरक्षित रखें और बीच-बीच में आवश्यकता के अनुसार उसे अपडेट करते रहें। ऐसा करने पर नए सिरे से पूरी सामग्री को कंपोज करने की मेहनत नहीं करनी पड़ेगी।

□

ब्लैक बोर्ड का प्रयोग कैसे करें

ज्यादातर कक्षाओं में ब्लैक बोर्ड का वजूद होता है। शिक्षक अपने पेशे के दौरान ब्लैक बोर्ड को अपना हमसफर समझने लगता है। यह शिक्षक के लिए चाक्षुष सहयोगी की भूमिका निभाता है और अगर इसका प्रयोग असरदार तरीके से किया जाए तो इसके जरिए छात्रों पर गहरा प्रभाव डाला जा सकता है—

आपकी लिखावट कितनी बड़ी है—इस बात पर ध्यान रखें कि ब्लैक बोर्ड पर आपकी लिखावट का आकार पर्याप्त बड़ा हो ताकि कक्षा में पीछे बैठे छात्र भी आसानी से पढ़ सकें।

ऊपरी हिस्से का प्रयोग करें—हमेशा ब्लैक बोर्ड के ऊपरी हिस्से का प्रयोग करें। निचले हिस्से का तभी प्रयोग करें जब आपको लगे कि पीछे की तरफ बैठे छात्रों को पढ़ने में किसी तरह की कठिनाई का सामना नहीं करना पड़ रहा है।

अपना एजेंडा प्रदर्शित करें—आप जिन सवालों पर चर्चा करनेवाले हैं उन सवालों को ब्लैक बोर्ड पर लिख दें। इस तरह जब आप चर्चा को आगे बढ़ाएँगे तब छात्र सवालों को आसानी से पढ़ पाएँगे।

अगर आप बाएँ हाथ से लिखते हैं तो ब्लैक बोर्ड पर लिखने में आपको परेशानी हो सकती है—यह आपकी त्रुटि नहीं है, बल्कि खड़िया का प्रयोग करने में आपको परेशानी हो सकती है। अगर दाईं तरफ खड़े होकर आप खड़िया का सावधानीपूर्वक प्रयोग करेंगे तो आपकी कठिनाई कम हो सकती है।

छात्रों की आँखों में झाँके—ब्लैक बोर्ड पर लिखते समय कक्षा की तरफ पीठ मोड़कर बातें न करें। कक्षा का प्रबंध इस तरह करें कि ब्लैक बोर्ड पर लिखते समय भी आप आसानी से छात्रों की आँखों में झाँक सकें।

पहले से तैयार रहें—जब भी आपको मौका मिले, कक्षा में पढ़ाई शुरू करने

से पहले ब्लैक बोर्ड पर जरूरी रूपरेखा लिख डालें। इस तरह छात्र आरंभ में ही समझ पाएँगे कि कक्षा में आप क्या पढ़ाने वाले हैं।

छात्रों के उत्तर को भी लिखें—जब भी आपके लिए संभव हो, आपके प्रश्नों का छात्रगण जो उत्तर देते हैं, उन्हें भी ब्लैक बोर्ड पर दर्ज करते रहें। इस तरह छात्रों को महसूस होगा कि आप उनके विचारों को अहमियत देते हैं और उनकी कद्र करते हैं। जब छात्र अपने उत्तर को ब्लैक बोर्ड पर देखेंगे तो शिक्षण प्रक्रिया में उनकी भागीदारी बढ़ती जाएगी और वे आपकी बातों को ध्यान से सुनेंगे।

छात्रों को भी लिखने दें—ब्लैक बोर्ड को सबके लिए उपयोगी बनाएँ। छात्रों को भी ब्लैक बोर्ड पर लिखने दें। उनसे कहें कि जो सवाल वे पूछना चाहते हैं या जो विचार जाहिर करना चाहते हैं, वे ब्लैक बोर्ड पर लिख सकते हैं।

कक्षा के संसाधन के रूप में ब्लैक बोर्ड का इस्तेमाल करें—छात्रों को सामूहिक रूप से ऐसा कार्य सौंपे जिसके लिए ब्लैक बोर्ड का प्रयोग किया जा सके। उदाहरण के तौर पर किसी नए विषय की पढ़ाई शुरू करने से पहले आप छात्रों से उस विषय के बारे में दस सवाल लिखने के लिए कह सकते हैं।

मिटाने से पहले सजगता बरतें—छात्रों के जवाबों या विचारों को मिटाने से पहले उनकी सराहना जरूर करें।

□

परीक्षा की निगरानी कैसे करें

परीक्षा देना छात्रों के लिए अकसर सर्वाधिक तनावपूर्ण अनुभव होता है। परीक्षा के दौरान किसी तरह की नकल न हो और शांत माहौल बना रहे, इसके लिए शिक्षक को चुनौतीपूर्ण भूमिका का निर्वाह करना पड़ता है। यह एक नीरस जिम्मेदारी हो सकती है, मगर शिक्षक के पेशे के लिए यह एक गंभीर दायित्व माना जाता है। अगर परीक्षा के दौरान कोई छात्र नकल करने में सफल हो जाता है तो यह शिक्षक की नाकामी समझी जाती है। नीचे कुछ सूत्र दिए गए हैं जिनके आधार पर परीक्षा की निगरानी निष्पक्षतापूर्वक और प्रभावशाली ढंग से की जा सकती है—

नकल की संभावनाओं को कम करने की कोशिश करें—सभी परीक्षार्थी से कहें कि वे अपने बैग कमरे के सामने रख दें और परीक्षा शुरू होने से पहले उन्हें सावधान कर दें कि वे अपने पास नकल की कोई सामग्री हरगिज न रखें। उन्हें अपनी जेब और पेंसिल बॉक्स की जाँच करने के लिए कहें।

समय का ध्यान रखें—इस बात का ध्यान रखें कि परीक्षा निर्धारित समय पर शुरू हो और निर्धारित समय पर खत्म भी हो। बीच-बीच में छात्रों को समय भी याद दिलाते रहें। आप कह सकते हैं 'एक घंटा बचा रह गया है' या 'आधा घंटा बचा रह गया है।' इस तरह छात्रों को निर्धारित अवधि में जवाब लिखने में सहायता मिल सकती है।

छात्रों की घबराहट की वजह न बनें—इस बात की कोशिश करें कि आपकी वजह से छात्रों के मन में किसी तरह की घबराहट पैदा न हो। आप निगरानी करते हुए भी एक निश्चित दूरी पर खड़े रह सकते हैं।

छात्रों को अतिरिक्त कागज तुरंत मुहैया कराएँ—अपने साथ अतिरिक्त कागज लेकर कक्षा के बीच-बीच में घूमते रहें। जब आप पाएँ कि किसी छात्र को

अतिरिक्त कागज की जरूरत है तो बिना माँगे ही उसे कागज प्रदान करें।

बैठने के क्रम का रिकॉर्ड सुरक्षित रखें—उत्तर-पुस्तिकाओं की जाँच करते समय अगर शक पैदा होता हो कि किसी छात्र ने नकल का सहारा लिया है तो इस बात की पड़ताल करने में बैठने के क्रम का रिकॉर्ड उपयोगी साबित हो सकता है।

अगर कोई नकल कर रहा हो तो तुरंत कारवाई करें—नकल कर रहे छात्र की उत्तर-पुस्तिका पर अपनी टिप्पणी दर्ज कर दें और अपने स्तर पर भी पूरे मामले का ब्योरा लिखकर रख लें।

शौचालय जाने की जरूरत महसूस करनेवाले छात्रों का ध्यान रखें—अगर आप परीक्षा कक्ष में अकेले निगरानी कर रहे हैं तो शौचालय जानेवाले प्रत्येक छात्र पर नजर रख पाना आपके लिए मुमकिन नहीं हो सकता है, लेकिन आप किसी सहायक को इस कार्य का दायित्व जरूर सौंप सकते हैं।

परीक्षा से संबंधित नियमों का पालन सुनिश्चित करें—इस बात का विशेषरूप से ध्यान रखें कि उत्तर-पुस्तिका पर छात्र का नाम, रोल नंबर और अन्य वांछित जानकारियाँ स्पष्ट रूप से लिखी जाए।

परीक्षा के तनाव से सहमे छात्रों के प्रति नरमी का बर्ताव करें—आपकी एक मुसकराहट से ही तनावग्रस्त छात्र का तनाव दूर हो सकता है। कभी-कभी किसी अत्यंत घबराए हुए छात्र को खुली हवा में साँस लेने के लिए आप उसे बाहर जाने की इजाजत देकर उसकी सहायता कर सकते हैं। घबराए हुए छात्र कक्षा में पीछे की तरफ बैठना पसंद करते हैं। वैसी स्थिति में वे खुद को कम असुरक्षित महसूस करते हैं।

□

रुकावटों का सामना कैसे करें

अकसर आपके जेहन में इस तरह का खयाल उभरता होगा—"काश! मैं केवल शिक्षण के कार्य के प्रति समर्पित रह पाता!" जब आपके सामने रुकावटें पैदा होती हैं तो स्वाभाविक रूप से आपके मन में क्षोभ और हताशा जैसे भाव पैदा होते हैं। लेकिन ऐसी घड़ियों में सबकी निगाहें आपकी तरफ होती हैं और आपकी प्रतिक्रिया को सभी देखना चाहते हैं। रुकावटों का शालीनतापूर्वक सामना करने के लिए निम्नलिखित उपाय कारगर साबित हो सकते हैं—

स्वीकार करें कि आपके सामने रुकावट पैदा गई हैं—जब रुकावट के स्रोत को नजरअंदाज करने की कोशिश की जाती है तो लाभ की जगह नुकसान ज्यादा होता है, चूँकि अधिकतर छात्रों का ध्यान रुकावट की तरफ केंद्रित होता है और वे काफी प्रतिक्रिया को जानना चाहते हैं, वे आपके आरंभिक और परवर्ती वक्तव्य को लेकर उतने उत्सुक नहीं होते।

मानसिक रूप से सजग रहें—जब आपके सामने रुकावट आए तो मानसिक सजगता का परिचय देते हुए याद रखें कि आप क्या पढ़ा रहे थे। जैसे ही रुकावट खत्म होगी आप बिना यह कहे कि 'मैं कहाँ था', अपने पाठ को आसानी से जारी रख पाएँगे। इस बात की भी जाँच करें कि रुकावटों के लिए कहीं आपका व्यवहार ही वजह तो नहीं है।

इस बात को स्वीकार करें कि कुछ रुकावटें महत्त्वपूर्ण और अनिवार्य होती हैं—जब ऐसी बात है तो रुकावट पैदा करनेवाले की आलोचना करने या उसे शर्मिंदा करने की नौबत न आए, इस बात को सुनिश्चित करें।

सहकर्मियों के प्रति सहिष्णुता का बर्ताव करें—जब कोई सहकर्मी या स्कूल का कोई कर्मी रुकावट पैदा करे तो सावधानी बरतें, अगर रुकावट अवांछित

और गैर-जरूरी है तो रुकावट पैदा करनेवाले के साथ बाद में बातचीत करें। अपने छात्रों के सामने अपनी हताशा को प्रदर्शित न करें।

रुकावट को सकारात्मक सबक के रूप में परिवर्तित कर दें—जब संभव हो, छात्रों की रुकावट से सकारात्मक सबक सबके सामने पेश करने की कोशिश करें। जब छात्रों को एहसास होगा कि उनकी रुकावटों पर गौर किया जाता है तब वे रुकावट पैदा करने की कोशिश छोड़ देंगे।

प्रत्येक छात्र की निजता का सम्मान करें—अगर कोई छात्र बार-बार रुकावटें पैदा करता है तो उसे सबके सामने फटकारने की बजाय बाद में एकांत में समझाने की कोशिश करें। पूरी कक्षा के सामने मामले का निपटारा करना उपयोगी साबित हो सकता है, मगर ऐसा करते हुए छात्र की निजता का सम्मान करें।

रुकावट पैदा करनेवाले को कार्य सौंपे—दिन के विषय के बारे में प्रासंगिक प्रश्नों की सूची बनाकर रखें, इस तरह अगर कोई रुकावट पैदा करने की कोशिश करे तो उसें प्रश्नों का उत्तर देने के लिए कहें। इस विधि को आजमाकर रुकावट की कोशिश को हतोत्साहित किया जा सकता है।

फासला कम करें—अगर कोई अवांछित रुकावट डालने की कोशिश करता है तो उसके बिलकुल करीब पहुँए जाएँ। जब आप छात्र के करीब पहुँचेंगे तो अपने आप उनकी ठिठाई कम हो जाएगी।

रुकावट की वजह का पता लगाएँ—अगर रुकावटें दोहराई जा रही हों तो इसका अर्थ यह भी हो सकता है कि छात्र श्रोता की भूमिका निभाने में दिलचस्पी न ले रहे हों। छात्रों के मिजाज को भाँपकर अपने वक्तव्य को समेटने की कोशिश करें।

सहकर्मियों से सीखें—जब भी मौका मिले, अपने सहकर्मियों का जायजा लेकर सीखने की कोशिश करें कि वे किस तरह की रुकावटों का सामना करते हैं। आप जब कई उपाय सीख जाएँगे, तब आपके लिए रुकावटों का सामना करना आसान हो जाएगा।

□

नामों को याद रखना सीखें

जब कोई आपका नाम भूल जाए तो स्वाभाविक रूप से आपको झुँझलाहट महसूस होती है। जब आप किसी का नाम लेकर अपनी बात करते हैं तो आपकी बात का अधिक प्रभाव पड़ता है और संबोधित किया गया व्यक्ति आप पर अधिक भरोसा करता है। लेकिन हमें अकसर एक साथ ढेर सारे नामों को याद करने की चुनौती का सामना करना पड़ता है। नीचे कुछ उपाए दिए गए हैं जिन्हें आजमाकर आप इस कार्य को बखूबी कर सकते हैं। ऐसे भी कई नाम होते हैं जिनको याद रख पाना कठिन होता है, मगर कोशिश की जाए तो जटिल नामों को भी याद रखा जा सकता है।

छात्रों को अपना नाम बताने दें—छात्रों से कहें कि वे किस नाम से संबोधित किया जाना पसंद करेंगे। उनके बताए गए नाम का सही उच्चारण याद कर लें। प्रत्येक छात्र की पसंद अलग-अलग हो सकती है। सिद्धार्थ खुद को सिद्ध पुकारा जाना पसंद नहीं कर सकता है, वहीं अभिजीत खुद को अभि कहकर पुकारा जाना पसंद कर सकता है।

उपाधि को लेकर सावधानी बरतें—छात्रों की उपाधियों को बोलते समय सावधानी बरतें। अगर ऐसा करते हुए लापरवाही बरतेंगे तो पूरी कक्षा आपका मजाक उड़ा सकती है।

नाम लेकर सवाल पूछें—छात्रों को उनके नाम से पहचानने के लिए कक्षा की सूची सामने रखकर नाम लेकर पुकारें और सवाल पूछें। जवाब देने वाले छात्रों के चेहरे को पहचानने और याद रखने की कोशिश करें।

नामों को लेकर एक नक्शा बनाएँ—छात्रों के बैठने के क्रम का एक नक्शा बनाएँ ताकि आप जान सकें कि किस छात्र के बगल में कौन सा छात्र बैठा

हुआ है। आप इसी क्रम के आधार पर छात्रों को कुछ हफ्तों तक बैठने के लिए कह सकते हैं। इस तरह नामों को याद रख पाना आपके लिए आसान हो सकता है।

नामों का बार-बार प्रयोग करें—जब आप कुछ छात्रों को उनके नाम से पहचानने लगें तो उनसे मुखातिब होते हुए बार-बार उनके नाम का प्रयोग करें (ऐसा नहीं जताएँ कि उनको चुनकर आप उनके नाम को याद करने की कोशिश कर रहे हैं)।

साधनों का उपयोग करें—कुछ छात्र आरंभिक हफ्तों में अपने नाम का लेबल खुशी-खुशी धारण कर सकते हैं या आप प्रत्येक छात्र के बैठने की जगह पर बोर्ड पर नाम लिखकर रखने की व्यवस्था कर सकते हैं। आप प्रत्येक छात्र से ब्लैक बोर्ड पर मोटे अक्षरों में नाम लिखने के लिए कह सकते हैं।

शुरू में सिर्फ नाम याद करें—आरंभ में छात्रों के नाम को याद करने की कोशिश करें। नाम याद होने पर उनकी उपाधियों को याद करने की कोशिश करें।

समान नाम वाले छात्रों का ध्यान रखें—ऐसे छात्रों का पता लगाएँ जिनके नाम समान हों। जब आपको पता चलेगा कि आपकी कक्षा में तीन भास्कर, दो प्रियंका और चार सूरज हैं तो आपका काम आसान हो जाएगा।

नाम का सही उच्चारण करें—हमेशा छात्रों के नाम का सही उच्चारण करें और छात्रों से कहें कि अगर आपसे उच्चारण में गलती हो तो सुधारते हुए वे हिचकिचाएँ नहीं। जटिल नामों का उच्चारण करने का भी अभ्यास करें।

नियमित अभ्यास करें—एक ही कोशिश में आप सारे नाम याद नहीं कर सकते। धीरे-धीरे कुछ हफ्तों तक नियमित रूप से अभ्यास करें। अगर आप ढेर सारे नामों को याद करने में परेशानी महसूस करते हैं तो इस बात को लेकर अपने आपको कोसने की जगह नामों को याद रखने का प्रयास करें। छात्र ऐसे शिक्षक को पसंद नहीं करते जो उनके नाम को नहीं जानता।

□

रिपोर्ट कैसे लिखें

हमेशा यह काम थका देनेवाला साबित होता है जो प्रत्येक सत्र के अंत में करना ही पड़ता है। आपको सैकड़ों छात्रों की रिपोर्ट तैयार करने का दायित्व निभाना पड़ सकता है। कई बार महज एक हफ्ते के भीतर आपको यह काम पूरा करना पड़ सकता है और आप अपने ऊपर इस कार्य का दबाव महसूस कर सकते हैं। आपको ऐसे छात्रों की रिपोर्ट तैयार करनी पड़ सकती है जिन्हें आप सप्ताह में एक बार ही देखते हैं, लेकिन प्रत्येक माता-पिता के लिए आपकी रिपोर्ट की अहमियत काफी अधिक होती है। प्रत्येक छात्र के साथ न्याय हो सके, इसके लिए आपको कम समय के भीतर रिपार्ट लिखने की जगह अनवरत रिपोर्ट तैयार करने की आदत विकसित करनी चाहिए। अगर आप स्कूल में नए आए हैं तो रिपोर्ट तैयार करने के संबंध में स्कूल की नीति को अच्छी तरह समझ लें।

वर्ष भर प्रत्येक छात्र की उपलब्धियों के ब्योरों का संग्रह करें—इस कार्य से बाद में आपके समय की बचत हो सकेगी। छात्रों की उपलब्धियों के ब्योरों के आधार पर आप सटीक रिपोर्ट तैयार कर पाएँगे और तब आपको अनुमान के आधार पर किसी छात्र की रिपोर्ट लिखने की जरूरत महसूस नहीं होगी।

अगर आप नौसिखिया हैं तो पहले रिपोर्ट का प्रारूप तैयार करें—जब आप अपने लिखे ब्योरों से संतुष्ट हो जाएँ तब उसे अंतिम रिपोर्ट का रूप प्रदान करें। शुरू में ऐसा करने पर आपकी रफ्तार धीमी हो सकती है, मगर आप त्रुटियों और अन्य कठिनाइयों से बच सकते हैं।

छात्र के नाम का उल्लेख शुद्ध रूप में करें—अगर किसी छात्र को स्कूल में किसी संक्षिप्त नाम से जाना जाता है तो उसका वैसा ही उल्लेख करने से रिपोर्ट की गंभीरता कम हो सकती है।

रिपोर्ट को रचनात्मक बनाएँ—प्रत्येक रिपोर्ट का उपयोग रचनात्मक रूप से करते हुए सुझाव दें कि छात्र किस मामले में किस तरह का सुधार कर सकता है। महज टिप्पणी लिखने की जगह इस तरह के सुझाव देने से छात्र अपने प्रदर्शन में सुधार करने की कोशिश कर सकते हैं।

रिपोर्ट किसको भेजनी है, इस बात का ध्यान रखें—यह मान कर नहीं चलें कि सभी छात्र अपने माता-पिता के साथ ही रहते हैं। अगर माता-पिता अलग-अलग रह रहे हों तो रिपोर्ट की प्रतियाँ दोनों के पास भेजने की व्यवस्था करें।

सुनिश्चित करें कि आपने जो लिखा है उसे स्पष्ट रूप से पढ़ा जा सकता है—अगर रिपोर्ट हाथ से लिखी गई है तो इस बात का ध्यान रखें कि उसे पढ़ने में किसी तरह की कठिनाई न हो। अगर रिपोर्ट कंप्यूटर की सहायता से तैयार की गई है तो जाँच कर लें कि कहीं कोई अशुद्धि तो नहीं छूट गई है। भाषा और वर्तनी की जाँच अच्छी तरह कर लें। अशुद्ध भाषा लिखनेवाले शिक्षक का गलत प्रभाव माता-पिता पर पड़ता है।

एक साथ ढेर सारी रिपोर्ट्स लिखने की कोशिश न करें—रिपोर्ट को ठंडे दिमाग से तैयार करें। जब एक साथ रिपोर्टों को तैयार करने की कोशिश की जाएगी तो गलतियाँ होने की संभावना ज्यादा रहेगी। रिपोर्ट लिखने के काम को अंतिम समय तक टालने की कोशिश न करें।

छात्रों की निजता का सम्मान करें—ऐसे स्थानों पर रिपोर्टों को नहीं छोड़ें जहाँ कोई भी आसानी से उन्हें पढ़ सकता है।

चौंकाने की कोशिश न करें—यह उचित रहेगा कि प्रत्येक छात्र को अपनी रिपोर्ट में लिखी गई बातों की जानकारी पहले से मिल जाए और उसके बाद ही रिपोर्ट छात्र के घर में भेजी जाए।

□

स्कूल के अभिलेख

सभी स्कूलों में ऐसे अभिलेख, जो बच्चों के बारे में जानकारी दें, रखने चाहिए। उनसे सभी शिक्षकों को अपना कार्य भली प्रकार करने में मदद मिलेगी।

जानकारी व्यवस्थित रूप से रखनी चाहिए, जिससे शिक्षक उसका सरलता से उपयोग कर सकें। यदि उपस्थिति की जानकारी एक रजिस्टर में हो, परीक्षाओं में प्राप्त अंक दूसरे में, स्वास्थ्य के बारे में जानकारी कहीं और हो, तो शिक्षक को जानकारी एकत्र करने में काफी समय लगेगा।

किंतु इन सबको एक जगह एकत्रित किया जा सकता है और कई वर्षों की जानकारी एक जगह प्राप्त हो सकती है। इस व्यवस्था में शिक्षक को सरलता से बच्चों के बारे में पूरी तसवीर मिल जाती है। ऐसे अभिलेखों को संचयी अभिलेख कहते हैं। नीचे दिए गए उदाहरण से स्पष्ट होता है कि इनसे शिक्षक को कैसे मदद मिल सकती है।

पाँचवीं कक्षा में दो लड़कियाँ हैं—सुषमा और प्रीति। दोनों को ही पहली तिमाही परीक्षा में लगभग पचास प्रतिशत अंक मिलते हैं। कक्षा में सुषमा को पंद्रहवाँ और प्रीति को सोलहवाँ स्थान मिलता है। शिक्षक पुराना अभिलेख देखता है। उसे सुषमा के संबंध में निम्न जानकारी मिलती है—

अंक	**कक्षा में स्थान**		
कक्षा 3	पहली परीक्षा	80 प्रतिशत	दूसरा
कक्षा 3	दूसरी परीक्षा	89 प्रतिशत	तीसरा
कक्षा 4	पहली परीक्षा	80 प्रतिशत	पहला
कक्षा 4	दूसरी परीक्षा	45 प्रतिशत	बीसवाँ

शिक्षक अनुमान लगाता है कि चौथी कक्षा के बाद की छमाही में कोई घटना

हुई जिससे सुषमा के प्रदर्शन में गिरावट आई। उपस्थिति की जानकारी से पता चला कि चौथी कक्षा में काफी दिनों तक सुषमा कक्षा से अनुपस्थित रही। स्वास्थ्य संबंधी अभिलेख से पता चला कि उस दौरान सुषमा की तबियत काफी खराब थी। शिक्षक के समझ में आता है कि सुषमा बहुत दिनों तक स्कूल नहीं आ पाई, इसलिए उसे पढ़ाई में कठिनाई का सामना करना पड़ रहा है। वह सुषमा के लिए कुछ उपचारी कार्यक्रम की व्यवस्था करता है जिससे सुषमा आगे बढ़ जाती है और कक्षा में पुराना स्थान प्राप्त कर लेती है।

शिक्षक अब प्रीति के अभिलेख को देखता है। उसे निम्न जानकारी प्राप्त होती है—

अंक	**कक्षा में स्थान**		
कक्षा 3	पहली परीक्षा	54 प्रतिशत	सत्रहवाँ
कक्षा 3	दूसरी परीक्षा	52 प्रतिशत	सोलहवाँ
कक्षा 4	पहली परीक्षा	52 प्रतिशत	सत्रहवाँ
कक्षा 4	दूसरी परीक्षा	51 प्रतिशत	सोलहवाँ

उपस्थित अभिलेख से पता चलता है कि प्रीति नियमित छात्रा रही है और स्वास्थ्य अभिलेख से पता चलता है कि उसे कोई लंबी बीमारी नहीं हुई। इससे पता लगता है कि प्रीति एक सामान्य छात्रा है, वह स्वस्थ और नियमित है।

हालाँकि पाँचवीं कक्षा में सुषमा और प्रीति का प्रदर्शन समान है, उनके मामले बिलकुल भिन्न हैं। शिक्षक को इसका पता कुछ ही मिनटों में लग गया, क्योंकि सारी जानकारी संचयी अभिलेख में एक जगह एकत्रित की हुई थी।

जानकारी जो संचयी अभिलेख में होनी चाहिए

स्कूल के अभिलेखों में किस प्रकार की जानकारी होनी चाहिए? इसमें वही जानकारी होनी चाहिए जो शिक्षकों के लिए उपयोगी हो। हम देखें कि इसमें किस प्रकार की जानकारी को सम्मिलित किया जाना चाहिए? ऐसी जानकारी जो उपयोग में न आ सके, उस पर समय खराब करने की आवश्यकता नहीं है। अभिलेख में इन पहलुओं को सम्मिलित करना जरूरी है—

1. पहचान सामग्री : पहचान सामग्री में बच्चे का नाम, पिता का नाम और घर का पता होना चाहिए। किस बच्चे का अभिलेख है यह पता करने के लिए यह आवश्यक है। यदि माता-पिता से मिलना हो तो पते की आवश्यकता होगी।

2. पारिवारिक पृष्ठभूमि : पारिवारिक पृष्ठभूमि में इस प्रकार की जानकारी शामिल की जाएगी, जैसे माता-पिता की शिक्षा, उनका व्यवसाय, भाइयों-बहनों और अन्य लोग जो परिवार के साथ रहते हैं, उनके बारे में जानकारी। इस जानकारी से परिवार की एक तसवीर प्रस्तुत होगी। शिक्षक को पता लगेगा कि क्या परिवार में कोई अन्य शिक्षित व्यक्ति है या बच्चा पढ़नेवालों की प्रथम पीढ़ी में से है। उसके पारिवारिक साधनों के बारे में भी पता लगेगा।

यदि बच्चे के माता-पिता में से किसी की मृत्यु हो गई है तो यह जानकारी कार्ड में लिखी जानी चाहिए। किंतु यदि कोई ऐसी जानकारी है जो बच्चे को लज्जित करेगी, जैसे बिखरा परिवार तो ऐसी जानकारी को अलग कार्ड पर दर्ज करना चाहिए जो गोपनीय हो।

3. शैक्षिक अभिलेख : विभिन्न विषयों में बच्चे के प्रदर्शन का अभिलेख रखना चाहिए। इसमें जानकारी केवल वर्तमान कक्षा की ही नहीं होनी चाहिए बल्कि पहले की कक्षाओं की भी।

4. उपस्थिति अभिलेख : इससे पता लगेगा कि बच्चा नियमित रूप से उपस्थित रहा अथवा नहीं। यदि वह बार-बार या लंबे समय के लिए अनुपस्थित रहा तो यह भी पता लगेगा।

5. स्वास्थ्य अभिलेख : स्वास्थ्य अभिलेख में, यदि बच्चे को कोई बीमारी हुई थी, विशेष रूप से लंबी या गंभीर बीमारी या मामूली बीमारियाँ जो बार-बार होती रही हों, इनकी जानकारी मिलेगी। स्वास्थ्य संबंधी कोई समस्या जैसे दृष्टि या श्रवण दोष हो तो उसका उल्लेख होना चाहिए।

6. विशेष रुचियाँ : बच्चे का विभिन्न क्रियाकलापों में भाग लेना, उसके शौक, विशेष रुचियों और क्षमताओं का ब्योरा दर्ज करना चाहिए। इससे शिक्षक को बच्चे की क्षमताओं के विकास में मदद करने के लिए भी आधार मिलेगा। यदि ऐसे कुछ बच्चे हों जो किसी क्रियाकलाप में भाग नहीं ले रहे हों और उनके कोई शौक भी नहीं हैं, तो शिक्षक उनको अपनी रुचियों और क्षमताओं को समझ पाने में मदद कर सकता है।

संचयी और अभिलेख कार्ड का निर्माण शिक्षक के परामर्श से करना चाहिए। जिन्हें जानकारी भरनी है और जिन्हें उसका उपयोग करना है उन्हें यह अवसर मिलना चाहिए कि वे अपनी राय दें कि इसमें क्या सम्मिलित किया जाए और उसकी-व्यवस्था किस प्रकार से की जाए।

□

बच्चों के लिए सीखने की प्रक्रिया को अर्थपूर्ण बनाएँ

सीखने की प्रक्रिया को सफल बनानेवाले कारकों में आत्मविश्वास सबसे महत्त्वपूर्ण कारक माना जा सकता है। बच्चों का आत्मविश्वास बढ़ाने के लिए पर्याप्त अवसर मुहैया करवाना चाहिए और ऐसा करने के लिए उन्हें सीखने की प्रक्रियाओं को नियंत्रित करने के लिए प्रेरित करना अत्यंत आवश्यक है। नीचे बताए गए सूत्रों को आजमाकर बच्चों के लिए सीखने की प्रक्रिया को अर्थपूर्ण बनाया जा सकता है—

सीखने की ललक पैदा करें—बच्चों के मन में नई-नई बातें सीखने की ललक पैदा करने की जरूरत होती है। उन्हें सीखने के फायदों से अवगत करवाते हुए सीखने के लिए प्रेरित किया जा सकता है। जब भी संभव हो शिक्षण को रोचक, मनोरंजक और रसपूर्ण बनाने की कोशिश करें। प्रेरणा की कमी को आत्मविश्वास की कमी समझने की भूल न करें।

प्रयोग के जरिए सीखना महत्त्वपूर्ण होता है—जब बच्चे स्वयं प्रयोग में भागीदारी करते हैं तो अधिक तेजी से सीखते हैं। गलतियाँ करते हुए वे कारण की खोज करते हैं और इस तरह नए सबक सीखते हैं। बच्चों को नई बातें सीखने के लिए प्रयोग से जोड़ना चाहिए। व्यावहारिक अनुभव से जो ज्ञान प्राप्त होता है, उसका कोई विकल्प नहीं हो सकता।

परामर्श आवश्यक होता है—बच्चे यह जानने के लिए उत्सुक रहते हैं कि सीखने की प्रक्रिया में वे ठीक से कदम बढ़ा रहे हैं या नहीं। कई बार वे नई बातों का पता लगाने में सक्षम हो जाते हैं मगर तब तक अपनी बात नहीं कहते जब तक

आप उन्हें प्रोत्साहित नहीं करते। सही समय पर बच्चों को परामर्श देना चाहिए। उन्हें इस तरह परामर्श देना चाहिए जिसे वे अच्छी तरह समझ सकें और अपना सकें।

सीखने की ललक की तरह ही सीखने की जरूरत भी उत्पादक साबित हो सकती है—जब बच्चों को पता चलता है कि क्यों कोई चीज सीखना उनके लिए महत्त्वपूर्ण है, भले ही उन्हें वैसा करना कठिन लगे, मगर वे सीखने के लिए तब तक प्रयत्न कर सकते हैं, जब तक पूरी तरह सफल नहीं हो जाते। जो प्रयोग वे कर रहे हैं उसकी अहमियत को समझने में जब आप सहायता करेंगे तो वे अवसर का ज्यादा-से-ज्यादा सदुपयोग कर पाने में सफल होंगे।

1. बच्चे जो कुछ सीखते हैं, उन्हें समझने की भी जरूरत है—बिना अहमियत समझे कुछ सीखने का कोई अर्थ नहीं हो सकता। बच्चों को आरंभिक स्तर पर सीखे गए ज्ञान को आजमाने का अवसर भी मिलना चाहिए। जब अपने सीखे गए ज्ञान का प्रयोग वे दैनंदिन जीवन में करते हैं, तो स्वाभाविक रूप से उनका आत्मविश्वास मजबूत होता है।

सीखने का अर्थ ज्ञान का संचय करना नहीं होता—सफलतापूर्वक जो कुछ सीखा जाता है उसका प्रयोग नए परिप्रेक्ष्यों में भी किया जा सकता है। बच्चों को अपने ज्ञान का प्रयोग अलग-अलग परिस्थितियों में करने के लिए प्रोत्साहित करें।

सीखना महज एक स्वतंत्र कार्यकलाप नहीं है—बच्चे ज्ञान से संबंधित विभिन्न संसाधनों और सामग्रियों का इस्तेमाल करते हुए बहुत कुछ सीख सकते हैं, लेकिन वे एक-दूसरे से बातचीत करते हुए और सामूहिक रूप से कार्य करते हुए भी बहुत कुछ सीख सकते हैं। बच्चों को जोड़े बनाकर या छोटे समूह बनाकर कार्य करते हुए सीखने के फायदे के बारे में बताएँ।

□

कक्षा में अमन कैसे कायम रखें

यह एक ऐसा मामला है जिसके बारे में लिखना जितना आसान है, उस पर अमल करना उतना ही कठिन—लेकिन मानव स्वभाव की विसंगतियों का सामना करने के लिए ठोस तैयारी तो की ही जा सकती है।

अपनी कक्षा के लिए चंद स्पष्ट व्यावहारिक नियम बनाएँ—अगर संभव हो तो व्यवहार संबंधी नियमावली बनाते समय अपने छात्रों की सलाह भी लें। जब छात्र नियमों को बनाने की प्रक्रिया में शामिल होंगे तो वे जिम्मेदारी के साथ नियमों का पालन भी करते रहेंगे।

अच्छे व्यवहार की तुरंत सराहना करें—ऐसा आप मुसकराकर या सराहना के कुछ शब्द कहते हुए कर सकते हैं। आप यह भी जता दें कि अगर कोई बुरा बर्ताव करने वाला छात्र भी अच्छा बर्ताव करता है तो आप उसकी सराहना करते हुए बिलकुल नहीं हिचकते। ऐसा करने पर गुमराह होनेवाले छात्र भी सुधरने की कोशिश शुरू कर देंगे।

छोटे विवादों पर भी उचित ध्यान दें—अकसर मामूली विवादों का शुरू-शुरू में हल करना ठीक रहता है, नहीं तो बात का बतंगड़ बन जाने का खतरा रहता है। छोटे विवादों को शांतिपूर्वक सुलझाना चाहिए। शोर मचाने से सिर्फ तमाशा ही खड़ा किया जा सकता है।

नियम तोड़ने पर दंड निश्चित दें—इस बात का ध्यान रखें कि कोई भी दंड तर्कसंगत, व्यावहारिक और मानवीय किस्म का ही हो।

छात्रों से अनावश्यक अपेक्षाएँ मत रखें—सुनिश्चित करें कि आप जो कार्य का स्तर निर्धारित करते हैं वह समूह के प्रत्येक छात्रों के अनुकूल हो और जिन छात्रों को निष्पादन में दिक्कत हो रही है उनके प्रदर्शन में सुधार कर पाना

संभव हो। कार्य की सफलता या असफलता की तरफ ही अपनी टिप्पणी को केंद्रित करें। इस तरह आप प्रत्येक छात्र की क्षमता से परिचित हो सकते हैं और यथार्थपरक लक्ष्य निर्धारित कर सकते हैं।

संकेत को समझें—लचीला रुख अपनाएँ। जब आपको लगता है कि किसी पाठ का अपेक्षित प्रभाव नहीं पड़ रहा है तो विषय को बदल दें। संकेतों के आधार पर विषय में परिवर्तन करना आपकी कमजोरी नहीं, बल्कि आपकी दक्षता कहलाएगी।

अगर कोई छात्र समस्या पैदा कर रहा हो—तत्काल उस छात्र को कक्षा के दूसरे हिस्से में बैठने के लिए कहें। इस तरह आप जता सकते हैं कि समस्या की वजह से परिचित हैं और छात्र को नई शुरुआत करने का अवसर प्रदान कर रहे हैं।

शांत होने के लिए समय दें—अगर आप को क्रोध आता है या आपके किसी छात्र को क्रोध आता है तो शांत होने के लिए कुछ देर रुक जाएँ। बहस में शामिल छात्र को कुछ देर के लिए कक्षा से बाहर लेकर जाएँ। ऐसा करने पर मानसिक स्थिति में बदलाव आ सकता है और इस तरह की पंक्ति सुनने को मिल सकती है—''जो कुछ हुआ उसके लिए मुझे खेद है, ऐसा दोबारा न हो पाए, इसके लिए हमें क्या करना चाहिए?''

बुरे व्यवहार की मूल वजह का पता लगाएँ—कक्षा में बुरा व्यावहार करनेवाले छात्र से एकांत में बात करें और बुरे व्यवहार की मूल वजह का पता लगाने की कोशिश करें। कई बार वजह मामूली होती है और आसानी से ऐसी समस्या को हल भी किया जा सकता है।

कोई रोचक चीज तैयार रखें—यह उस समय आपके लिए उपयोगी साबित हो सकती है, जब आप शांत होने की कोशिश कर रहे होते हैं या समस्या पैदा करनेवाले छात्र के साथ कक्षा के बाहर बात कर रहे होते हैं। आप एक प्रश्नोत्तरी या कोई अन्य खेल चुनें जो 10 मिनट तक छात्रों को व्यस्त रख पाए।

□

कक्षा को अनुशासित करें

जब सारे छात्र शांतिपूर्वक बैठे रहें, सीखने के लिए तत्पर रहें और हर पल सजग बने रहें तो इसे एक आदर्श स्थिति कह सकते हैं। मगर छात्रों का स्वभाव ऐसा नहीं होता कि वे हमेशा शांत बैठे रहें। यहाँ कुछ उपाय बताए जा रहे हैं जिन्हें आजमाकर कक्षा में अनुशासन बनाया जा सकता है, लेकिन ध्यान रखें कि अलग-अलग व्यक्तियों पर अलग-अलग तरीके का प्रभाव पड़ता है, इसीलिए अपने लिए कारगर तरीके की खोज करें।

आरंभ में कुछ न करने की कोशिश करें—खड़े हो जाएँ, बिना हिले-डुले, शांत मुद्रा में। आपके सामने बैठे छात्रों पर आपकी इस मुद्रा का प्रभाव पड़ेगा और धीरे-धीरे पूरी कक्षा शांत हो जाएगी। इस विधि का प्रभाव देखने के लिए एक-दो पल रुक कर देखें, उसके बाद ही कोई अन्य तरीका आजमाएँ।

चिल्लाएँ नहीं—अगर सभी छात्र चुप नहीं हैं तो चिल्लाने की जरूरत नहीं है। केवल सधी हुई आवाज में कहें, 'चुप हो जाओ'। ऐसे दो या तीन छात्रों के साथ शांत मुद्रा में बातचीत शुरू कर दें जो आपकी तरफ ध्यान दे रहे हैं।

मानवीय कौतूहल का लाभ उठाएँ—कभी-कभी फुसफुसाहट भी प्रभावशाली साबित होती है। मानव स्वभाव ऐसा होता है कि वह हर बात को जानने के लिए उत्सुक रहता है। आप अपने करीब बैठे छात्रों में फुसफुसाकर कुछ कहें। ऐसा करने पर दूसरे छात्र आपस में बातचीत बंद कर आपकी बातें सुनने की कोशिश करेंगे।

ध्यान न देनेवाले किसी छात्र से सवाल पूछें—जो छात्र आपकी बातें ध्यान से सुन रहे हैं, उनसे बीच-बीच में सवाल पूछते रहें, लेकिन अंत में किसी ऐसे छात्र से सवाल पूछें जो आपकी तरफ ध्यान नहीं दे रहा हो। आप देखेंगे कि सभी

छात्र उस छात्र विशेष की तरफ देखने लगेंगे। इस तरह वह छात्र अपने सहपाठियों के घूरने से खुद को शर्मिंदा महसूस करेगा।

छात्रों का ध्यान आकर्षित करने के लिए किसी साधन का प्रयाग करें—किसी ऐसे साधन का प्रयोग करते हुए अपनी बात शुरू करें जिससे छात्र ध्यानपूर्वक सुनने के लिए विवश हो जाएँ। उदाहरण के तौर पर छात्रों का ध्यान आकर्षित करने के लिए आप दृश्य-श्रव्य माध्यम का प्रयोग कर सकते हैं।

छात्र सराहना पसंद करते हैं—अगर कोई छात्र ध्यान से आपकी बातें सुनता है तो उसकी सराहना कीजिए, खास तौर पर ऐसे छात्रों की सराहना कीजिए जो यदा-कदा ही आपकी बातों की तरफ ध्यान देते हैं।

कार्य के साथ आरंभ करें—कक्षा की शुरुआत में छात्रों को कोई कार्य सौंपे। मुद्रित निर्देशावली दें या ब्लैक बोर्ड पर कार्य के संबंध में निर्देश लिख दें।

कुछ छात्रों का चयन करें—कक्षा के कुछ प्रतिभावान छात्रों को नाम से पुकारते हुए कार्य सौंपे। ऐसे छात्र ही आगे जाकर दूसरे छात्रों को दिशा दिखा सकते हैं।

शोरगुल को अपना तिरस्कार न समझें—आरंभिक शोरगुल को अपना व्यक्तिगत तिरस्कार न समझें। इसे मानव स्वभाव का उदाहरण ही समझें और स्वाभाविक व्यवहार करें।

सरल बातें सबको अच्छी लगती है—अगर आप सरल बातें कर सकते हैं तो किसी भी पाठ की शुरुआत रोचक अंदाज में करें। ऐसा करने पर सभी छात्र आपकी बातें ध्यान से सुनने के लिए विवश हो जाएँगे।

□

कक्षा में समानता का बरताव करें

प्रत्येक क्षेत्र में वर्ण, लिंग, उम्र, शारीरिक अक्षमता आदि को लेकर आपको किसी तरह का भेदभाव नहीं करना चाहिए। नीचे कुछ उपाए दिए जा रहे हैं, जिन पर अमल करते हुए आप छात्रों के साथ समानता का बर्ताव कर सकते हैं—

इस बात की जाँच करें कि आपका बर्ताव प्रत्येक छात्रों के साथ एक जैसा है—यह सुनिश्चित करें कि पढ़ाते समय, सवाल पूछते समय या छात्रों की राय माँगते हुए आप पृष्ठभूमि के आधार पर छात्रों के साथ किसी तरह का भेदभाव नहीं करते।

सामूहिक कार्य पूरे करने के लिए मिश्रित लैंगिक समूह बनाएँ—एक खास उम्र तक बच्चों की प्रवृत्ति होती है कि वे समान लैंगिक समूह के साथ बैठना ही पसंद करते हैं। वैसी स्थिति में आपको छात्रों के बैठने के क्रम में परिवर्तन करना पड़ सकता है। समूह बनाते समय जन्मतिथि या बालों के रंग जैसे आधार पर मिश्रित लैंगिक समूह बनाएँ।

प्रत्येक छात्र को नाम लेकर पुकारने की आदत डालें—भले ही किसी छात्र के नाम का उच्चारण जटिल प्रतीत हो, आप प्रत्येक छात्र को नाम लेकर पुकारने की आदत डालें। ऐसा करते हुए संकोच न करें, न ही असुरक्षा महसूस करें।

कक्षा के कार्यों में भेदभाव न हो—कक्षा के विभिन्न कार्य निर्धारित करते समय वर्ण, जाति, लिंग, उम्र या शारीरिक अक्षमता के आधार पर किसी तरह का भेदभाव न करें। फर्नीचर उठाने, बॉक्स उठाने, जार और बोतल खोलने जैसे काम केवल लड़कों से न करवाएँ। इसी तरह बेंच की सफाई का काम केवल लड़कियों को न सौंपे।

भेदभाव करनेवाले सहकर्मियों को सुधरने की सलाह दें—अगर कोई सहकर्मी समानता के सिद्धांतों का उल्लंघन कर रहा हो तो उसे टोकें और सुधरने की सलाह दें। हो सकता है कि कोई सहकर्मी आपकी सलाह को नजरअंदाज कर दे, मगर अपनी तरफ से वैसे सहकर्मी को सलाह देना नहीं छोड़ें।

सोच-समझकर मजाक करें—अगर आपकी बात से किसी का दिल दुखता हो तो मजाक के नाम पर भी वैसी बात कहने से बचें। किसी भी छात्र समूह का दिल दुखानेवाले कोई मजाक न करें।

भेदभाव का विरोध करने के लिए छात्रों को उत्साहित करें—छात्रों को भेदभाव के मसले का डटकर सामना करने के लिए प्रोत्साहित करें और समानता हासिल करने के लिए व्यावहारिक समाधान ढूँढ़ने में उनकी सहायता करें।

किसी छात्र के साथ भेदभाव न हो, इसका पूरा खयाल रखें—सभी छात्रों से बीच-बीच में पूछते रहें कि किसी भी क्षेत्र में कहीं उन्हें भेदभाव का सामना तो नहीं करना पड़ रहा है।

अपने आचरण के जरिए समानता को प्रदर्शित करें—जब भी मौका मिले भिन्न-भिन्न पृष्ठभूमि के सहकर्मियों के साथ उत्साहपूर्वक कार्य करें और अपने आचरण के जरिए समानता को प्रदर्शित करें।

छात्रों के मन में पूर्वग्रह पनपने न दें—लिखते या बोलते समय अगर कोई छात्र किसी बात को लेकर पूर्वग्रह प्रदर्शित करता हो तो उसे अपने विचार बदलने के लिए प्रेरित करें और उसके भीतर समानता के मूल्यों का विकास करें।

□

कक्षा में शिक्षा का अनुकूल वातावरण कैसे तैयार करें

स्कूल की कक्षाओं में अकसर नीरस वातावरण दिखाई देता है। ऐसा लगता है मानो उस वातावरण में सिर्फ गंभीरता के लिए ही स्थान होता है। अपनी कक्षा में आपको अपने जीवन का एक बड़ा हिस्सा गुजारना होगा।

सुर्ख, चटख और गहरे रंगों का चुनाव करें—जब आपकी राय लेकर कक्षा की सजावट की जाए तो ऐसे रंगों का ही चुनाव करें। छात्रों को हलके रंगों की तुलना में गहरे रंग आकर्षित करते हैं और वे ऐसे चटख रंगों की तरफ गौर भी करते हैं। अगर कक्षा को सजाने की जरूरत है और पर्याप्त राशि उपलब्ध नहीं है तो पोस्टर, विविध रंगों की सामग्रियों के प्रयोग नीरस नजर आनेवाली कक्षा को आकर्षक रूप प्रदान किया जा सकता है।

छात्रों के बनाए चित्रों को प्रदर्शित करें—इस तरह के चित्र आकर्षित और रोचक हो सकते हैं, जिन्हें देखकर छात्रों के मन में उत्साह का संचार हो सकता है। शैक्षिक अभ्यास की दृष्टि से भी ऐसा करना उपयोगी साबित हो सकता है।

छात्रों को कक्षा में सजाने के लिए रोचक तसवीरें लाने के लिए कहें—ऐसा करने पर छात्र कक्षा के प्रति लगाव महसूस करेंगे और अपने वातावरण को सुधारने के संबंध में वे जागरूक बनेंगे।

कक्षा को आकर्षक रूप देने के लिए पौधों का प्रयोग करें—स्कूल के कर्मचारियों को आप पौधे की देखभाल और पानी डालने का दायित्व सौंप सकते हैं।

पुस्तकें भी कक्षा की शोभा बढ़ाती हैं—पढ़ने के अलावा पुस्तकों का उपयोग सजावट के तौर पर भी किया जा सकता है। पुस्तकों को सजाकर कक्षा के

वातावरण को शिक्षा के अनुकूल बनाया जा सकता है। पुस्तक प्रदर्शित करते समय चटख रंगों के डिजाइन का प्रयोग करें।

कालीन का जादुई प्रभाव पड़ सकता है—आधुनिक युग की कक्षाओं की सजावट में कालीन को शामिल करने की प्रवृत्ति बढ़ रही है। कालीन बिछाने से कक्षा का माहौल सुखद हो जाता है और इसकी सहायता से ध्वनि प्रदूषण भी कम हो जाता है।

तसवीरों के साथ-साथ रोचक वस्तुएँ भी जुटाएँ—आप इन वस्तुओं को अपने शिक्षण से जोड़ सकते हैं या अपनी पसंद का खयाल रखते हुए ऐसी चीजें कक्षा में रख सकते हैं। ऐसी वस्तुओं से छात्रों के मन की रचनात्मक क्षमता का भी विकास किया जा सकता है।

मरम्मत के मामूली कार्य स्वयं ही करें—उदाहरण के तौर पर अगर दरवाजा ठीक से नहीं खुल रहा हो तो स्वयं तेल डालें। अगर दरवाजा खोलते समय तेज आवाज निकलती हो तो उसकी मरम्मत का काम भी स्वयं ही करें।

फर्नीचर नए सिरे से व्यवस्थित करें—छात्रों की सहायता से आप कक्षा के भीतर फर्नीचर की साज-सज्जा में वांछित परिवर्तन ला सकते हैं। छात्र ऐसे परिवर्तन को पसंद करते हैं।

अपनी सुविधा का ध्यान रखें—आपको किसी भी छात्र के पास पहुँचने में कोई दिक्कत न हो, कमरे की सजावट करते समय इस बात का भी ध्यान रखें। जो छात्र खुद को शिक्षक की पहुँच से दूर समझते हैं वे ज्यादा मेहनत नहीं करना चाहते।

□

सहकर्मियों के साथ संवाद कैसे स्थापित करें

स्कूल की व्यस्त दिनचर्या के बीच प्रभावशाली ढंग से संवाद कायम कर पाना आसान नहीं होता, लेकिन संवाद के जरिए शिक्षण के पेशे की दक्षता का विकास किया जा सकता है। नीचे दिए गए सूत्रों को अपनाकर आप अपने सहकर्मियों के साथ प्रभावशाली अंदाज में संवाद कायम कर सकते हैं—

स्टाफ रूम नोटिस बोर्ड का प्रयोग करें—वैसे तो यह मामूली बोर्ड प्रतीत होता है मगर ठीक से इस्तेमाल किया जाए तो यह संवाद कायम करने का कारगर जरिया साबित हो सकता है। बोर्ड पर चिपके पुराने कागजों को हटाते रहें। बोर्ड की सज्जा में परिवर्तन देखकर सबका ध्यान अनायास ही उसकी तरफ आकर्षित हो सकता है। महत्त्वपूर्ण सूचना देते समय अपनी रचनात्मक दक्षता का प्रयोग करें।

सहकर्मियों के साथ साप्ताहिक डायरी के वितरण के बारे में बात करें—इसके माध्यम से सभी कर्मियों को हफ्ते भर के कार्यक्रम की अग्रिम जानकारी मिल सकती है। इसके जरिए स्कूल की गतिविधियों को लेकर जागरूकता पैदा हो सकती है।

स्टाफ मीटिंग का सदुपयोग करना हरगिज न भूलें—कई बार इस तरह की मीटिंग में शिक्षकों को श्रोता की भूमिका निभानी पड़ती है और केवल प्रबंधन का पक्ष ही सामने रखा जाता है। लेकिन इस मीटिंग को तब और असरदार बनाया जा सकता है जब दोनों ही पक्ष अपनी-अपनी बात एक-दूसरे से कहें। बैठक में अपनी राय जाहिर करते हुए या सवाल पूछते हुए बिलकुल न हिचकिचाएँ।

नियमावली को संवाद के अवसर के लिए इस्तेमाल करें—खासतौर पर

नए शिक्षकों को नियमावली समझने में काफी दिक्कतों का सामना करना पड़ता है। लेकिन अगर आप मानसिक रूप से तैयार हैं तो इसे संवाद करने के अवसर के रूप में इस्तेमाल कर सकते हैं। अगर कोई बात आपकी समझ में नहीं आ रही है तो सहकर्मियों से उसकी चर्चा कर सकते हैं। आपको स्वयं ही प्राथमिकता तय करनी होगी, इसीलिए पहल करते हुए बिलकुल नहीं हिचकिचाएँ।

प्रत्येक मीटिंग का विवरण लिखकर रखें—भले ही उप समिति की मीटिंग हो, मगर मीटिंग के विषय और चर्चा को लिखकर रखें। इस तरह का लिखित दस्तावेज वक्ताओं को याद दिलाता रहेगा कि उन्होंने किन-किन बिंदुओं पर सहमति व्यक्त की थी।

□

पुस्तकालय का सदुपयोग कैसे करें

स्कूल के पुस्तकालय और ज्ञान के संसाधन कक्षों में ढेर सारी उपयोगी सूचनाएँ उपलब्ध हो सकती हैं, मगर शिक्षक को तब कठिनाई का सामना करना पड़ता है जब छात्रों को उन सूचनाओं से लाभान्वित होने के लिए प्रेरित करने की बारी आती है। ऐसा मानकर न चलें कि छात्र अपने आप ही पुस्तकालय का उपयोग करना सीख जाएँगे। नीचे दिए गए सूत्रों को अपनाकर छात्र ऐसे संसाधनों से सही मायने में लाभान्वित हो सकते हैं—

छात्रों को फायदे के बारे में बताएँ—छात्रों को बताएँ कि पुस्तकालयों में (स्कूल के पुस्तकालय और सार्वजनिक पुस्तकालय में भी) जरूरी जानकारियाँ जुटाने में पारंगत होने से वे किस तरह समय की बचत कर सकते हैं।

छात्रों से उपयोगी अभ्यास करने के लिए कहें—छात्रों को इस तरह के कार्य या प्रोजेक्ट सौंपे जिनको पूरा करने के लिए पुस्तकालय में मौजूद जानकारियों की सहायता जरूरी हो। इस तरह से कार्य की रूपरेखा बनाएँ जिससे छात्र पुस्तकालय के इंडेक्स से परिचित हो सकें और वांछित जानकारियाँ जुटाने की विधि सीख सकें।

छात्रों के अन्वेषण की दक्षता बढ़ाने में मदद करें—छात्रों को सर्वाधिक महत्त्वपूर्ण और प्रासंगिक सामग्रियों को ढूँढ़ने की दक्षता विकसित करने में मदद करें। वे जिन सामग्रियों को पढ़ते हैं उनमें से वांछित चीजों को प्राप्त करने के संबंध में स्पष्ट रूप से उन्हें मार्गदर्शन दें।

छात्रों को संदर्भ का सही तरीके से उल्लेख करना सिखाएँ—छात्रों को बताएँ कि वे जिन सूचनाओं को उद्धृत करते हैं उनके स्रोत का सही तरीके से उल्लेख करना न भूलें। आप जब स्वयं पाठ सामग्री और हैंड आउट तैयार करते हैं

तो हमेशा संदर्भ का उल्लेख करें।

छात्रों के समूह को पुस्तकालय का उपयोग करने के लिए प्रोत्साहित करें—पुस्तकालय की सामग्री के आधार पर छात्रों को समूह में अभ्यास करने के लिए कहें। इस तरह वे एक-दूसरे की दक्षता से सबक सीख सकते हैं।

पुस्तकालय कर्मियों की दक्षता को अहमियत दें—छात्रों को बताएँ कि पुस्तकालय के कर्मियों की मदद उनके लिए किस तरह उपयोगी साबित हो सकती है। पुस्तकालय के कर्मियों को विभिन्न विषयों की पुस्तकों की जानकारी होती है और उनकी सहायता से समय और ऊर्जा की बचत की जा सकती है।

छात्रों को पुस्तकालय में सजग रहना सिखाएँ—उदाहरण के लिए किसी एक पुस्तक की ढेर सारी प्रतियाँ हो सकती हैं या कोई महत्त्वपूर्ण पुस्तक किसी कोने में दबी हो सकती है। चौकन्ने छात्र आसानी से वांछित पुस्तक ढूँढ़ सकते हैं।

छात्रों को बताएँ कि आधुनिक पुस्तकालय में सिर्फ पुस्तकें ही नहीं होतीं—आधुनिक पुस्तकालय में सिर्फ पुस्तकें ही नहीं होतीं, बल्कि उनमें ऑडियो-वीडियो, सीडी-डीवीडी और कंप्यूटर आधारित लर्निंग पैकेज भी होते हैं।

छात्रों को उपयोगी नॉट्स तैयार करने के लिए प्रोत्साहित करें—पुस्तकालय या संसाधन केंद्र में सामग्रियों का उपयोग करते हुए छात्र नोट्स तैयार कर सकतें हैं। जहाँ से वे सूचनाएँ जुटाते हैं उन स्रोतों के बारे में उन्हें लिखकर रखना चाहिए। इस तरह के नोट्स में सामग्री ढूँढ़ते समय मदद मिल सकती है।

□

शिक्षक समय का प्रबंधन कैसे करें

आप भले ही अत्यंत दक्ष हों, मगर आपके पास अन्य शिक्षकों के समान ही 24 घंटों का दिन और सात दिनों का सप्ताह ही है। नीचे कुछ सूत्र दिए जा रहे हैं जिस पर अमल करते हुए आप सर्वश्रेष्ठ तरीके से समय का प्रबंधन कर सकते हैं। इस तरह कक्षा का दायित्व अच्छी तरह निभाने के बाद भी आप अपने निजी जीवन के लिए पर्याप्त समय बचा सकते हैं।

अपने लिए समय बचाएँ—कार्य के घंटों में निरंतर काम करते रहने की आदत विकसित करना आसान होता है, लेकिन हर बात की एक सीमा होती है। अगर आप अनवरत कार्य ही करते रहेंगे तो आपके लिए कक्षा में उत्साह का माहौल बनाए रखना कठिन हो जाएगा। शाम का समय और अवकाश के दिन को अपने लिए बचाकर रखना समझदारी कहलाएगी।

अपने लिए एक कार्य योजना बनाएँ—आप किसी विषय, अवधि या वर्ष भर के अपने कार्यों की यथार्थपरक कार्ययोजना अगर तैयार कर सकते हैं तो यह आपके लिए उपयोगी साबित हो सकती है। इस तरह आप समय का उपयोग प्रभावशाली अंदाज में कर सकते हैं।

ध्यान रखें कई बार कार्य योजना बेअसर साबित होती है—ऐसा संभवत: इसलिए होता है क्योंकि भविष्य की घटनाओं पर आपका नियंत्रण नहीं होता। जब आपको लगता है कि निर्धारित की गई कार्य योजना के अनुसार आप कदम नहीं उठा पा रहे हैं तो पुरानी कार्य योजना को कैंसिल कर नई कार्य योजना तैयार करें। श्रेष्ठ कार्य योजना वह होती है जो आपको कार्य से जोड़कर रखती है और जो आकस्मिक परिस्थितियों में लचीली बन जाती है।

पाठ्यक्रम की दक्षता बढ़ाने के लिए अलग से समय निर्धारित करें—

सप्ताह के दौरान कक्षाओं की छुट्टी के बाद आप एक निश्चित समय निर्धारित कर सकते हैं जब आप सहपाठियों से संवाद कायम कर सकते हैं, संसाधनों की जाँच कर सकते हैं और विचारों का आदान-प्रदान कर सकते हैं। इस तरह आप पाठ्यक्रम संबंधी अपनी दक्षता का विकास कर सकते हैं।

विषय से संबंधित संसाधनों को सुनियोजित करें—ऐसा करने पर आपको इस बात की जानकारी रहेगी कि कैसी सामग्रियाँ और संसाधन आपके पास उपलब्ध हैं और उन्हें कहाँ रखा गया है। पाठ्यक्रम संबंधी दायित्व को निभाने में इस तरह आपको आसानी होगी।

संवाद कायम करते समय सहयोग की मानसिकता अपनाएँ—किसी पूछताछ या प्रासंगिक विषय पर बात करते हुए प्रतिक्रियावाद न बनकर सहयोग की मानसिकता का परिचय दें। आप सहकर्मियों और कर्मचारियों को अपने कार्यों के बारे में स्पष्ट जानकारी देकर हर तरह के विवाद से बच सकते हैं।

जहाँ संभव हो कार्यों का बँटवारा करें—श्रेष्ठ प्रबंधन के लिए कार्यों का बँटवारा आवश्यक माना जाता है। कार्यों का आकलन करते हुए आप विचार कर सकते हैं कि कार्यों का बँटवारा प्रशासनिक सहायकों, प्रशिक्षणार्थियों, अभिभावकों और छात्रों के बीच किस तरह किया जा सकता है। ऐसा करने पर आप दबाव से बच सकते हैं और समय बचाकर नए कार्य शुरू कर सकते हैं।

छात्रों को सक्रिय रखें—छात्रों को पेंसिल छीलना, वर्कशील का जेरोक्स करना, पुस्तकालय से किताब लाना आदि कार्य करते हुए दायित्व बाँटना अच्छा लगता है। छात्रों की भागीदारी सुनिश्चित करके भी आप समय के दबाव को कम कर सकते हैं।

□

पहली बार कक्षा में कैसे जाएँ

जो प्रभाव पहली बार पड़ता है वह चिर स्थायी माना जाता है। प्रत्येक क्षेत्र में प्रथम प्रभाव को महत्त्वपूर्ण माना जाता है और यही बात शिक्षक पर भी लागू होती है जब पहली बार कक्षा में उसका छात्रों से सामना होता है। एक पुरानी कहावत है कि बिना मतलब मुसकराना नहीं चाहिए। शिक्षक को भी पहले कक्षा में अपनी ढिलाई पर परिचय देने से बचना चाहिए और नियमों के प्रति प्रतिबद्धता जतानी चाहिए।

अपना परिचय देना न भूलें—अगर आप जरूरी समझें तो ब्लैक बोर्ड पर अपना नाम लिखकर बताएँ। सेकेंडरी स्कूल की तुलना में प्राइमरी स्कूल के बच्चे अपने शिक्षकों को ज्यादा अच्छी तरह से जानते हैं और उन शिक्षकों के साथ कई वर्ष गुजारते हैं। लेकिन नई कक्षा में शुरुआत करते हुए छात्रों के लिए एक सप्ताह के भीतर 20 शिक्षकों को पहचान लेना कठिन हो सकता है।

छात्रों से आपकी क्या अपेक्षाएँ हैं, स्पष्ट रूप से बताएँ—वे कक्षा में क्या कर सकते हैं और क्या नहीं कर सकते। आचरण संबंधी कुछ सरल नियम बनाएँ और नियमित रूप से उनका पालन करें। आप छात्रों से भी आचरण संबंधी नियम निश्चित करने के लिए सुझाव माँग सकते हैं।

तीव्रता के साथ छात्रों के नाम याद कर लें—जब आप किसी छात्र विशेष का नाम लेकर कोई निर्देश देंगे तो उसका प्रभाव ज्यादा पड़ेगा। जब आपको अपनी कक्षा के प्रत्येक छात्र के नाम की जानकारी होगी तब आप अधिक असरदार तरीके से अपना काम कर पाएँगे।

छात्रों को एक-दूसरे का नाम जानने के लिए प्रेरित करें—अगर पहले से वे एक-दूसरे को नहीं जानते हैं तो उन्हें प्रेरित करें। ऐसा करने का एक तरीका यह हो सकता है कि छात्रों को वृत्त बनाकर खड़े होने के लिए कहें और छात्र अपना

परिचय इस तरह दे, ''मेरा नाम मयंक है और यह मेरा दोस्त रवि है और यह सूरज है और···'' इस तरह पता लगाया जा सकता है कि किस छात्र को सबसे ज्यादा नाम मालूम है। इस तरह आप भी उनके नामों से परिचित हो सकते हैं।

छात्रों को बताएँ कि उन्हें किस दिशा में जाना है—अपने छात्रों को बताएँ कि आगामी कुछ हफ्तों में उन्हें क्या करना होगा और आप ऐसा क्यों करवाना चाहते हैं। उन्हें पाठ्यक्रम को अच्छी तरह समझने में सहायता करें।

छात्रों का किस तरह आकलन किया जाएगा, इसके बारे में उन्हें स्पष्ट जानकारी दें—आकलन के लिए कौन-कौन से पहलू महत्त्वपूर्ण हैं? पाठ सामग्री के कौन से हिस्से हैं जिन्हें दोबारा पढ़ने की आवश्यकता है? उन्हें बताएँ कि किस तरह वे अपना काम जिम्मेदारी के साथ कर सकते हैं और अपनी प्रगति की यात्रा को सही दिशा में जारी रख सकते हैं।

शुरुआती पाठों का प्रयोग यह पता लगाने के लिए करें कि विषय के बारे में छात्र पहले से क्या जानते हैं और इसी के आधार पर आगे की योजना तैयार करें। आप प्रश्नोत्तरी के जरिए या उनके लेख के जरिए इस तरह का आकलन कर सकते हैं।

छात्रों के लिए जो संसाधन उपलब्ध हैं, उनके बारे में बताएँ—ऐसे संसाधन के बारे में बताएँ जिन्हें वे स्वयं हासिल कर सकते हैं और किन संसाधनों तक पहुँचने के लिए शिक्षकों की मदद ली जा सकती है। अपने संसाधनों का दायित्व कक्षा में लेने के लिए छात्रों को प्रेरित करें। उदाहरण के तौर पर रुलर, रबर आदि की संख्या का ध्यान रखने के लिए कहा जा सकता है, इस तरह संसाधन का प्रयोग साल भर किया जा सकता है।

व्यवहार संबंधी नियम का उल्लंघन होने पर प्रतिक्रिया व्यक्त करें—आरंभिक कुछ हफ्तों के लिए ऐसा काम करना अत्यंत आवश्यक है। आप छात्रों के सामने ऐसा दरशाएँ मानो आप प्रत्येक बात पर गौर करते हैं और किसी भी बात को नजरअंदाज नहीं करते। किसी ऐसे छात्र का नाम लें जिसने नियम का उल्लंघन किया हो, मगर प्रत्येक छात्र के व्यक्तित्व को समझते हुए ही किसी तरह की फटकार लगाएँ, चूँकि आपकी बात का छात्र के दिलो-दिमाग पर गहरा प्रभाव पड़ सकता है। जो छात्र स्वयं को असुरक्षित या घबराए हुए महसूस करते हैं, उनके साथ आपको अलग ढंग से पेश आना पड़ेगा। किसी विषय पर बहस को प्रोत्साहन न दें। छात्रों को भली-भाँति जानकर आप लचीला रुख अपनाने में सफल हो सकते हैं।

□□□